JN061227

『明治精神史』から50年を機に思い出を語る色川大吉さん
（2014年５月28日、山梨県北杜市萌木の村ホテルにて、増田弘邦撮影）

沖縄県那覇市内の琉球料理の店で
（1979年ごろ）

沖縄・西表炭坑跡を訪れた色川大吉さん
（1979年2月、内原英和氏撮影）

『明治精神史』刊行50周年記念の集い

（2014年５月28日、山梨県北杜市萌木の村ホテル）

（増田弘邦撮影）

挨拶する我部政男氏（左端）

色川さん宅にて

（2014年５月29日）

『民衆史50年』色川大吉さんを囲む集い

（2014年11月5日、沖縄県那覇市）

自著『ある昭和史』を手に語る色川さん

（三木健撮影）

卒寿祝い
(2015年5月27日、
ロイヤルホテル八ヶ岳にて)

(増田弘邦撮影)

2018年4月24日、
萌木の村ホテルにて

沖縄と色川大吉

三木 健 編

不二出版

【カバー／表紙写真】　阿嘉島

沖縄と色川大吉●目次

目次

5、随想

第Ⅱ部　沖縄からの視座

序 ――沖縄の文化・精神・友情に触発され――

色川大吉

最初、私が沖縄に関心を持ったのは、学問上の動機からではない。アメリカの植民地状態に置かれていた同じ日本国民としての沖縄の人がどの状態に――そうさせている米・日・両政府に憤懣やる方なかったからである。

だから、沖縄人民の〝祖国復帰〟運動や、〝反復帰〟・〝沖縄自立化の動き〟に敏感に反応せざるを得なかった。

同じ志を持った日本近代史の学究として、鹿野(かの)政直さんに厚い信頼を寄せたのも、そうした情況からであった。同じ米国の圧迫下にある「ヤマトンチュー」が、いまさら何を言うか、との鋭い沖縄知識人への躊躇(ためらい)もあった。

それから、どれくらいの時が流れたろう。私は遅れて米軍占領下の沖縄の知識人を訪ねた。行けば歓迎してくれそうな人が数人いると聞いたからである。私は手持ちの円をドルに替えて、羽田を飛び立った。それまで私は、日本本土で米軍に対し、罪を犯せば、沖縄に「流される」という脅しを、半ば信じていたからである。

身構えて那覇空港に降り立った私は、情況が私の予想とは全く違っていることを知った。迎えてくれた友人は上野英信さんはじめ、だれもかれも毅然としていた。なるほど通貨はドル建てであり、商店街は英字看板にあふれ、道路標識は本土と反対を指し、道にはわがもの顔の米兵が溢れていたが、そこは（沖縄は）日本以外の何ものでもなかった。友人たちは初めての私を温かく迎え、端正な日本語で包みこんでくれたからである。

ただ、復帰賛成の大田昌秀さんや、反対派（沖縄自立派）の新川明さんらの対立はあったろうが、米軍にまだ「帰属したい」という沖縄人は、米兵にたかって利益を得ている商売人の他は誰もいなかった。

そのころから私の沖縄への往来は頻繁になった。私の専攻する「自由民権運動百年記念」の大集会には、私が代表となって「沖縄と民権百年」の分科会を後押しし、那覇でも「沖縄と民権百年」という演題で講演した。

当時、小田急線の成城学園駅前に、居を構えていた日本民俗学の開拓者・柳田国男先生を訪ねて、先生の沖縄観に傾聴した。そのとき柳田先生はすでに八十数才になっておられたろう。若い後進の手をとるようにして、琉球・沖縄の文化の重要さ、深さを教えてくれた。

その旅の経験から日本が南北二千キロに及ぶ小島国からできていることを知った。私はその知識を裏付けるべく北はオホーツク海の北端稚内から最南端は沖縄列島の南端の小島まで巡ってみたいと思うようになった。その三分の二地点の那覇で、「日本民衆史の北限と南限」という講演もした。それから多くの沖縄知識人の友情あふれる歓迎を受け、「沖縄から日本文化の復元力を考える」とか、「『明治精神史』から五十年」という講演もさせて頂いた。

そのころ、一二年にいちどの〝女衆の祀り〟イザイホウが久高島であることを識った。私は〝女人の祀り〟に、ことのほか関心を寄せた〝聖女〟（私にはそんな感じがしていた）石牟礼道子さんを誘い、久高島を訪ねることにしたのである。

もちろん沖縄民俗学のパイオニア（開拓者）を自認していた谷川健一さんが（谷川雁はその弟）久高島に来ないわけはなかった。イザイホウの女踊り（処女たちによる祀りの踊り）が終わった夜、宴会となったが、もちろん、その中心の（座長の）席に谷川健一さんがデンと座っていた。

石牟礼道子さんと私も、その末席に招かれていた。会がはじまって一同のねぎらいの挨拶が終わったあと、座長の谷川さんが、いきなり「石牟礼、色川、君たちは誰に招かれて（よばれて）来たのか！」と一喝された。会衆の笑い声が収まると、谷川さんは表情をゆるめ、いきなり「石牟礼、色川、きみたちは夫婦になれ、おれが仲人（なかうど）をしてやる」と言って、また、みんなを笑わせた。もしこの場に上野英信さんと新川明さんが居れば、苦笑していたに違いない。

私たちは歯（屈辱）を噛みしめていた。谷川さんは私たちに妻子がいることを百も承知の上での放言だったからである（こんないきさつを知っている人は、もう三、四人もいないと思う）。このことは私の「久高島日録——イザイホウ見聞記——」にある。

柳田国男さんは最晩年、日本文化は南島（方）（その中心は沖縄）から来たという「南島（方）渡来説」を述べていた。私はそれを直接に柳田先生から聞いている。先生はそのとき、もう、うっとりした恍惚状態ではなかったかと思う。（私が柳田邸を辞去して、しばらく後、先生は息をひきとられた。おそらく南島（沖縄）の方を見つめながら（享年八八歳であった）。
私は数年して那覇で、「沖縄から日本文化の復元力を考える」という講演に招かれている。亡き柳田国男先生の面影を想い浮べながら。

私は仲宗根政善さんの私宅を、どなたかの導きであったか訪ねている。そして、先生から「さらさらっ」と一詞（いっし）をしたためて頂いた。その文書は表装し、わが家の「家宝」として壁に飾ってある。ただ、あまりの達筆、難解で、愚鈍な私には、十分に解釈はできないが……。仲宗根先生を追悼したい。
こう並べてくると、沖縄の人びとの文化、スピリット、友情が私にいかに深いものであったか、あるかが、骨身に沁みて解かるのである。

（二〇一一年三月）

第Ⅰ部　沖縄への視座

色川大吉

〈1、自由民権と沖縄〉

沖縄と民権百年

沖縄を保身の道具に使った天皇

「沖縄と民権百年」を論ずる前に、いまの天皇が沖縄を自分の保身のための道具に使ったという事実が、二、三年前にアメリカの国務省文書で暴露されたのですが、意外にこれが知られていないので、最初にこれを枕としてご紹介しておきたい。

日本では、ずっと以前から「蝦夷南島」などといういい方で、北海道・東北と奄美・沖縄を呼んできました。いちばん古いところでは、『六国史』の中に、「蝦夷南島をおさえずんば、大和は安からず」という類の言葉が出てきます。実に一千余年にわたって、東北・北海道と九州・琉球の征服が日本を安定させる基本であるという認識が続いていたわけです。薩摩の琉球支配をそのままひきついで、明治政府は百年ちょっと前に琉球処分をやり、それ以来まったく植民地あつかいの政治を行なってきました。本土ではどんどん近代化政策を推進しているにもかかわらず、琉球に対しては封建制的旧慣をそのまま温存させ、明治時代の終わりごろになって、やっと土地改革を始めるというように、非常に従属的な、内国植民地的なあつかいをしてきたのです。そのことは、戦後もそのままひきつがれていたことが、これから紹介するアメリカの日本占領期の文書を見ても、明らかといえます。

　これは、筑波大学の進藤栄一教授（国際関係論）が、雑誌『世界』の一九七九年四月号ではじめて紹介したものですが、実は、一九四七年（昭和二二年）に、日本では極東国際軍事裁判が開かれており、天皇の地位が非常に微妙なところにありました。極東国際軍事裁判は一九四六年（昭和二一年）五月三日から始まりますが、長いこと検事の下調（しらべ）査に時間を費しており、その間、オーストラリア、中華民国、ソビエト連邦等から、天皇を法廷にひき出し戦争裁判の証人ないしは尋問の対象にするようにという強硬な要求が出ていました。

　天皇が裁判にひき出されるということは、当時の日本国家にとっては致命的なことであります。これをなんとしても回避しなければならないという強い要望があって、天皇は、そういう声があがった一九四七年の初めから、精力的に日本全国を訪問しました。地方巡幸の名の下にそれは徹底的に行なわれ、北海道から鹿児島まで、それこそ炭鉱の中から山村の奥まで、漁村の辺地、戦死者の家、戦災にあった家庭、あるいは孤児院まで徹底的に歩きまわりました。この時には、しばしば従者がわずか三、四人しか付いておらず、あとはＭＰが護衛するという非常に簡素な地方巡幸でした。しかし、このことが日本国民の心を強く討ったのです。天皇が自ら、戦争の傷痕を自分の手で償おうとしている、というふうに思われ、たいへんな喝采で迎えられたのです。しかし、実はこれは天皇が戦争裁判の法廷にひき出され、もしも裁かれでもしたらたいへんだということで国民の中に入り、それを回避するために考え出された側近の知恵によるものであったと私には思われます（真相はＧＨＱの民間情報教育局のダイク局長の示唆であることが分りました）。

事実、梨本宮（なしもとのみや）という皇族が当時戦犯として逮捕され、国民に非常な衝撃を与えました。梨本宮が逮捕されると、次は秩父宮、高松宮、朝香宮（あさかの）となる、とくに朝香宮は南京虐殺事件の責任者の一人です。こうした動きを恐れて、このころ天皇は精力的にマッカーサー司令部を訪問します。マッカーサーが追放されるまで、彼は約十回ほどＧＨＱを訪問しますが、マッカーサーの方は一回も返礼に皇居に来ていません。従属国の王ですから問題にならない。日本の天皇だけがマッカーサー司令部を一方的に十回も訪問しているわけです。その三度目の訪問が一九四七年（昭和二二年）の五月六日でした。

五月六日というのは、五月三日、日本国憲法が施行された三日後で、お礼を兼ねて参上するわけです。そのときに、琉球の問題、沖縄の問題がちらっと出た。これは、いま古文書を追及していますが、占領時代の日米両国の資料が完全に公開されていないため、十分つかめないのです。しかし、こういう話が出たということは、それから約半年後の九月の半ば、天皇のそのころの一番の側近であり、ＧＨＱと天皇とを繋ぐ（つな）パイプ役兼御用掛（外務省の出身で、重光葵などと近い当時も重要な役職にあった）寺崎英成（てらさきひでなり）という人が、「沖縄の将来に関する天皇陛下のお考え」というメッセージをＧＨＱに伝えたことから明らかになっています。そのメッセージには、沖縄諸島を今後、恒久的に、永い将来にわたって、米軍が軍事基地として使用することを、私は歓迎するというような天皇の考えが示されていました。まだそんな話が米軍の方から正式に要求として出ていないときに、天皇は率先してこういうことを申し出たというのです。これは、やはり「蝦夷南島（えみしなんとう）」を犠牲にして大和（やまと）をかためるという発想の一つの表われかと思われます。

ＧＨＱでこれを受けとったのはシーボルト政治顧問で、シーボルトはその文面を見てことの重大さに驚き、九月二〇日、このメッセージを直接、マッカーサーに伝達します。マッカーサーもすぐにこれをアメリカ本国の国務長官マーシャルに伝達、マーシャルからアメリカ大統領特使ケナンに回送されます。これがわずか二、三日の間に行なわれている。なぜアメリカ側がこれに大きなショックを受けたかというと、当時アメリカは、一九四七年（昭和二二年）三月から対日講和予備会議というのを開いて、対日講和条約の草案を作成中だったからです。

対日講和といっても、アメリカは日本から撤退するわけではないので、〝米軍は撤退せず、日本の基地はそのまま持続しながら、なおかつ対日講和をどうやって国際的に実現するか〟、たいへん苦労していたわけです。その第一草案はソビエト側の強い反対を受けます。そこで第二草案をつくらなくてはならないというので、アメリカ国務省内に対日講和条約草案作成班という組織をつくって、将来の日本の軍事問題、防衛問題の検討案をつめている最中でした。そこへ、天皇の方から進んで、「沖縄をアメリカが恒久的に基地として使うことに、自分は賛成だ」などということを、言ってきたものですから、アメリカにとっては、渡りに舟になったわけです。

そしてこれがアメリカ政府に伝達された直後の九月末、この事実は、おそらく大統領あるいは国務省を通じてでしょうが、極東国際裁判の首席検事キーナンに伝えられます。キーナンはそれを受けて、一〇日後の一九四七年（昭和二二年）一〇月一〇日に、「天皇と財界に戦争責任なし」という有名な声明を発表した。まだ天皇と財界の戦犯容疑を調べもしないうちから、しかも論告して求刑すべき立場の首席検事がこういうことを声明した。これは当時から、なんらかの政治的な圧力がかかったと新聞でも騒がれました。もちろん、中国やインド、またソビエト等東側の国は猛烈に反発しました。しかし、なにしろ、この極東裁判もアメリカ占領軍のリードの下に行なわれていたため、その後の事態はキーナン首席検事の声明どおりになって、公判廷に天皇と財界の指導者がひき出されることは回避されたのです。

その後もいろいろ工作が続きます。また国際的反発も続き、判決が出たのは一九四八年（昭和二三年）一一月一二日です。そして、一二月二三日に東条英機以下七名が絞首刑になりました。この直前までは、天皇は気をゆるめることができなかったろう。いつ、なんどき、軍人たちの重要な証言によって、自分の戦争責任が明るみに出され、法廷にひき出されるかしれないという不安感がつきまとっていたはずです。そのため、この判決が出るまで天皇は精力的に地方巡幸を続けます。（つまりは、国民大衆の中に自分をとけこまし、国民大衆の絶対的支持の下に、その危険を回避しようという工作でした）。

さらにご丁寧にも、一九四八年（昭和二三年）三月に、ケナン特使が来日すると、寺崎英成はふたたびメッセージをとどけますが、そのメッセージの中身は、やがて、一九五一年（昭和二六年）に結ばれるサンフランシスコ講和条約、および同じ日に発効した日米安全保障条約の内容とほとんど同じものを含んでいたということです。このことは永い間、隠されてきましたが、情報公開法のおかげで、アメリカが占領軍関係の文書を公開したため、最近分ったのです。

天皇は沖縄にだけは地方巡幸にも行かなかったが、さらに自分の保身のために、沖縄を犠牲にしたということは、決して私たちが忘れてはならないことだと思います。進藤栄一氏がこれを雑誌『世界』に公表したところ、さまざまな電話が来たそうです。できたら、この関係のいきさつ全文を手に入れて、大々的に新聞なんかに報道した方がいいのではないかと思う位です。また問題の寺崎英成はＮＨＫテレビドラマ『マリコ』の父親として脚光を浴び、あたかも戦争の被害者であるかのように扱われたので、ご記憶の方もあろうかと思います。

なぜ、いま自由民権運動か

さて、今年は一九八〇年（昭和五五年）でありまして、今から百年前の一八八〇年（明治一三年）がわが国の最初の民主主義運動がもっとも高揚した時点であったということで、自由民権百年記念のカンパニアがいろいろと始められています。来年はその大きな目玉である全国大集会が、神奈川県民大ホールで開かれます。最初に、私たちがなぜ「民権百年のカンパニア」を考えたのかということから述べたいと思います。

自由民権運動というのは、たしかにわが国において人権や民主主義ということを真剣に考えた最初の国民運動でしたから、一九五〇年代には、当時の運動に直接、政治的激励を与えるものと受けとめられました。ですから五〇年代には、自由民権運動の研究者が非常にたくさん生まれたのです。自由民権運動というのは、そのまま戦後の民主革命につながるものだと受けとめられた、当時はそう考えられ、自由民権の研究は五〇年代にピークを迎えます。そして一九六〇年代から七〇年代にかけては沈滞していった。六〇年代、七〇年代というのは、実は自由民権が達成しようとしていた政治的課題が、ほぼ形の上では達成されてしまったからです。

第一に国会の開設。国会はすでに民主主義的な憲法の下で開設されています。第二の課題は民族の独立、国権の確立です。これもサンフランシスコ条約その他によって一応確立しました。第三は土地革命、地租の軽減ですが、この土地問題にかかわるブルジョア的改革も戦後の農地改革によってほぼ達成されました（だが、森林などの〝解放〟は除外されていた）。もちろんここでも沖縄は完全に除外されていました。そのことこそ大問題だったのですが、沖縄を忘れていた本土では、この三大要求がほぼ達成されたとして、六〇年代、七〇年代には自由民権研究も下火になってしまいました。

私などは逆にこのような時、一九六〇年（昭和三五年）から自由民権の研究に入ったものです。この時私は、このようなブルジョア民主主義的な課題が達成されたか否かというレベルで、自由民権運動をとらえるのではなくて、むしろ、真の底辺の人民の民主主義と、擬制的な上からの民主主義の確執こそが六〇年代に始まったのだ、それに対決しうる歴史的可能性を民権運動の中から読みとり、ひき出さなくてはならない、そこにこそ研究の意味を見出すと考え、研究の浄化と進展をはかろうとしたのです。

当時、一九六〇年安保闘争の最中に、竹内好氏らが、いまの政治闘争の主題は〝民主か独裁か〟だ、独裁の自民党に対し民主勢力は統一戦線を組んで市民的抵抗をやれ、という有名なテーゼを出しました。しかし、私は当時、竹内の意見は間違いだと思いました。私にいわせれば、民主か独裁かではない、自民党は決して古典的な意味での独裁をしたのではなくて、かれら流の民主主義を実行したにすぎない。だから、擬似的な民主化か人民の真の民主化か、というふうに問題をたてかえなければいけない。戦後民主主義は自民党によって形骸化され、骨ぬきにされた。しかし法律には違反しない形で一応民主的手続きをとって運営されている。だから国民の多数が欺かれ、自民党に投票しているわけなので、こういう現実を独裁という言葉で表わすと、真実を見誤る。

このころの私の民衆思想史の発想というのは、今から思えば、内在的な批判というようなところに重点がかかりすぎていました。しかし、現在、八〇年代においては、そういった内在的批判、内部批判的な志向だけで自由民権をとりあげるべきではないと私は思います。八〇年代では、まず風化し、形骸化した人権とか平和、民主主義というものの原理を厳しく問い直して、今の世の「常識」と対決させる、このことを民権運動から学ぶことが第一だと思います。

第二には、一九八〇年代において私たちは大きな世界史的危機の中で、日本がこれからどうやって生きるかということを問いつめられています。第三世界の革命等によって、いま世界史的な規模で支配の構造というものが変質を余儀なくされている。そのとき、これと照応する日本における国内的な支配と被支配の構造を明らかにしなくてはならない、本土と沖縄の関係についても根本から見直すという思想的な大仕事があります。

こういう大仕事に寄与できる可能性を、私たちは歴史の中から学びとらなければならない。現在、自民党などのやっている民主主義というのは、アジア、アフリカ、アラブ諸国等の低開発国、途上国といわれるような第三世界の上に乗った民主主義なのであって、これはあげ底の近代国家、ゲタばきの民主国家といえます。これを、ただ民主とか法律上の合法性ということだけで理解していたら、こういう枠組みを破ることはできない。もっとグローバルな、国際的な、地球的な規模で問題をたてて現在の日本の状況を正しく認識すべきではないかと思うのです。

そこで、八〇年代、あえて民権百年といいますのは次のような積極的課題から来ていると思います。

第一に、ナショナリズムとはなにか。ふたたび私たちはナショナリズムに真剣に直面せざるをえなくなりました。江藤淳や清水幾太郎、その他自民党のタカ派の代弁者諸君が連日のように書きたてている北方からの脅威とか、「日本よ国家たれ」というような誇張した議論が、国民の中にじわじわと浸透しつつあります。この中で国民は、私益より公益の方が優先なのか、人権も国権のために制限されるのはやむをえないのかという感覚をだんだんともちつつある。そういうナショナリズムとの対決というのは、まさに百年前の日本国家がもっていた問題と似ています。

第二に、市民社会の原理、つまり自分の個我の価値を優越させるという原理が、いま保守的な形で再修正されつつあるということです。政府や御用学者たちがやっているのはこの保守的再修正です。いきなり、市民的な、私的価値を否定すると、若者の総反発をまねくので、これはじわじわ修正していますが、そのやり方の一つが、擬似共同性、インチキの共同性の強調です。民族の一体性とか、国家の運命共同性とかいうことを、エネルギー問題とか、資源問題とか、食糧問題とか、防衛問題とか、いろいろな共通利害の問題を通じてじわじわ浸透させる。われわれは同じ舟の上にのった運命を共にしている同胞だよとか、沖縄をふくめて私たちは同じ共同性の上に生きている長い伝統をもつ日本民族なんだよとかというようなことを、じわじわデマゴギーの中でもりあげて、市民社会的な、私的価値優先の原理を保守的に再修正しようとしています。これときっぱりと原理的にも、運動的にも対決しなくてはならない。この問題は実は自由民権家が百年前にぶつかった問題と同じです。

三番目には、こういった動きに対抗する、私たちの側の原理の問題です。私たちの側もまた、市民社会的な個的価値という私的な原理に立っているだけではこれに対抗できない。資本主義が生み出した、国家から分離し、国家から一応独立した形をとっている市民社会の個的価値の優越ということだけで、いま自民党などがやっていることに対決しようとしても、足をすくわれるにきまっている。そうではなくて、そういう市民社会的な個的価値の革新的な修正、克服という仕事を、まずやらなくてはいけない。新しい、私たちの市民像、新市民意識というものをうち出し、欺瞞的な共同性ではなく真の共同性を回復する。そして、それを原理とした思想闘争、行動をもりたてなくてはならない。そうしなければ、いまの体制側の動きに十分対抗できないのではないかと思います。

いまあげたこの三つのことが、はからずも自由民権の基本テーマとしても、とりあげられているわけです。しかもこの三つのテーマについて百年前にいわれていたことは、いま私たちが読みなおしてみてもちっとも古くなっていない。当時から斬新な思想として提起されていたにもかかわらず、その後百年間、十分に深められなかった。ご承知のような富国強兵路線できてしまったからです。この百年間、私たちは、解決できずに残してきた重大な思想的課題を幾つかもっています。その一つが内外の差別の問題です。さきほど申しましたような、琉球、アイヌ、朝鮮、そして内的には被差別部落民や貧困層に対する差別の問題が殆んど思想的に解決されずに残されている。

もう一つは、軍事的小国としての日本の安全保障の問題です。百年前の日本は、文字通り経済的にも小国、軍事的にも小国であったが、真剣に安全保障の問題は考えていたわけですが、この問題も結局解決されないまま残されてしまいました。そしていま憲法第九条をめぐって対立している状態です。

三番目は、日本の人民が封建時代以来一千年以上にわたって、非常に巧みな統治を受けてきたということです。それは、人民の中にある被支配の差別構造の枠組みが、この一千年間、明治維新とか戦後革命とかいろいろあったけれど、根底的に突破されずに受け継がれてきているということ、このことを国民があまり自覚していないという点です。

安全保障をめぐる民権家の主張

「琉球処分」から「脱亜論」へ　そこで最初に安全保障の問題から見てゆきたいと思います。これは琉球処分の問題とも関連するわけです。明治初年代に、日本が徴兵制をしき、陸軍をつくり、海軍をつくり、山県有朋や西郷従道がこれを率いるという状態になって直ぐ、まだ近代的軍隊ができてホヤホヤの段階で軍部が目をつけたのが琉球であります。それはなぜか。

当時、琉球王朝はまだ日本と清朝の両方に服属するという独特の状態にあった。主権は琉球王朝にあるわけですが、外交上は日清双方に従属していて、どちらかといえば首里の士族などは清朝の方に大きな期待をかけていました。こういう中で、山県有朋などが非常に早い段階から八重山諸島まで出かけ、軍艦で視察します。それは、琉球諸島が東シナ海の軍事的要衝であって、これを失うことは将来中国と対決するときの足がかりを失うことになるという認識があったからです。

だから、先島(さきしま)の島民が台湾で先住民に殺されるという事件が起こると、ただちに「蛮族を平らげる」などといって、最高指導者が陣頭指揮をして出来たての軍隊を台湾に送り込んでいる。先島の住民の人命を守るなどといっていますが、これは大義名分にすぎません。明治政府が先島の住民のことを真剣に考えたなどというのはお笑い草で、これは中国に対する牽制球で、琉球は日本の領地なんだぞということを国際的に示すためのものでした。ここから琉球処分までは一直線です。この琉球処分のときに、日本政府は一時、宮古、八重山を中国に分与して、そのかわりに沖縄本島以北を早く日本の領地として確定しようというような勝手な交渉を中国とやっているわけです。これを見ても、明治政府が宮古、八重山の住民を取り引きの道具としてしか見ていなかったことがわかります。

このように、安全保障の問題では明治政府の立ちあがりは非常に早いのです。有名な福沢諭吉の「脱亜論」という論文が、一八八五年（明治一八年）の『時事新報』に書かれていますが、そこで福沢は、アジアから脱却しよう、中国、朝鮮などという悪友を切り捨てよ、あんな野蛮な国とつきあっている暇はない、日本は一刻も早く近代化、ヨーロッパ化しなくてはならない、そのためにはアジアの悪い友だちと手を切って、むしろイギリス、フランスがいまやっているようにアジアを仮借なく処分するなり、ぶんどるなり、自分の国力を強めることに遠慮はいらないと主張しています。

これが発表されたのは自由民権運動の最後の段階ですが、実は、その三年前に『時事新報』に妙な地図がのった。中国分割予想図という地図です。この地図では台湾と台湾のむこうの福建省全部が日本領になっている。明治一五年、まだ日本などは大陸向けの師団編成の軍隊も持っていないときです。そして北方の北京を中心とした北中国一帯がロシア領、山東半島から河南、河北にかけての一帯はドイツ領になっている。そして揚子江をはさんで両側の、いちばんいい華中地帯がイギリス領、さらに広東省からベトナム北部にかけてがフランス領にきれいに分割されている。そして奥地の新疆省や雲南省、つまり陝西省よりもっと西の方は中国の軍閥の国家が配置されている。つまり清朝はすぐ解体する、清朝が解体したら中国はこういうふうに分割される、そのとき日本は台湾と福建省を取るんだぞということが、一八八二年（明治一五年）という早い時点で予想されているんです。事実は、その通りにはなりませんが、それに近い形になってゆきます。日本は台湾を占領し、イギリス、フランスは華中、華南の一部に植民地をとります。ドイツは山東半島をとり、ロシアは南下して新疆や東北（満洲）をかすめとります。こういう予想図が、自由民権運動がまだ高揚していて日本の政体が今後どうなるのかもわからないという時点で、堂々と新聞にのるというところに、われわれは彼らの立ちあがりの早さを感ずるのです。

植木枝盛の「無上政法論」と小国思想　しかし、こういう議論、日本はアジアから脱出して白人国家になり、白人がやったような仮借なき植民地的掠奪をやるべきだ、それが正しいのだというような開き直った議論がまかり通っていた時代に、日本のような小国が行くべき道は違う道だということを理論的にもきっぱりと提起した運動があった。いまからちょうど百年前、一八八〇年（明治一三年）に『愛国新誌』とか『愛国志林』という雑誌に掲載されたもので、土佐の植木枝盛がまとめた「無上政法論」という論文です。ここに出されている発想というのは、いまの社会党などが聞いてもびっくりするようなもので、たとえば、非同盟・中立・非武装、そして世界中の国家とくに弱小国家が、大国の横暴を制肘するために万国無上政府をつくる、これはいわゆる世界政府ではなく、国連機構のようなものですが、そこに国際警察軍を置いて、小国の主権と利益を守る、その安全保障は集団安全保障でやる、そしてこの理論的帰結は、軍隊を一兵も残さず廃止するというものです。

こうした土佐の自由民権家の見解は突飛な議論のように聞こえるかもしれないが、決してそうではない。当時の『自由新聞』『朝野新聞』その他の新聞、あるいは福島や信州の農民民権家たちの演説の内容を見ても、これに近い考えが出されています。そしてこれはまた、ここで消えてしまうのではなくて、七年後の明治二〇年には、中江兆民の有名な『三酔人経綸問答』という本の中で、洋学紳士君の構想としてもっと論理化されて出てきます。さらに兆民は翌年の『東雲（しののめ）新聞』の社説で「土著兵論（どちゃくへいろん）」という論説を書き、日本の防衛は市民的総抵抗、つまり非常のときの民兵でやるべきで、常備軍など全廃せよと主張します。その他にも各新聞の論客たちのさまざまなエッセイがありますが、こうした考え方は、当時の自由民権運動の左派グループや在地の農民民権家たちのかなりの層に支持されたように思います。

　植木枝盛たちは当時の情勢を真剣に分析してこういっているのです。「現状は、これを世界の戦国時代というべきか。これを無法無政の乱世と称せざるをえざるなり」。欧米列強がアジア、アフリカを抗しがたい勢いで蚕食しつつあるという厳しい認識です。ではこの現状で、世界国家をつくればいいのかというと、ノーだ。この現状で世界国家をつくっても大国がますます横暴になるだけだ。然らば、万国公法をたのむか。いや万国公法などは一発の砲弾にも及ばない。万国公法など大国が自分の利益をおしつけるときに使うだけで、弱小国のためには用いられない。それでは、アジア諸国が連帯して白人諸国に対抗するか。それはいい考えだ、しかし現実の世界はアジアの問題だけではない。インド、ベトナム、ジャワ、ペルシャ、フィリピン、さらにアフリカ諸国も次々とイギリス、フランスの手におちている。こういうときにアジアの三、四カ国だけではどうにもならない。

　そこでどうしたらいいのだ、ということを考えつめて、最後に到達した議論は、世界の五〇数カ国ある国家が各国から同数の議員を出して、「世界憲法」をつくり、それにしたがってことを議する万国共議政府に服する。共議政府には常置機関をおいてその経費は各国で平等に負担する、共議政府の下の各国の政治形態はこれを問わない。共議政府は国家間の利益の衝突に関する問題だけをあつかい、決して各国の内政や主権に干渉しない。共議政府はとくに経済的な後進国を保護しなくてはならない。それら弱小国の独立を貫かしめ、新たに独立を求める民族を保護しなくてはならない。そして、共議政府に敵対する大国があるなら、全世界の共議政府参加国がその警察軍によって懲罰する、ただし懲罰は度をすごしてその国を没収するとか、その国の主権を否定するなどというものであってはならない。

こういうかたちで「万国共議政府」というものを示して、その上に立った集団安全保障を小国日本が真剣に構想し、世界の弱小国によびかけてゆこうという外交政策をうち出すわけです。

これは今日で日本の政党が防衛論を語るとき必ず問題になってくる議論です。いまでさえそんなことはユートピアだという人がいるのですから、百年前はどうでしょう。百年前は帝国主義諸国によるアジア分割が始まったときです。そのときにこういう着想をした勇気と気概には大いにわれわれも考えさせられるのではないかと思います。

彼らもこういうことをただやみくもに言っていたわけではない。これには二つの重要なメリットがあった。一つはこうすることによって人類は莫大な軍備を減少することができる。これで弱小国家の経済的発展をいちだんと進め、さまざまな貧民層への福祉を向上させることができる。つまり世界人類を軍備の圧迫から解放することができる。第二は、天下の各国みな自由のうちにその国を小分するを得べし、これ一大利益なる、といっています。これは、それぞれの国をもっと小さな州というような規模に分割して、自治権を与え、直接民主制を徹底させる。国土を小分するにいたれば、ますます人民の自由をすすめ、代議政体を一変して直接政体に改めることを得べきなり、と書いてあります。代議政体などはマヤカシだ、四年に一ぺん選挙をやって、あとはおまかせなんていうんじゃダメで、人民が直接政治に参加すべきである、そういう政治は国が大きくてはできない、国を小さくしなくてはいけない。

そこから植木枝盛の有名な憲法草案の条文が出てきます。つまり、日本を七〇の州に分割し、州には州政府を置いて教育権とか地方自治権とかを与え、この州政府の上に、いまの合衆国政府のような連合政府をつくりますが、この連合政府には外交権と軍事権しか認めない。しかし軍事権は州政府にもそれぞれの護衛兵、民兵を置くわけですから、連合政府には若干の常備軍が置かれるだけで、もしも外敵がきたら州政府の要請に応じて援軍を出すというようなことを規定します。この中では、州政府たるものいかなる政体をもつも自由である。たとえば沖縄がオレたちは共和制度の方がいいといえばノーとはいえない、そうすることで人民の政治への参加はますます直接的になって、人権が保障されるようになるんだという、小国寡民の思想が原理としてあります。

それでは、なぜ中央政府が邪魔なのかといえば、国家権力とか政府というものは、もともと悪をなすものと考えるべきだ、政府が悪でないとすれば、それは人民が悪にさせていないだけだ、人民はいつもそれに監視の目を光らせ、それを統制する、政府の横暴は厳しく抑制することが必要なんだ、だから人権とか自由とかは与えられるものではなくて、自らがかちとるものだという発想です。国家権力や政府に対する抵抗権を基礎にしなければ、自由などというのは絵にかいた餅だというわけです。

中江兆民の『三酔人経綸問答（さんすいじんけいりんもんどう）』　こういう考えは、さらに自由民権運動が敗北した時点で、中江兆民の『三酔人経綸問答』の中にもっと現実的に問いなおされてゆきます。
『三酔人経綸問答』では洋学紳士君と東洋豪傑君という二人を並べて論争させますが、東洋豪傑君というのはいまの清水幾太郎のようなことをいい、洋学紳士君というのは社会党の石橋政嗣みたいなことをいうわけです。南海先生というのがその仲裁役になるんですが、南海先生が洋学紳士君の主張を要約して次のように紹介します。

紳士君の主張を要約してみれば、まず「民主平等の制度を完備して、これを依りどころに水陸軍備を撤去し、諸強国の万分の一にも足らざる腕力を棄てて、無形の理義を用い、大いに学術を興して、その国を極めて精細に彫塑（ちょうそ）したる美術の作物のごとくならしめ、諸強国をして愛敬して犯すに忍びざらしめんと欲する、これなり」この最後の方は軍備を徹底的になくし、むしろ形のない真理や正義を用いて学術をおこし、日本全体を精細な美術品のようにつくりかえ、侵略しようとする国も、あまりそれが惜しいので「愛敬して犯すにしのびない」ようにさせるのがよい道だということです。

こういう紳士君の主張に対して豪傑君がどういったかというと、然らばすなわち、もし見識の国ありて、われの兵備を撤するに乗じ、兵を遣わし来たりて襲う時は、これをいかにせん。洋学紳士君いわく、僕はそのような凶暴国なしと信ずる、もし万一そのような凶暴国あれば、僕の願うところは、わが州兵も持せず、弾も帯びず、従容としていわんのみ。諸君よ、諸君らは不当、不正、不義ではないか、早くわが国上をたち去れ。なお聞かざるときは、われら大声していわんのみ、汝なんぞ無礼、無残なるや、と。よって弾丸（たま）を受けて死なんのみ。

これに対し豪傑君は大いに失笑していいます。ロシアの兵百余万あり、まさにトルコを併呑（へいどん）し、朝鮮を併呑せんと欲す。ゲルマンまた兵百万あり。フランスも然り、新たに安南を侵略せり。この非常のときに、なんたるたわ言ぞ。いまや日本のような弱小国は、兵を増し、軍艦をつくり、国を富まし、国を大にせざるときは、あるいは亡滅にいたるも未だ知るべからず。これ算数の理なり。ポーランドとビルマとを見ずや、と。……ずいぶんリアリティのある話ではありませんか。当時ポーランド、ビルマがちょうど強国の従属国になります。それではどうすればいいのかと聞かれると、豪傑君いわく、幸いわが日本の前に肥えて衰えたる牛のような大国あり。しかもその国弱し。なんぞ速かにその半ばを割かざるや、その三分の一を割かざるや。そしてわが国を大国たらしめ、欧米文明の効果をとり入れ、英仏露独と対等の強国とする、これぞ道なり。これも非常に生々しい議論です。

『三酔人経綸問答』はこういうきわめてリアルな議論を展開したものですが、兆民はこの議論に対し、日本はこう行くべきだという明快な自分の決断をここで下していません。しかし兆民は漸進主義的な方向で、常備軍は廃止し、民兵制を主張、外からの侵略軍に対しては市民の総抵抗で断じて正義を貫いて退かないという方向をうち出します。

さてこういう議論の中で、われわれは幾つか教えられることがあります。いまあげた小国主義というのは、実は平和の保障と背中あわせになって可能だということや、自治とか直接民主制は強大な国家の前では絵にかいた餅だということ、あるいは良政府というのはそもそも存在しないのだ、政府を良くしているのは人民の力だ、人民が手をぬけばたちまち悪政府にもどるんだ、したがって、人権とか自由とかは自らたたかいとるものであって、その原点は抵抗権にある。管理民主主義とか四年に一ぺん投票するだけの委任民主主義とかは本当の民主主義ではないということを、自由民権家たちは当時の厳しい国際状況の中から原理として引き出していたわけです。これらは今日もきわめて迫力のあることがらではないかと思います。

差別の問題と民権運動の挫折

つぎに差別の問題をとりあげてみたいと思います。すでにふれたように「蝦夷南島」という形でアイヌと沖縄を大和の支配の両翼におくという考えは古くからあるわけですが、それでは自由民権運動はこの構造を突破しえたか、明治維新の革命家たちはこういう問題を意識していたでしょうか。北海道の先住民であるアイヌに対する認識という点でいえば、自由民権家は非常に弱いのです。中江兆民とか徳弘正輝とか久松義典とかいう人たちは、実際に北海道に行きアイヌの惨状を見て、はじめて目からウロコが落ちる。自由とか自治とかいっても、こういう少数民族を虐待してなんの自由か、ということに気づきます。彼らはアイヌの問題を民権の観点でとりあげます。しかし、そういう人は非常に少数であって、ほとんど世論らしい世論を形成できない。これに対して琉球は、なんといってもアイヌの何十倍もの人がそこに住んでおり、固有の文化、経済組織、国家をもっていたわけですから、自由民権家の中でも多くの議論を呼び起こしました。

当時、民権家の中には、琉球処分論、琉球統合論、あるいは琉球独立論、琉球自治論等の議論があったわけですが、その中には、本土のわれわれもまだ国政参加権をもっていない、琉球の人民も「琉球処分」という形で二重の圧政を受けている、「少数民族」に対し、このような態度をとるのは天下の理義にもとる、というような批判が、明治一二、三年ごろから一五年ぐらいまでの間にいろいろな新聞に出てきます。しかし、これも決して自由民権運動の主流ではなくて、左派の少数派の主張にすぎません。自由民権運動が、こうした琉球やアイヌの問題、そして重要な朝鮮の問題に対して、伝統的な差別感情から脱却できずに、むしろそれを抑圧する側の考えにとらえられていたところに、民権運動の限界があります。自由民権運動がつぶされてしまうのは、実は一八八四年（明治一七年）の朝鮮における甲申事変に対して対策をはっきりうち出せず、結局国権優越、つまり国益問題が第一で民権など後まわしだという議論に敗けてゆくからです。

この過程で民権運動の主流が民権論者から国権論者にどんどん転向してゆく。その直接のきっかけが朝鮮問題でのつまずきでありました。しかし、実は朝鮮問題の前に、国内では被差別民の問題、琉球、アイヌの問題がまったく未解決のまま放置されていたわけです。そして、こうした問題を運動の中で十分とりあげられなかったことが、結局、民権運動の挫折につながったわけでしょう。

琉球については、中江兆民の論説の中には出てきません。おそらく兆民という人は政治に関しては非常に現実的な人で、自分が直接そこに行って自分の目で確かめたことでないと発言しないところがあったからだと思います。たとえば被差別部落民について、彼は大阪で被差別部落の中に入って、そこを地盤にして選挙に出、被差別部落民に対する堂々たる援護論を展開しました。

植木枝盛の場合は、琉球自治論を主張し、日本が琉球の独自の自治権を侵害するのはまったく間違っていると批判します。同時に琉球人民の新しい沖縄県政に対する参加権、発言権を認めよ、これはわれわれが自由民権運動の中で国会を開設させ、国会への参加権を要求するのと同じことだ、ともに手をつないでたたかうべきだというような、非常に先駆的な発言をしています。さらに東北七州自由党は、一八八一年（明治一四年）三月一〇日、仙台で開かれた六県代表の秘密会において、琉球処分についての河野広中の第一動議を採択しています。その動議というのは、いま、政府が琉球の帰属をめぐって清国と交戦しようとしているが、民権家は琉球の独立を支持して非戦論をとなえ、徴兵を拒否して政府を追いつめるべきである、というのです。その理由として河野は次のような議論を展開したと、政府の密偵が報告しております。

（前略）生等ヲ以テ之ヲ論ズレバ琉球ハ我ガ有ニモアラズソモソモ亦支那ノ地ニモアラザルナリ。元来琉球ハ一小島ニシテ日清両大国ノ間ニ挟リ力メテ之ト抵抗スルコト能ハザレバ已ムヲ得ズ国ノ平和ヲ保チ他ノ攻撃ヲ免レン為メ両属ノ姿ヲ為セシモノナリ。況ンヤ奪テ我藩国ニ入ルヽノ理ハナキナリ。如此理義ノ在ルニモ拘ハラズ強テ之ヲ我ガ所有ニセントスルハ我政府ガ外国ニ接シ掠奪主義ヲ以テ外患ヲ惹キ起シ、国ノ疲弊ヲ顧ザル政府ナレバ生等随従スルコト能ハズ。故ニ万一戦端ヲ開クノ不幸ニ際セバ生等ハ飽マデ政府ニ迫ルニ非戦ヲ主張シ琉球ヲ以テ東洋ノ一独立国ト為スニ若カズ。昨日属国タリシモ今日ハ独立国ト認メ為スハ欧洲開明国ニ於テ其例鮮カラザルナリ。果シテ策ノ茲ニ出ツルトキハ戦乱ノ憂ヲ免ガレ両国ノ体面ヲ維持シ、琉球国ヲシテ久シク日清両国ノ軌下ニ苦ミタル千載ノ羞恥ヲ一朝解釈スルニ至リ、真ニ我国千古ノ名断ニアラズヤ。

まことに、これは「千古ノ名断」、民権家としての正論であると思います。東北七州自由党は東北七州「独立」論を生み出すような抵抗の伝統の上に立っていましたから、このような正論に共感できたのであって、教条主義的なマルクス官僚学者らのように、民権運動はブルジョア民主主義運動だから民族差別は必然的だ、という歴史観などを事実によってしりぞけています。しかし、こういう民権運動左派の主張に対し、一方では、琉球の士族は保守頑迷で、いつも清国政府の方に依存している、自分たち日本国家がいろいろ琉球のために努力してやっているのに、その恩を仇で返そうとしている、ケシカラン奴らだ、という末広鉄腸（すえひろてっちょう）のような民権家の論説も出てきます。

このように両者対立したままの様相を深めながら、一八八四年（明治一七年）以降、自由民権運動は国権論に足をすくわれながら挫折過程に入ってゆくわけです。この問題は、実に民権運動の大きな内部的葛藤として見のがしえないことだと思うんですが、中江兆民は、これを、当時「新平民」と呼ばれていた被差別部落民に関する「新民世界」という論説の中で次のように告発しています。ここで吾等というのは被差別部落民のこと、公等というのは平民諸君ということです。

吾等の同僚中には死獣の皮を剥（は）ぐ者有り、公等の同僚中には死人の皮を剥ぐ者有るに非ずや、獣の皮を剥ぐ者これを穢多（えた）と謂ひ、人の皮を剥ぐ者これを医師と謂ふ、何の論理法ぞや。公等の同僚中死人の衣を褫（は）ぐ者有り、公等の同僚中には生人の衣を褫ぐ者有るに非ずや、吾等の同僚中には飲食を乞ふ者有り、公等の同僚中には俸給を乞ふ者有るに非ずや、兄弟の手を捻（ねじ）る者有るに非ずや、長官の髭（ひげ）を撫でる者有るに非ずや、生馬の目を抜く者有るに非ずや、詐欺取財を為す者有り、放火盗賊を為す者有り、監守、盗を為す者有り、賄賂を行ふ者有り、賄賂を受くる者あり……。嗚呼平等は天地の公道なり、人事の正理なり。公等妄（みだり）に平等旨義（しぎ）に浸淫して、公等の頭上に在る所の貴族を喜ばざるも、公等の脚下に在る所の新民を敬するを知らず、平等旨義（しぎ）の実（じつ）果して何（いず）くに在る哉（や）……。

これはいまから百年前に中江兆民がいっていることです。こういう人権や民権に対する根本的な視点がなかったら、琉球、アイヌ差別の問題にしても、朝鮮蔑視の問題にしても、おそらく批判を展開できなかったと思うんです。兆民にはこの認識があるので、アイヌの問題、被差別民の問題に深い理解を示しましたし、おそらく琉球の問題を知る機会があったら一大論説を発表して政府に挑戦していたろうと思います。

しかしこうした民族差別や部落差別の問題を民権運動が全体としては克服できなかったばかりか、民権運動の主流グループはその上にのって、差別を利用しながら、明治国家の大国主義的政策に同調していったところに、彼らの一八八〇年代末期の大量転向と運動の挫折の根拠があったろうと思います。そして民権運動の左派の主張は、その後中江兆民が自分の愛弟子の幸徳秋水に伝え、幸徳秋水はさらにそれを大正期の社会運動家たちに伝えてゆくという形で、脈々と受け継がれてゆきます。しかし民権運動がかつてもっていたような国民的大運動というスケールには、その後数十年間にならなかったのです。

打ち破られなかった民衆支配の構造

第三の問題に入りたいと思います。これは、江戸時代、一七世紀に幕藩体制が確立したころ築きあげられ制度化された、民衆支配の構造の問題です。人民の側からいえば、たくみに統治されてきた、この被支配の構造は、自由民権運動によっても克服されなかった。いや民権運動どころではない、戦後の民主革命、社会党、共産党、総評などによる一連のたたかいによっても克服されなかった。百年間未解決のまま残されてきた問題であります。この装置は、かつて近世独自のものとして完成したもので、日本の民衆の中にある身分制を非常にたくみに制度化し、境を接する階層間の対立を利用し、お互いを敵対させ、たたかわせながら、総体としては幕府が全民衆を支配し、統治してしまうという構造を持っていました。

すなわち江戸時代の場合、民衆といっても本百姓が基本ですが、その上に村役人をおきます。村役人というのは一方では権力の手先であり他方では本百姓の代表でもあるという、引きさかれた存在です。また本百姓はいまでいう通俗の市民ですが、その下に市民権のない小前の百姓をおきます。これは経済的に立ち直れば本百姓になれるものです。その下にさらに被差別民をおき、被差別民を「穢多」と「非人」にわけ、「非人」は上昇することができるが、「穢多」は一生部落からぬけられないようにする。そしてさらにその外延に「蝦夷南島」の民を配置し、アイヌと琉球民を辺境の劣等人種として「穢多・非人」よりももっと下におくという多重構造を制度化したのです。こうした仕組を制度化したというところに幕藩体制の差別政策の大きな意味があるわけです。

それでどうなるかというと、本百姓と村役人はたえず小ぜりあいを起こす。本百姓は文句があると村役人を越えてその上の代官にお願いする。代官と村役人がまた小ぜりあいをやる。そうした対立がどうにもならなくなるとお殿さまに哀訴する、お殿さまでもダメなら将軍さまに直訴、というように、一段おきに遠隔救済されるというような構造になるわけです。

一方、最底辺では小前の百姓と被差別民は猛烈な殺し合いもやります。たとえば明治初期に、士農工商の身分制が廃止され、「穢多・非人」制度も廃止されて「新平民」ができると、小前の百姓は極端な場合には、槍をもち、「穢多」部落におしかけ、「穢多」征伐というのをやる。「新平民」として自分たちと同格になるのが許せないというので襲うわけです。明治政府はこれを見て、いや名称だけ変えたんだ、と説明したのですが納得せず、竹槍が下にむくんです。いや、そういう風に仕向けたのだとも思われます。これは、岡山をはじめあちこちで起こるのです。これは、江戸時代に制度化された被支配の構造が、明治維新によっても突破されていなかったことを示しています。

こうしたピラミッド型の支配構造の一番下、というより両サイドの辺境、あげ底として琉球、アイヌ、朝鮮が位置づけられるわけですが、ここでなぜ朝鮮が入ってくるのかといえば、明治政府が朝鮮を独立の外国と認めようとしなかったからです。外交儀礼上は外国扱いしていましたが、本音は外国と見なしていない、中国は外国と認めていましたが朝鮮は独立の外国ではないと考えていた。これは江戸時代の末期からある考えで、朝鮮というのは大和の国が存続するためにどうしても必要な付属品であって、あれはわれわれが支配下におかなければならないというような考え方です。明治政府はやがてこれを「利益線」「生命線」という言葉を使って論理的に、イデオロギー的に、正当化します。

幕藩体制が築きあげた、制度化された民衆支配の構造は、このように明治国家によってひきつがれる。明治以降、それは民衆の三層構造という形になります。豪農クラスと貧農・半プロ層と被差別民・辺境民という形で、お互いが憎みあい、競争しあい、足のひっぱりあいをするように仕向ける、そしてその一段、上のところに救済を求めさせる、最後にはそれをすべて一視同仁の天皇（すめらぎ）のもとに集中させるようにします。だからアイヌも、沖縄の人も、被差別民も、誰からも救われることのないどん底の民は、最後の救済を求めて天子さまに解放の幻想をよせていくわけです。

つまり天皇制というのは、目に見える形では無数の政治的・社会的な差別序列構造ですが、目に見えない裏側の世界、幻視の構造としては、天皇の下での万民平等、天皇によってすべてが平等に救済されるという一つの円環構造をなしているわけです。一つは差別のピラミッド構造、一つはこういう救済の円環構造、これが裏と表あわさって天皇制というものを成り立たしていたのです。それは明治国家によって再編成され、大正、昭和と続いてきた。だから沖縄戦のときの、あの悲痛な鉄血勤皇隊やひめゆり学徒隊の少年、少女たちの献身が生まれたのであり、その意識というのは、こうしてつくられた円環構造的な天皇制幻想による悲劇だと私は思うのです。

明治国家が明治維新によって、このような封建的な差別制度を壊さずにひきついで、かえって天皇制という形で再編し、天皇が最終的な救済者、解放の頂点に位するような位置づけを与えた、このことを、それでは戦後の民主運動家がはっきり認識したか。これを突破しなければいけない、この枠組みを粉砕しなければならないと革新勢力が認識したか。残念ながら認識しなかったんです。この結果、日本は戦後民主主義的変革をへて、今日世界でもこれだけ言論の自由なところはないといわれる国になっていながら、なお新たな差別構造の存続を許しているわけです。しかも今や日本国はグローバルな存在になりました。

いままで「蝦夷南島」、あるいは朝鮮程度であったあげ底は、いまや日本の多国籍企業が進出している地球上のいたるところ、アジア、アフリカ、南アメリカ、アラブ諸国のいたるところの零細な住民、勤労人民の頭骸骨の上に乗っかるというようになっています。つまり現代日本のピラミッドの下には、いまや二重のあげ底があるのです。このことをはっきりと認識しないで、総評が国民春闘とかなんとかいって自分たちの賃上げだけを追求してきた高度成長期の十数年というのは、その視野狭窄のエゴイズムのために日本の労働者階級を頽廃させてきたと思います。これと癒着した社会党が明白な解放理論を示すことができなかったのも当然であると思います。

このような差別構造の歴史的な展開を総体として検討してみると、また、こういうことがいえると思います。歴史的には、江戸時代、明治時代、そして現代と、経済的社会構成体は質的に変化をしている。それならマルクス主義の理論によれば当然、意識形態、差別形態も変るはずです。ところが、そうはならなかった。経済的社会構成体はみごとに三変化をとげた。支配権力の性格も次々と変った。支配思想、つまりイデオロギーの内容も変りました。だが民衆支配と被支配の構造は、枠組みとしてちゃんと残ったのではないか。江戸時代末期の世直し闘争もこれを突破できなかった。むしろその末期には、貧農・半プロが竹槍をもって「新平民」の部落を焼きうちするようなことをやった。世直しは被差別民の底辺にまでとどかなかったのです。

また自由民権運動も、植木枝盛や中江兆民のような優れた先覚者を生みながらも、この問題の解決を運動の正面に設定することができず、理論化することもできなかった。わずかに秩父事件とか群馬事件というかたちで、最底辺の民衆が武装闘争にたちあがる中で、こうした根源的な差別の構造を打破する可能性をひらいたにとどまった。しかもこの可能性は理論化されなかった。中江兆民の思想と秩父の

「暴徒」たちによってひらかれた歴史的可能性は、ドッキングされなかった。

そのため、その後の日本の社会主義運動はそれらを理論的遺産として受けつぐことができず、停滞した。だから日本の社会主義運動はヨーロッパ伝来のモダニスティックな革命理論を追い、その極端なものは福本イズムというような変形を生み、決して最底辺の民衆の心理や論理をすくいあげることをしなかった。もちろん、全部が全部そうだというわけではない。幹部はやはり、西欧モデルの社会改革をずっと追ってきたと思う。そして、こういう問題はすでに自由民権運動の中で内在的な、思想的課題として提起されていたのです。

戦後の民主革命を経ながら、今日の日本が管理社会的な、カッコつきの「戦後民主主義」になってしまい、自民党の長い支配を許し、また「日本株式会社」といって世界中からきらわれ、とくにアジア、アフリカ諸国から憎まれる民族になっているのも、日本がいままで負ってきたマイナスの遺産を突破し、憲法前文が言ったような人権と平和、民主主義を徹底化することを怠ってきた結果なのです。だから、私たちがいまここで民権百年というのは、なにも歴史家が百年前の先人を顕彰したり、銅像を立てたり、その辺の墓を掘ったりするということではなくて、先人の遺志を現代的な課題に活かしたいと思うからなのです。

現代社会を根本から解体する力

私は、こうした差別の構造を根本的に解体する社会階層というものがあると思います。近世においては、本百姓から疎外されていた小前の衆、この貧農、半プロレタリアの下にさらに被差別民がおり、それと同じ立場に立たされていたたくさんの漂泊民がいた。そういう人びとこそこういう差別の構造がいちばんよく見えたはずです。明治の時期においては、最底辺の労働者階級や小作人層、その下にいる被差別民、さらにアイヌ、琉球の人たちに見えたはずです。かれらが、その見えたというところから根底的な衝撃力のある運動にたちあがっていれば、その時代における基幹的な変革階級である江戸時代の本百姓層、明治時代の労働者、農民も続いて立ちあがれるはずです。中間にいる労働者や農民には見えないんですから、それに背後から衝撃を与える、そういう解体基(かいたいき)としてのたたかいが必要だったと思うんです。

現代でも流民型の労働者といわれているさまざまな人たちがいます。生活保護や医療保護を受けている一千万ぐらいの人々です。彼らはみんな差別されています。重度の障害児を持った大西巨人さんの話ではないけれど、ああいう有名な作家でも、ひどい差別を受けているのですから、まして町のすみで、ひっそりとつつましく生きている母子家庭とか生活保護、医療保護を受けている人びとが、どれだけ近所の目をはばかり、つらい思いをしているか、わからないんです。いまは被差別民とはいっても生まれの違いということではなくて、違った形の被差別民が生まれています。またその中にたくさんの流民が、労働者がおり、公害その他で切り捨てられたたくさんの棄民、被害民がいます。こういった人びとが、まず、この現代社会の構造を根源から見すえて、衝撃的な運動を起こす。その衝撃が基幹産業の労働者に伝達され、基幹産業の労働者がたちあがる、そして市民運動がそれに連動し、ついには政治をも動かす、こういう形での運動の発展が望まれるのではないかと思います。

歴史的に見れば、現代社会の根本的な解体基というのは、実は春闘を組んでいる大企業の優雅な労働者ではなくて、もっと下の、第三世界の、韓国、台湾やインドネシアやベトナム等々の、日本の労働者の五分の一、十分の一ぐらいの給料で日本の企業にこき使われている人びととか、そういう人びとと心を通わせあえる日本の最底辺の勤労者なのであり、そういう人びとが、結局第一番にたちあがることだと思います。しかし、その人びとだけの力ではこの巨大な社会機構は変らない。

この巨大な社会機構を変えるには、やはり根幹になる日本の労働者が続いてたちあがらなければダメだと思うんです。市民運動、あるいは「平民会議」のような知識人グループは、そういう人びとに対して警告を発し、衝撃を与える役割は持ちうると思います。そのような意味で、日本の社会を根底から照し出し、根源的に批判する立場にある人びとの運動は、第一義的な意義と価値を持っていると言えます。このことを自由民権運動の挫折をめぐる状況に照して考えても、これは百年後も変っていないのではないかと私は思うのです。

以上、非常に乱暴な議論をしましたが、日本の安全保障の問題はなにも最近になっていわれはじめたことではなく、百年前、帝国主義諸国の分割競争がはじまる中で、小国日本がぶつかった問題と同様でした。そのときも原理としては同じことに到達しています。原理というのは真理であり、真理というのはただ一つです。いまの国際環境は、当時に較べ百倍も私たちに有利でしょう。三百年前のような戦国時代ではないのですから。

全世界五〇億の人民が人権、平和に目覚め、一五〇以上の国々が国連機構に加盟しており、大国は大国だけで勝手な振舞いはできないところまで、人類の力は成長してきたのです。こういう中で、安全保障の問題を原理的に考えたとき、民権家たちの示唆は重要な意味を持つと考えるのです。また民衆が差別されてきた構造、支配されてきた構造が、どのように自由民権運動を挫折させてきたかも知って、現代的な問題ととりくまなくてはならないのだと私は考えます。

（一九八四年）

明治一五年の沖縄県巡察使

近年『尾崎三良自叙略伝』（三巻、中央公論社）なるものが刊行され、日本近代史の関係者のあいだで話題になった。その内容が明治の新政府の高級官僚によるものだけに波乱に富み、叙述も面白く、『福翁自伝』に次ぐものだとか、『城下の人』以来の収穫であるとか評価されたりした。私は全三巻を通読してみて史料的価値の大きいことは認めるが、自伝としては前二著にくらべてひどく落ちるものと思っている。ただ、その時、心に残ったのは、その上巻の最終章に「沖縄県巡視按察のこと」という一章があり、尾崎が元老院議官時代に沖縄に巡察使として派遣された折の見聞をくわしく記していたことがあった点である。

しかも、その時期が、明治一五年（一八八二）の七月から九月にかけての二ヵ月という早い時期であり、目的が地方統治の実情の現地視察と人民の動向の探索という重要なものだった。

当時、本土では自由民権運動が高揚期を迎えていた。前年、国会開設を約束させた民権党の諸派は、全国で猛運動を展開し、これを切りくずそうとする国家権力といたる所で衝突をくりかえしていた。その弾圧の総元締が内務卿山県有朋であった。彼は伊藤博文をヨーロッパに送り出したあと、参事院議長、参謀本部長を兼ねた留守政府の実質上の権力者で、地方人民の動向の探索に特別の関心を示していた。そのあらわれが、明治一五年の全国各地で一斉に行われた政府直属の高級官僚による地方巡察だったのである。参事院議官補の一人であった尾崎は、沖縄県へ出張の特命を受けた。そのため彼は、沖縄本島の全域はもちろん、先島の三島もつぶさに巡見し、その詳細を「沖縄県巡察使復命報告書」としてまとめ正式に政府に提出している。

その復命書は百ページを越えるものであり、全国各地から集中された報告書と共に、山県有朋の地方統治策のデータとして利用された。ここで紹介しようとするのは、その正式の報告書（公文書）ではない。その私的な実情を吐露した自叙伝中のメモ――感想録である。そこに私は琉球処分直後の沖縄のなまなましい姿があると感じた、いや、明治の天皇制高級官僚の沖縄を見る目が判ると感じたのである。

時の沖縄県知事は上杉茂憲（もちのり）であった。米沢藩一五万石の殿様であり、家老の池田成章を書記官としての赴任であったが、彼自身は東京にいることが多かった。尾崎が沖縄出張を命じられた時も東京にいた。そこで彼は上杉県令（県知事のこと）と同行の旅となる。

明治一五年七月五日横浜より玄海丸で出発、神戸で船待三日間、一〇日に赤竜丸に乗換えて神戸を離れ、鹿児島到着が一三日。そこで琉球御用商人徳田作兵衛なる者の饗応をうけ、事もあろうに巡察使がその特権商人の私邸に泊っている。彼はこう記している。

「此徳田は古来琉球産物取引する家にして、其利潤豊かなる富賈（ふこ）なり。予は此家に宿す。鹿児島に船待のために二日間滞留の間、大門町万勝亭（ばんしょうてい）の楼に登る。是は上杉等の案内なり。鹿児島属官、沖縄県属官及び銀行の者ら十数名宴に陪し、歌妓数十名頗る盛んなり」。

山県への復命報告書にはもちろんこんな記述はない。県令、御用商人、属官らをあわせてのこの盛大な芸妓買いの遊興費は一体どこから出ていたのだろうか。早くも腐敗の妖霧がたちこめているのに、政府巡察使は一向にそれを糾（ただ）そうとしていない。これを見ても尾崎には汚職の潔癖感が全くない。

一五日、鹿児島を発し、一六日、大島の名瀬（なぜ）に寄港し、一八日発、翌一九日ようやく任地那覇に到着している。尾崎は十数名の県官に迎えられ、那覇の市街を離れた高丘の松林の中にある官立農事試験場の宿舎に向う。彼は総建坪百坪ほどもある官舎の南向の座敷一二畳の二間つづきを専用とし、そこに居すわる。

「当館は人家を離れ高丘の松林中に在り。日夜涼風入り来り、さのみ暑気を感ぜず。市街中の旅店、料理店等は皆日本人の営む所といへども、陋隘（ろうあい）不潔にして永く宿泊するに堪へず。又土地即ち琉人の営む旅店、割烹店と云ふべきものなし。琉人は多く辻村の娼家に宿泊するのみ」。

彼はここに県知事、書記官らをはじめ琉球王子、按司（あじ）らを接見して得意満面である。もともと尾崎という男は伊藤博文らと同様〝下賤の身分〟の出で、明治維新の嵐を見事に泳ぎきり、栄職についた槍一筋型の人物である。彼は尾崎咢堂（かくどう）とは親戚、伊藤博文より一歳下、陸奥宗光よりは二歳の年長だが、雄藩の出身でなく、幕末三条実美（さねとみ）家に仕えた陪臣であったため、同じ倒幕の志士であっても大臣になれなかった。明治六年、五年間のイギリス留学後、太政官の制度取調掛（七等官）に出仕してから明治二五年に法制局長官（一等官）を最後に長州閥から追われるまで、約一九年、井上毅（こわし）らと共に新国家の制度づくりに従事した。その間、元老院や参事院の議官にも抜擢され、中央政府を代表して地方巡察などもしていたのである。

彼の少年時代は惨澹たるもので、乞食同然の地蔵堂暮しも経験していた。そのためか理財家にもなる。無一文からはじめて巨額の財をたくわえ、豪邸に住み、妻妾子女十数人を養うほどの豪奢を、少しも悪びれることなく自伝に記している。彼は七卿（しちきょう）都落ちにも随行しており、慶応三年、坂本竜馬が斬られる直前、坂本、中岡慎太郎らと共に京都河原町で国事に奔走していたというのが、生涯の自慢であった。

沖縄県巡察視使、按察使尾崎三良が首里城を一覧した時、本土から派遣された一箇中隊約二百名の守備兵が城内に駐屯していた。これは一植民地に対する態度と同然で、彼は県民にかつがせた竹輿に乗っていった。中城（なかぐすく）殿、南苑などは荒廃にまかせ、「庭園荊棘（けいきょく）階を没し、堂宇破壊、鼠糞（こふん）堆積、悲風なまぐさく、夏日尚冷気を覚ゆ」と記すほどの惨状であった。

彼は尚泰（しょうたい）の伯母が按司をしている沖縄びとが尊崇する聞得大君（きこえのおおきみ）殿を見せろと要求し、「殆（ほと）んど命令的に勧誘して漸く之を開かしむ」という霊所荒しをしている。那覇では県庁、裁判所、警察署、学校等を巡視しているが、折からの盛夏の猛暑でゆっくり時間をとって聴取できなかった、と記している。ただ、沖縄県官吏の情態については、次のようにきびしい判断を示して、その封建時代さながらの旧弊ぶりを突いていた。

知事が米沢藩の殿様であるうえ、書記官や課長の大半が旧藩臣であるため、「知事は家老の書記官を呼び捨てにして旧君臣の礼を失せず、又家老の書記官は課長以下の平士に対して是亦呼び捨てにして、大藩の家老と平士といふ格ゆえ、平（ひら）の属官は知事に対すれば殆んど陪臣又は陪々臣の如く然り。米沢の士族は元より旧君臣の間柄なれば、却つて是にて満足なるべけれども、他藩人は随分不平を鳴らし、何んだ馬鹿馬鹿しいと誹謗せし事を聞けり」と。まして彼らの人民を見る目にいたっては、野蛮人、土芥を前にしているような趣きであった。そういう殿様知事は論外としても、草莽から成り上った尾崎巡察使はどうであったろうか。彼の地方巡見も大名行列と同様であったのである。

当時の沖縄の行政区画は「間切」によって分けられていた。一間切の人口およそ三、四千人から一万人程度、村数は一〇ないし二〇カ村を一単位として「地頭代」が治め、本島全体を四二間切に区分していた。尾崎は二〇余日を費してその全域を視察してあるく。

彼らが間切に到着すると、「地頭以下地役人五、六名ないし七、八名村外に迎へ、皆蹲踞して礼を為す」。番所に入ると、「地頭以下次の間に於て平伏し礼を為す。予は例によって先づ其村落中人民の苦情なきや等を聞くに、各々言ふ所苦情は大同小異なれども皆租税の苛重なるを愁訴せざるものなし。事実を探査するに、其苛重なる内地人に過ぎたること甚だしく、実に憫然なり」。

そこで彼は旅行中は普通人民の常食サツマ芋で過そうと試みるが、二日間で病人のようになってしまい、また元の状態に戻っている。「琉球の田舎には米麦は勿論、味噌・醤油もなく、また沐浴の設備、寝具、食膳の設備もなきゆえ、一宿以上の旅行には必ず是等のものを悉く携帯せざるべからずとて、此四人数日間に必要なる米、味噌、醤油、膳、椀、鍋釜、風呂桶、蚊帳、蒲団、野菜類、此等のものを凡そ十数個の網に入れ、又は縄を以て束ね、二〇余人の琉球人を傭ひ、或は背負ひ或は肩に担ひなどして随ふ」。そのさまは「百鬼夜行とも言ふべく、鳥羽僧正の滑稽画の生物を見るが如く、抱腹絶倒に当るなり」と。つまり、沖縄人民のその辛苦の姿態が『鳥獣戯画』のように眺められたというのである。

その態度は離島にいった時にもあらわれている。久米島に対しては「警部一人、巡査五名を以て全島を管理す。本島琉球諸島中、地味膏腴、風紀清良、樹木能く繁茂し、養蚕の道も開け、農産物も能く成熟すれども、人民懶惰にして新作に務めずと云ふ」。

宮古島は「人口三万、全島数間切に分つ。県属及び警部巡査数名にて之を管す。土地荒瘠、人民皆貧窶、菜色あり」と記し、八重山島についても「一体此島の住民は猶殆んど太古の風俗あり、未だ銭を用いることを知らず、総て物品交換なり……然るに内地人の狡黠なる者は、此無知の人民を欺き、不当の利得を得たることありと云ふ……予の至りし頃は、島民保護の意を以て内地人との貿易には必ず我役人立入り、欺かれざる様にせりと云ふ」。彼の巡察は、その役人の汚職や商人との癒着ぶりには口をとざしているのである。

天皇制中央官僚尾崎三良の目に映った沖縄事情は、その三〇年後に訪れた柳田国男の見たもの（『海南小記』）と対比するとき、いっそう性格をきわだたせることができるのだが、ここでは述べない。

彼の結語は、「是れ実に伏義氏以上の太古の民たるの風ありと座ろに感じたり」という述懐によくあらわれている。その後の明治政府の沖縄県対策に、こうした偏見がつらぬかれていることもわれわれは見落すことはできない。

（一九八一年）

「自由民権資料」に光　国は省みず、国民の手で
――我部政男編『地方巡察使復命書』刊行の意味――

「明治維新史料」が、国家の手によって国家的大事業として編さんされ、数十年の歳月をかけて刊行されてきたのに対して、「自由民権史料」は省みられず放置され、全く民間の手に委(まか)されてきたことは、いかにも不公平だと私は不満に思っていた。ここでも「勝てば官軍、負ければ賊軍」なのか。戦前の大日本帝国の時代ならば、まだ理解できる。敗戦後、一応民主主義の国家となり、自由民権運動こそその源流であると評価されるようになったのに、未だに政府はその史料の収集、編さんに一顧だにあたえようとしないのは不可解としか言いようがない。それならよろしい。われわれ国民の手で何百巻でも刊行してやろうというのが、自由民権百年の記念出版事業である。

「自由民権史料」を協力して出版しようという声は近年とみに高まった。埼玉新聞社による『秩父事件史料集』（五巻）、大和書房による『三多摩自由民権史料集』（二巻）、部落解放研究所による『東雲新聞』（四巻）の復刻、三一書房による『自由新聞』（五巻）の復刻など数巻におよぶ大冊を別とすれば、北海道から沖縄まで、地方自治体による県史や市町村史の史料編とならんで、たくさんの民権史料集が

刊行されている。これらの特色は、最近の研究史の状況を反映して民衆史の掘り起こしに関するものが多い。

しかし、民権運動の根本史料を全国にわたって最も体系的に収集したのは明治国家そのものであることを私たちは忘れていた。恐るべき官僚国家であった明治政府は、こと人民の不穏な動きに対しては大小漏らさず情報を収集して、これに備えていたことが、五年前に開館した国立公文書館の「公文録」や「公文別録」などから判明した。我部政男氏（琉球大短期大学部助教授）がこれに着目して、この国の公文書中の第一級のものの一つを刊行したのが、『地方巡察使復命書』上・下（三一書房）である。

地方巡察使というのは古くからある官名だが、この場合は明治一五年に、自由民権勢力の地方への浸透に対抗するため、太政大臣三条実美や参事院議長山県有朋らが直接指示して、五人の参事院や元老院議官に全国を巡回させ、「親しく地方の時宜、県治の得失を視察し、最も府県会及び党情に注意し、以て民心の趨く所を知悉し、併せて警察、教育の実情を報告せよ」と命じたものであった。

この地方巡察は、明治一五、一六年の二年間行われ、民権運動の動向はもちろんのこと、地方の政党、新聞、集会等の事情、府県会、地方警察、教育、民情、産業から士族の状況におよぶ実態を、三府四二県にわたって、一定の統一様式によって調査し報告させた総合的なものであった。我部政男氏の解説によると、この報告は巡察現地から直接三条太政大臣に送られ、ついで参議会員に回覧され、じっさいに地方の統治策に役立てられたものだという。

『関口元老院議官地方巡察復命書』が孫の関口泰氏によって刊行されたのは一九三九年であった。それから四〇年後に残るすべての巡察使復命書を「公文別録」の中に発見し、今回の刊行にこぎつけた功績は編者の我部政男氏にある。我部氏は『明治国家と沖縄』の著者で、明治一五年に沖縄地方を巡察した尾崎三良の復命書を追っていてこの宝の山に遭遇した。まさに沖縄から本土の近代化のゆがみを打つ眼が、日本全体の地域統合の問題を照射する視点を獲得している。

我部氏の解説は七五ページにおよぶ詳細なもので、史科学的な配慮も周到である。復命書の内容そのものは、個々の巡察使の経歴や能力によって精粗、適不適、当不当があり、批判的に読む必要があるが、三一書房社主竹村一（はじめ）氏はこの大部の「復命書」二巻につづけて、『自由民権機密探偵史料集』を続刊すると予告しているから楽しみである。

民権運動高揚の年から百年経過して、ようやく本格的な「自由民権史料集成」の刊行が始まったことを、私は民権百年全国集会実行委員会の代表委員の一人として喜びたい。

（『地方巡察使復命書』上巻＝七六〇ページ・二四、〇〇〇円。同下巻＝近刊、一〇八〇ページ・三六、〇〇〇円）

（一九八一年）

『明治精神史』から五〇年
——新しい方法論を拓いた出発点——

東大卒論に「明治精神史」

今日は『明治精神史』刊行五〇年ということで、なにか話してほしい、ということであります。もう五〇年になるのか、と改めて思いますが、実はこうしたタイトルの本は、増補や改訂版を含め六冊あります。それがまたこの本の歴史でもありますので、それらのことから話しましょう。

まず、最初に書かれたのは、東京大学での卒業論文であります。東京大学文学部卒業の時に卒業論文としてまとめたのが「明治精神史」です。昭和二三年度の卒業の時に、これが最優秀論文に選ばれました。選考したのは日本古代史の坂本太郎先生なのですが、戦前神社史などたくさんの編著を書いた方ですね。また、後に国立の『歴史・民俗博物館』の構想を立案され、その初代館長（その補佐役が私、色川）をつとめられた人でした。

そんな先生なのですが、どんな方かというと、今、三年生の学生に「君はよく勉強した。註の数が一三〇件もある。註の数だけでも大変な数だ。これだけでも、この論文はいいはずだ」といわれたのです。当時、特別研究生に選ばれると、（私は選ばれた）二年間生活費を全部支給してくれ、研究に専念できたのです。しかし、私はそれの推薦を受け取らなかった。そして同級生の野本貢（のもとみつぐ）君と、野本君の故郷・栃木県の柏尾村に中学校の教師として行ったのです。民衆史をじっさいに農村に入って、確かめたいと思ったからです（当時の〝ブ・ナロード〟「人民の中へ」という気どった風潮に流されたためでもあります）。

ですが、卒論で書いた『明治精神史』は、単純な民衆思想史ではないのです。最初はまあ、日本近代思想史に福沢諭吉から続くようなエリート（エリートたちといっても、私のものは福沢のような超エリートではない）、ただ、民衆思想史家の端くれであることは確かです。私が在学中、東京大学文学部には近代史の先生はいなかった。おられたのは近世史の先生までです。神がかっていた人といわれた平泉澄教授は、戦後、GHQの公職追放令に引っかかっていました。反体制的な思想の持ち主なら、追放されてしまうから。当時の大学生時代というのは、戦後、陸海軍とか戦場から帰ってきて学生ばかりなのにきびしかったのです。今とは全く違う雰囲気でした。

私は「学徒出陣」とかで、海軍の航空隊、土浦海軍航空隊にいったのですが。主任教授の坂本太郎先生に挨拶に行ったら、先生から「まあ、体に気を付けて生きて帰ってきて下さい」と言われました。

その時に私は先生に質問したんです。「坂本先生は今、何のご研究をなさっているのですか？」って。そう言ったら、「大化七年だよ」「ああそうですか」。そして、軍隊から帰ってきた昭和二一年の四月のこと、私が「先生、生き延びて帰ってきました」と報告したら「ああそうかね、それはよかったね」といわれたのです。そして「先生の大化の研究はどこまで進みましたか」と伺うと「大化九年だよ」って（笑声）。そういう先生ですから。（会場は笑いに包まれる）

卒論は大学図書館に永久保存されるのが立て前です。それをその東大の図書館からだまって持ち出してきてしまったのです（笑声）。卒業論文というのは永久保存ですが、それを借りてきて返さなかったので、ここにあるのですよ。

自費出版した『明治精神史』（黄河書房版）

とにかくその問題の卒論に手を加えて『明治精神史』として出版しました。これが黄河書房から出た最初の本です。もちろん自費出版でした。こんなものを出したって売れっこないからね。当時、私は同じ日本近代史を専攻していた佐藤省三君と二人で、責任も利益も折半でやろうという形で出しました。私が原稿を書くから、君は出版の編集事務をと。それから利益は折半と。

彼は奥さんがちょっと金持ちの娘だったものですから、そう言われましてね。ですから、二人の自費出版でした。もし売れなかったら、欠損は半々にしよう。例えば、二〇万円損したら、一〇万ずつ借金を分けようってことです。それが初版の『明治精神史』です。

なんでそんな本を出したかというと、その当時、今から半世紀前ですけれども、私は東京経済大学で初めて講義を頼まれて、明治時代の話を始めたのです。その頃、東京経済大学というところでは、学生に教科書を持たせないとノートがとれない学生が多かったのです。それを見て、ああこりゃダメだと思って、手を入れた講義用の本を作ったのです。

本当に聴講する学生は百人くらいしかいなかったけれども、私の話は面白いといって、学外から来るニセ学生が多勢いて大変な数になる。それで聴講する学生全員にこれを教科書として指定した。これが最初の自費出版の『明治精神史』です。それがどんどん出るものですから、増補版を作ろうというので私と佐藤君がまた協力して、『増補　明治精神史』というのを出した。

そのあと、さらに版本を付け加えたり、内容を少し変えたりして、『新編　明治精神史』というものを出した。だから『明治精神史』っていうのは三回、変わって出ました。「卒論」から「増補」になり、さらに増補から「新編」になったりしたものですから、『新編』はこんなに厚いのです。それなのに、この自費出版本はよく売れたので、講談社が目をつけて、文庫版にしてくれた。文庫版が出ると、もう分厚い『新編』は売れません。学生は文庫版で勉強するようになる。で、文庫版の『明治精神史』は、さらに上下二冊ということになり、今では講談社学術文庫版というので講義をしていたのです。

文献史学から排除された民衆史

そんなわけで、『明治精神史』は何版も版を重ねました。大変当たったのです。ここに持参したのは最初の『明治精神史』ですが、その『明治精神史』から民衆史という問題意識は出ていました。共通して本に出てくるのは、当時の無名の人たちです。無名というのは、例えば貧農で、日記もなければ、書き残した断片さえもありませんから、普通、研究の対象にはなりません。教材にするには、私自身が史料を集め、それを本にしなければなりません。これがファイリングで、地方知識人といわれるような人たちを集めました。あるいは自分の出生地で活動した民権家たちの記録。または、村を捨てて放浪し、日本中を歩いた人たちの思想。そういう人を取り上げていったら一冊に収まらなくなったので、何冊か、明治二〇年代とか三〇年代の人々とかに分けて書いたのです。このころになると私も認められて書いたりしたものですが、『増補　明治精神史』はそういった学術論文をも含めて、まとめたものです。

今は民衆思想史とか民衆史というのは当たり前のことで、それはいろんなところで使われていますが、戦前には「民衆に歴史があるのかね」と主任教授の平泉澄先生にいわれたほど、低い扱いでした。私も最初に東京大学で平泉先生から「君は卒論で何をやるの」と聞かれた時に、「あまり知られていない人たちの記録を明治の精神とか、明治維新の志とか、そういう人たちの中に探してみようかと思います。また自由民権運動というのがありましたから、自由民権運動史をやりたい。有名な人じゃなくて、農村の人たちとか、民衆ですね」というと、「民衆って？　民衆に歴史があるの？」って平泉教授に言われたんですよ。

「民衆っていうのは、こう、へへののもんじと書く。そういうものでしょ？　って言われてね。皆おなじ顔してる――。へ・へ・の・の・も・へ・じと書くと、おなじ顔になります。みてごらんなさい。全部、へへののもへじが集まって書かれてるよ。それが民衆でしょう。そんなものに歴史があるわけないじゃない。そんなものを大学の卒業論文にしてはいけません」っていわれました。

「いやあ、へへののもへじの民衆にも歴史があるんですが」とは、当時の私には言えませんので、「あ、そうですか」と言って帰ってきました。ですから、最初の卒業論文はそのへんのものもへじは出てこないんです。ちょっと上の方の人は出てきますけど。そういうことで、東大のアカデミズムというのは牢固とした実証主義と、しかも文献史学です。だから文献がなければ歴史学は成立しないという立場が貫かれていた。だから、民衆なんてものは問題にならない、という時代でした。

で、江戸時代の文書はだいたい二〇万から三〇万くらいあります。明治になっては、もっと増えるんです。それはなぜかというと、ものを書く人が増えたからでしょう。明治の文書っていうのも、大変な数です。そんなものいちいち大学で研究するのか、ってなことを言われた。だから、土蔵に埋もれている記録を解読し、事件ごとに一つの論文をつくるなんてことは、教授たちの領域外のことですからね。しかし、それをやってみようじゃないか、というのは狂気の沙汰です。民衆には一人一人全部違う歴史があって、違う思想もあり、挫折もあれば、生活もあり、泣く記録もある。そういうのを探し出すことで、本当の歴史の一番源流になるものをつかみとるということに、意味があるんだと思って卒論「明治精神史」を私は提出したのです。

特別研究生を断り粕尾中学校の教師へ

卒業と同時に特別研究生の話を断って、足尾銅山の隣の「粕尾」という山の中の粕尾中学校に新任の教師として赴任しました。ところが先生がいないんですよ、できたばっかりの中学校で。六・三・三制の学校制で決められたのですが、初めは校舎もなければ教科書もない。同僚教師もいないんですから。

人民の中へ入って道を拓こうと、私は気負っていったのです。しかし粕尾っていうのは、本当に小さな山村で、カジカが川で鳴いている「粕尾川」という川がある。その粕尾川の周りに点々と農家がある山村だったのです。

校長さんが「東京大学を出て小学校の先生やらすわけにいかない」って。だから結局新しくできた中学校で教師に。ところが、その中学校にはまだ校舎が無いんです。そこでついたてを立てて、こっち側に小学校、あっち側は中学校。中学校も一年生しかなかったから、熱烈な指導をしましたよ。

こちら側が小学校ですから、あんまり大きな声を出すなって言われるんですよ。ついたてで困ってあるだけですから。もちろん先生方も師範学校出の先生ですから、大学出て、なんでこんなところへ来ているんだろうって、疑われたわけです。もしかしたら村を乗っ取ろうとしてきたんじゃないか、とかね。なんか野心があるに違いないと、始めから疑っている。ただ、私も観念坊主だったので、当時の〝ブ・ナロード〟（民衆の中へ）の空気にうかされて、頭から先に入りこんだような者の一人だった、ということをなかなか理解してもらえない。師範出の先生方っていうのには……。ですから疑われて、仲間に入れていただくのに本当に苦労しました。

半年くらいたってから「野心家ではないらしい」と、他の先生や生徒とも遊んでくれるようになった。教科書がないから私が鹿沼（かぬま）という町まで行って、教科書になるような本を買ってくる。そして子ども達にあげたりなんかしていたのです。また、教科書は〝自分で作れ〟、というような話も出ていました。それで当時、評判の無着成恭（むちゃくせいきょう）先生の『山びこ学校』に学んで、山に連れて行き、「今日は村の交通の問題、交通と人文の関係の問題をやろう」とか言ってね。生徒と一緒に外に出る。みんなきょとんとした顔をしている。

まずはここから観察しようと、一時間に何台トラックが村の「往還」（道）を走るか、自転車が何台走ったか、荷駄車はどのくらいか、馬車はどのくらいか、みんなで調べたんです。で、産業とか社会の動きとか流通とかは、こういうことなんだよ、と私が言っておぼえさせる。

そのあとみんなを役場に連れて行って、田んぼと畑の耕地はどういう所有関係になっていますかっていうことを聞き、データを集めてもらって、勉強の材料にした。それによって村の構成がわかるから。一番陽当たりのいい、いい土地と、山の荒地と、当然これ坪当たりの収穫が違うわけなので、誰がどういう形で所有しているかを調べる。そんなやり方がもう、なんだか「アカ」の考えみたいだなあ、と他の先生や村びとに思われちゃったね。だから最初は煙（けむ）たがられた。

それから家族を調べ、商業が何パーセントで、農業が何パーセント、炭焼きとかきこり、山林労働者（全くのプロレタリア）がいるんですよ。山で木を切ったり、切った木を渓流に流し、枝をはぐ労働者とかね。そういうのを教えてもらおうとした。だが、学校では教えてくれない。じゃ、教えてくれなきゃしょうがない。やりましょうと言ってやり始めた。ただ、これはいっしょに粕尾中学校に行った粕尾出身の野本貢くんがいたから出来たことで（かれは村はじめての東大卒だと尊敬されていたし、村の経済にもくわしかったし、村後の大勢に聞かれても〝権威〟があったから――私はその蔭にいた教師にすぎない――）、多勢の教員も生徒の質問に一々ていねいに答えていたのであろう。

私どもの所には、各家から子どもが来ていますから、小学校から、中学校までのしきたりで「家庭訪問」というのがある。そのしきたりを利用して、生徒の家に訪ねて行って、「あそこの土地は誰が持っていますか、誰の田んぼですか、あなたは何反でどのくらいの収穫がありますか。七俵ですか、八俵ですか、一〇俵ですか。荒地ですね。いい土地ですね」などと地主さんと話をすると、地主さんが農地改革でだいぶGHQからやられた話をして、こぼす。あのおかげで土地（小作地）を手放しているんですよね。ところが名義を代えて、実質的には昔の通りの地主の支配地に（つまり借地というのを口実として）高い税金を取っている者もいる。前と同じようなものですね。そういう実態も出てくるわけです。

山林労働学校で民衆史を学ぶ

そこで私たちが当時で一番民主改革に積極的だったと思ったのは、山林労働者ですね。彼らは地主の山で木を伐ったり、枝を運んだり、炭を焼いて町に売ったりしている。そこでその人たちに、夏から粕尾川に山林労働者の山林労働学校というのを特別開くことにしたのです。もちろん月謝なんかなしに、です。そういう人たちには、昼間は学校の授業がありますから、夜、夜間山林労働学校を開いて教えることにした。労働者相手にね。主に社会の問題とか、日本における労働の情勢とかの話をした。野本君と一緒にね。それはすごく支持されました。なにしろ野本君は、粕尾村のホープでしょう。特に山林労働者から歓迎された。そんなことをしても、学校の生徒はみなついてきて、学力もどんどん上がっていたから、誰も文句をつける人はいなかった。

まぁ、そんな「ナロードニキ」の実践をやっていく中で、エリートが出かけて行って啓蒙してやろうとかいう姿勢があらわれてきたのです。そういうのが私の中での本当の意味での民衆運動、ひいては民衆史のスタートだったのですね。小学校四年か六年くらいしか出ていないような人たちの叡智っていいますか、人生に対する確信……、社会に対する見方、社会に対する批判性ですとか、そういうものを、むしろ野本貢君と彼らに啓発されましてね。どっちが先生かわかんないなあ、と思ったりしたものですよ。

それにあの人たちには芸能といったって、当時はパチンコ店も無かったですから、村芝居しかない。実は青年たちは秋に村民に公開する、村芝居を盛んにやっていたのですね。私たちに台本を書いてくれと頼んできた。新劇の劇団にいた経験のある私はヤクザ芝居しか書けないよといったら、それでもいいっていうから書いてあげた。そしてそれを野本といっしょに青年たちと夜遅くまで稽古して準備し、実演した。私の念頭には、ひと時はやった「伊那の勘太郎」のイメージがあったので、それが非常に評判を取りましてね。隣村からも、近くの街からも好きな人が来て頼まれ、一緒に出歩くようになったんですね。

その頃から演劇っていうのは面白いなあ、演劇っていうのはこんな風に人を動かす力を持っているのか、そういう強い想いを持っていたから、後に東京に帰って、新劇の劇団運動に入れた。プロの「新協劇団」という有名な劇団に演出の研究生として入門したのです。それからは「新劇」にのめりこんでゆくばかり。

その年の暮れ、昭和二三年一二月二五日に、盟友の野本貢君が死亡したとき、私はもっと居たかった村から立去る決心をした。そして翌年三月、その年の卒業生が出る春、（昭和二四年三月末）、同僚の教師や生徒たちに別れを告げて、村を去り、元の東京生活に戻っていったのです。野本には、きっと『草深き丘に』君の墓標を建てるからと、誓いながら——。東京に出てからは失業に苦しみ、心も体もボロボロになり、動けなくなりました。それから、また歴史学徒に戻れた時は、さらに体がぼろぼろになり重い肺結核にかかってからです。手術では右肺の上半をとるという乱暴な時代でしたから、あばら骨を六本切ってね、肺を切除するわけです。当時、薬のストレプトマイシンは、ものすごく高くて一カ月の月給で一本買えるかどうかというような状態でしたから、それを購入するなんてことはできません。そこで私の従兄(いとこ)で千葉大学の医局にいた八代元司さんと相談したのです。「成功率はどのくらいあるの?」と私が聞いたら、「まぁ、フィフティフィフティだねえ。半分の患者は生き延びられるよ」という返事。で「もしやらなかったらどうなる?」と聞いたら、「一生ベッドで寝て安静だね。安静療法でやるしかないよ」っていうんです。それなら賭けに出ようといって、やってもらったのです。

今はもう五体健全なように見えますが、数年間は本当にたいへんでした。その内、取った六本の骨が両方から生えてきて、くっついてきたのです。それでも高い山へ登ると、私が一番早く高山病になってしまうんです。肺の面積が少ないですから、どうしても高山病になりやすい。でもまぁなんとか、生き延びてきました。

歴史学の大きな流れとなった民衆史

話が前後しますが、東大の卒業論文だった、『明治精神史』っていうのは、私のスタートであると同時に、私の最初のやりたいこと、新しい方法論を拓いてゆく出発点になったのです。

次にこれが『増補・明治精神史』とか、『新編・明治精神史』くらいになりますと、はっきりと民衆史に変わります。当時、そういう言葉もありませんでしたから、自分で命名したのです。これまでアカデミズムの世界では民衆っていうのは、学問の対象にならなかったのです。それを民衆思想史とか民衆史という形で出したときに私は孤立しましたが、共感してくれる人もいましてね。なりゆきまかせに進んだ。そして、民衆思想史はいつしか公認されていったんです。公認されるどころか、今や一つのアカデミズムの流れになりました。偉人とか英雄、あるいはそういう大きな影響を与えたエリートたちだけではなくて、一般の民衆の思想を研究するということも、歴史学の流れになったのです。

鹿野政直さんとか安丸良夫さんとか広田昌希（まさき）さんとか、優秀な人がどんどん参加してくれて、一つの学派に成りました。今では民衆史というのは、たくさんの支流を合流して成立したものです。その原点は私が書いた『明治精神史』だったということになるのでしょうか。これは同時に民衆史、民衆思想史の源流にもなったわけでしょうね。以上のストーリーは「明治精神史五十年の会」に、集まってくれた皆さんになにかできれば、と思って用意してきたものですけれども、元はといえば私の卒業論文だったのです。汚いですけれど。（卒論を手にして見せる）

ある年、あの高名な丸山真男さんと偶然、熱海のホテルで二人だけになったことがあるのですよ。国際シンポジウムがあった時に、一緒になった。私は若かったが、どういうわけか丸山さんと同じ部屋に泊まることになったのです。私には辛かったですね。というのはその前に私は丸山批判をかなり手厳しくやっていたんです、本の名前はなんといったか忘れましたけど、あの本で丸山批判をきびしく書いているのですよ。それを読んでいて誰が丸山さんと同室にさせたのだろうと。

丸山さんも、困っちゃったでしょうね。私は、彼の講義は戦争中から聞いていましたから、あの人も思想史をやっています。近世の思想史など聴講してましたから。先生と生徒の仲なんですよ。丸山さんに私は面と向かって「色川さん、いまや民衆思想史の時代ですよね」って、のっけから言われたんですね。面くらっちゃって。「すいません、先生のこと悪く書いて」って言ったら「いやいやいや民衆思想史の時代ですから、あなたの方がメーンタレントです」って言われてね。もう話がしようがなくてね。

そしたら先生は「軍隊はどこにおったのですか?ぼくは陸軍二等兵ですよ」「ええ? 東大の先生が陸軍二等兵ですか」って言ったら、「もちろんすぐに士官になれるけれども、士官になるといろいろ責任を持たされたり、除隊が遅くなるからと思って。二等兵なら殴ったり蹴ったりはされるだけで、早く帰れって言われて帰してもらえるから……」と。

「ぼくは学生あがりの海軍予備少尉でしたから、大学出てすぐ将校にされちゃうんですよ。それだって、ひどく殴られました」ってまあそんな話をして一晩過ごしましたけど。丸山さんもちょうど学園闘争で痛い目に遭っていましたからね。ちょっと弱気になっておられたのじゃないかと思います。あの全共闘の連中が丸山さんの研究室に乱入してね、本やなんかを、叩き出したそうですからね。これはかなりあの人にとっては大きな心の痛手だったと思いますよ。私は全共闘とは縁がなかったですから。

「そういう丸山さんの人気は落ちたのか」といえば、そんなことはありません。今だって丸山真男の思想史は高く評価されて、多くの人が読んでいますから、素晴らしいものがあります。あの発想力ですね。そういう意味で、私の民衆史っていうものの発端を開いたっていうだけのことなんです。

そういう意味で、私もその時、もう八九歳になりました。八九歳、長く生きたなぁ、という感じですよ。東大文学部に一緒に入った仲間は四八〇人だったか、そんなもんなんです。東大の文学部って一七学科があります。それを全部入れて四八〇人位です。その内で卒業できたのは三二〇人ですよ、その内、一七〇人余は戦争で生死不明、戦病死。そういう意味では犠牲の比率が非常に高かった世代です。私どもは昭和一八年に入った同じ歴史学科のグループだというので「東大十八史会」という会を作って毎年集まっているんですが、現存者は三人かそこらですね。毎年死んでいますから、近くなるでしょう。

まぁそんなわけで、今日はありがとうございました。私自身が『明治精神史』が何年前のものだか忘れておりましたのに、我部さんや三木さんたちのお話のおかげで、この会が持たれました。今日は山梨日日新聞が取材に来るといっていましたが、そういう日が来たこと、共同著作者だった佐藤省三君が生きていたら、どんなに喜ばれただろうと思います。佐藤君も亡くなりました。奥さんの著作権者の名前が、この初版本には入っていました。その奥さんも亡くなられました。だが、この会を開いていただいたおかげで、彼らも浮かばれると思います。今日はほんとうにありがとうございました。（拍手）

（二〇一四年）

（本稿は二〇一四年五月二八日、山梨県北杜市のホテル・萌木の村における講演録に色川氏が補筆したものである）

外交政策糾弾する目
――我部政男『明治国家と沖縄』を読む――

著者は沖縄本島の本部町に生まれ、琉球大学を卒業し、本土復帰前後の数年間を東京教育大学の大学院で学ばれた日本近代史家である。この本は、その我部氏の一五年間にわたる沖縄近代史研究の一つの決算である。全体は八章に分かれているが、最も力の入っているのはⅡの「明治政府の成立と琉球処分」、Ⅳ「条約改正と沖縄問題」、Ⅴ「明治一〇年代の対清外交」で、本書の中心が明治初期の東アジア情勢下における外交問題にあることが分かる。

この明治国家と沖縄の内的関連を中軸として、その周辺に「明治初年の北方問題」や「自由民権期の沖縄」、「統合過程における周辺地域」の個別分析論文を配したのが本書である。その特徴をあげてみると、まず各論文のはじめにそれぞれの論文作成時の沖縄の政治的情況が色濃く反映されており、何のためにこの主題が選ばれたのかが明確である。本書が現代的な関心を喚起する力を持っているゆえんであろう。

次に、明治の沖縄史の個別問題を考察するにあたって、著者は一貫して近代日本の大きな潮流の中にそれを置き、日本政府の基本政策との内的関連からとらえるという方法を堅持している。このことが本書に近代日本の全体を照射する力をあたえたのであろう。もちろん、その際、著者が沖縄社会内部の階級的な矛盾を根底におさえていたことはいうまでもない。

沖縄は明治以降、つねに日本国家の国権外交のいけにえに供されてきた。明治一二年の「琉球処分」とその直後の日清間の「改約・分島」交渉がその象徴であり、敗戦直後の天皇国家の延命のための沖縄永久基地化の申し入れがそれであった。その露骨さは、敗戦後天皇が自分の延命とひきかえに沖縄をとりひきの道具として米国に進んで提供しようとしたことに現れているが、明治政府もまた清国との条約改約の代償として宮古、八重山諸島を清国に割譲しようという途方もない交渉を進めていたのである。

著者はこうした視点を根底にすえて、近代沖縄の運命を日本政府の外交政策との関連の中で克明に洗い出した。一九七二年に米軍基地保持のまま強行された沖縄返還を、「第三の琉球処分」として糾弾する目を著者も共有している。

本書が本格的な学術研究の書でありながら、日本国家の沖縄支配の原点を洗い出すという現代的有効性を持つものになり得ているゆえんもそこにある。なお、国内の自由民権運動の敗北と沖縄統治方針の変化を連動させてとらえる試論については、より詳細な実証が必要だと私は思う。

（一九八一年）

〈2、民衆史の旅〉

日本民衆史の北限と南限

少年時代に読んだ江戸川乱歩の小説に、裸の女の死体が立ったまま壁の中に塗りこめられているシーンがあった。髪ひとすじ壁のきれつから出ていたために発覚した。

北海道は北見の奥に常紋トンネルがある。天井が低く、狭く、陰鬱な〃魔のトンネル〃で、私はそこで囚人の発掘に参加したことがある。発端はそのトンネルの中の壁から立ったままコンクリートづめにされたタコ労働者の骸骨が見つかったことである。その頭骸骨は私の目にも一撃されたツルハシの跡がはっきりと分った。私たちは雨の中を黙ってスコップを動かし、他に埋められている労働者たちの遺骸はないかと、掘った。

この国鉄のトンネルができたのは一九一三年（大正二）、二〇世紀において、私たちは人間に対して何たる仕打ちをしたことであろうか。耐えがたい恥辱と虚脱を感じながら、一日を落葉松（からまつ）の林の中で過ごした。〃北海道民衆史掘り起し運動〃の一幕であった。

北海道では明治時代に囚人がたくさん炭坑や道路工事に酷使され、逃走するものは捕えられて鎖をつけたまま穴に投げこまれた。そんな鉄鎖をつけたままの遺骸が発見されたこともある。私はこのような残酷物語は日本では北海道の未開の原野にしかないものと思っていた。ところが、こんど沖縄にきて、八重山諸島には昭和の一〇年ごろまで全くそれと同じ状況があったことを知って愕然とした。

私は沖縄を見直してしまった。沖縄のこの恥ずべき部分のために、神事や芸能の美的イメージが剥がされる思いがした。これほど多層な差別の序列構造のひどい島社会もないのではないか、とシラケた気持ちにさえなった。民衆史にとってこの島は、沖縄戦の一方的な被害者としての悲劇の記録だけではすまされない。一世紀近くも奴隷労働を黙認して過ごしてきたことの、間接的加害者としての恥部の深さ、これは沖縄の民衆史に正確に記録しなければならないのではないか。そんな思いに駆られて西表島の炭坑跡を見に出かけたのである。

三木健氏の『西表炭坑概史』はすぐれた本である。私はこの本を那覇で頂戴し、熟読して一夜眠れなかった。日本列島を中にはさむ北限と南限の地において、全く同質の非人間的な労働、人間侮辱が強制され、本土人の内包していたすべての悪をここに集中して、無数の同胞の遺骸を土中に放棄していたからである。

その遺骸を涙して掘る人はいなかったのか。自らの恥として――。西表の「坑夫たちが異郷の地にその軀を埋めた怨念の浦内川は、あれから数十年たった今、観光地と変わり、マリウドの滝を訪う観光客でにぎわっている。この川に流した血涙を、果して誰が思い起すであろうか」（三木健）。

こうした事態を許したのは沖縄の世論の弱さに他ならない。極言すれば、地域社会ぐるみの差別意識にもとづいた「悪」への加担ではなかったか、ときびしく自省するところから、オホーツク民衆史講座の運動もうまれた。そして今ではこの運動は、強制連行されてきた朝鮮人、中国人のその後の運命の探索となり、オロッコやアイヌなど虐待されてきた少数民族の掘り起こしとなって燎原の火のように全道にひろがっていると聞く。

私もしばしば北辺を訪れ、その住民ぐるみの歴史掘り起し運動に参加した。そして彼らのふるうツルハシが、埋めこまれた歴史の闇を掘るだけでなく、人権を掘り、みずからの良心を掘り返す営みであることをも知ったのである。ある高校の教師がつくづく私に語った。この運動に生徒と共に参加することによって、はじめて歴史を学ぶということの意味を、わが身の痛覚として知ることができました、と。

かつては密林の中に坑夫町がうまれ、千人に近い人の哀歓で賑わったという浦内川沿いの宇多良（うたら）炭坑は、今は原始の密林に帰って怪鳥の叫び声しか谺（こだま）してくれない。私たちは小舟に乗ってこの狭い支流を遡り、コンクリートの橋をくぐり、盛時の選炭場跡と思われる所に立ったのである。大地にはいたる所ボタ（石炭屑）が散乱している。そして赤煉瓦の柱列はことごとくガジュマルの枝や根によってからめとられ、きつくしめつけられ、坑夫らがそうであったように、悲鳴に喘いでいるように思われた。

そのころの惨状は、一九二六年にこの地を訪れた渋沢敬三も記している。ここでは文通も禁じられ、現金は奪われ、性欲の対象もなく、マラリアと鞭と借金苦の三重苦に攻め立てられ、逃げようとしても後方は山猫のすむ密林、前方は絶海の孤島で、尾行監視がきびしく、望みがない。目は生気を失い、「いずれを見ても生ける屍である」「同じ監獄部屋といっても、まだ内地の坑夫は幸であった」と。（渋沢敬三『南島見聞録』も書いている）

ただ先島の一部の住民が脱走者を自宅にかくまい、すきをみて本島に逃してやったという勇気ある行動をとったことが、せめてもの救いである。こうしたいくつかの伝承が民衆史の栄光をわずかに伝えてくれる。

だが、一般的には坑夫社会は「ならず者の集団」視され、その前身がなんであれ、下層労働者は下罪人、一種のアウトローと見られるという偏見が存在していたのである。日本本土で奴隷的な納屋制度や監獄部屋が大正以降姿を消してゆくのは、坑夫自身の反抗の力にもよるが、背後に人権にめざめた世論の変化や監視の目が強まったためであろう。

私たちが民衆史にとり組もうとするとき、こうした民衆内部の矛盾や意識構造の解明は重要な課題となる。なぜなら、そこに私は倒錯した天皇制の「幻視の精神構造」を認めるからであり、そこからの自己解放なくして民衆個々の人権も人間としての自立もありえないと信ずるからである。沖縄の人びとが西表島の坑夫の運命を他人事（ひとごと）としてではなく、わが事として受けとめることが、その精神史の通底関係を深めることになるであろう。

数年前から私は「チッソの水俣」を中心に不知火海（しらぬいかい）の総合的な学術調査を行っている。そこでの問題も市民と水俣病患者との対立である。

水俣市民はチッソ工場に依存して永い間生活してきた。そのチッソ工場を破産に追いこみかねない水俣病患者や不知火海漁民を、多年彼らは差別し、憎んできた。水俣という人口四万の小さな町にも、精密に観察すれば五層も六層もの差別の序列構造があり、それが人民を互いに蔑視反目させあっている。

その関係を利用して、チッソは横暴な〝城下町支配〟をつづけることができた。もし、これが民衆間の反目敵視でなく友愛連帯であったなら、おそらく今の水俣病患者数千人の大半は業苦の病いに陥らずにすんだであろう。

民衆自身の反目敵視の間に、チッソは一〇余年間猛毒の工場排水を流しつづけ、高度経済成長をとげ、その犠牲者を数千人の規模に激増せしめ得たのである。工場排水が水俣病の原因だと判明してから（一九五九年一〇月熊本大学医学班発表）、その排水を停止するまで九年もかかった原因は何か。それは北海道や沖縄の民衆が監獄部屋を半世紀余も許容してきた関係と共通している。

私たちはこうした底点から、民衆史にとりくむみずからを、問いつづけなければならないのである。

（一九七九年）

民衆史の旅　沖縄・八重山

自由民権百年

今年は自由民権百年（一八八一―一九八一）とあって、私の先日の岩波文化講演は「自由民権百年に思う」ということであった。

那覇市民会館の大ホールを埋めつくした千人余の聴衆にむかって、明治の先人の情熱と沖縄民権の意義を訴えることはこころよいものであったが、開演前に私の尊敬する仲宗根政善先生や玉野井芳郎さん、外間政彰（ほかままさあき／せいしょう）さんらに楽屋を訪ねられ、柄にもなく畏縮してしまい、全く調子のでない後味のわるい講演になってしまった。つづく豊田利幸さんや金田一春彦さんがよく準備した草稿をあとに、それぞれ人柄や味わいをよくだした名講演をされたので、それを聞いているうち私はすっかり自己嫌悪におちいり、みじめな気持になった。

帰京してから東京の「沖縄民権の会」の人びとから、あなたの那覇での講演はまったくすばらしい、あれを地元紙の連載記事で読んで感動しましたといわれたが、私には返すべきことばもなかった。「失敗」というみじめな印象のみが、まだ強く残っている。人の心というもの外からは分らないのだなとおもう。

沖縄には親しい人がたくさんいる。

那覇に着いたその晩のうちに、たちまち十余人の友達が集まってくれ、私のために歓迎の会をひらいてくれた。新川明さんや新崎盛暉さん、我部政男さん、三木健さん、比屋根照夫さん、仲程昌徳さん、川満信一さんらで大いに談論風発した。

この会は私の要請をうけて、たちまち「自由民権百年沖縄実行委員会」にも変身してくれた。一九八一年は「島ぐるみ闘争」の二〇周年だから、それと連結させて盛りあげたいと新崎さんから提案され、衆議一決する。民権百年の実行委員会の方は我部さんが中心となる。これで北海道から沖縄までひととおり日本列島をむすぶ実行委員会ができた。四国・九州・山陰地方の方にもぜひ加わっていただきたい。

「西表炭坑覚書」

一〇月二一日、講演の翌日、早い便で石垣島に飛んだ。私は七九年の二月にも来て、石垣に二泊し、西表島にもいって密林のなかに埋没した宇多良(うたら)炭坑の跡をたずね、一泊している。そのことを、「日本民衆史の北限と南限」と題して「沖縄タイムス」紙に書いたことから、西表炭坑のタコ部屋にはいっそう関心が深くなっていた。こんどの石垣行もこのことと関係がある。最近、那覇のひるぎ書房という個人出版社から出た『西表炭坑覚書』という本を読んで、ぜひともその語りべに会いたいと思ったからである。

著者は佐藤金市（きんいち）という八六歳の人で、二三年間、西表炭坑で坑夫あいてに世話役や、設営の仕事をしてきた人である。小学校四年の学歴しかないというのに、自ら進んでペンをとって「西表炭坑の歴史——私の二三年間の生活」を三百枚程書いていた。それをこの方面のパイオニア、三木健氏（『西表炭坑概史』、『八重山近代民衆史』の著者）が偶然に訪れて、もらいうけ、ひるぎ書房主とはかって急ぎ出版したものだという。

私はこの本を東京で読んで興奮をおさえることができなかった。なんというたぐい稀な自分史であろう。それにしてもこの分厚い原稿を「どうぞこれをあなたにあげるから、持っていってほしい」といわれたときの三木さんの気持を思うと、同じ研究者として感慨を禁じえない。西表炭坑がなくなってから、すでに三十年余の歳月がたち、存命する関係者もほとんどが高齢であるところから、もはや真相が再現されることはあるまいと、半ばあきらめかけていた三木さんだけに、夢にも思っていなかった当事者の手記を手渡されたときの、目くるめくような驚きとも喜びともつかぬ慄えが私には伝わってくる。

「三木さん、研究者冥利につきますね」

「ほんとですね。一生になんどもないことでしょうね」

雨の降りだした石垣島の古い漁師町をあるきながら、私たちはそんな短かい会話で意味を解し合った。

星の降る御嶽（ウタキーオン）

じつはこんどは石垣は一泊だけで、すぐ東京に戻るつもりだった。ところが二二日の夜に佐藤翁の出版記念会が開かれるから、ぜひ出席してくれといわれて、私だけ一日滞在をのばした。おかげでゆっくりと竹富島や石垣島の御嶽（おたき）めぐりを果たすことができた。

私にとって沖縄の御嶽とは、一昨年一二月の久高島のイザイホウのときいらいい心にかかっていたものだった。仲宗根政善先生と知りあいになれたのも、あの久高島のお祭りの夜であり、石牟礼道子さんといっしょにお訪ねして、なんという美しいお方であろうと感嘆したものであった。

「私も年をとったらああいうお方のようになりたい」。そう石牟礼さんはくり返しつぶやいていた。それを聞いて、

「あなたにはなれるのではないですか」と、新川さんに慰められていたのを思いだす。

それはともあれ、御嶽はかつての日本（やまと）の産土（うぶすな）の杜（もり）のように共同体の結衆の場であり、最近までの沖縄の民の心の源泉であった。それが今どのように変っているか、変っていないのか、それを知ることが、私にとっては大切なことだった。

神の島といわれた竹富島はいまでは、本土からくる新婚旅行の男女たちによって占められた感じだが、彼らは意外に従順で、ひよわな〝性〟たちであり、御獄（オン）だけは犯されずにひっそりと残っていた。ただ村びとが周囲の樹を切りはらったために、御嶽の森が露出して台風の被害をまともに受け、巨木が次々

と倒されつつあるのがいかにも残念であった。ここでも開発は森をうばい、神々の聖域をせばめ、人びとの心を変えつつあることを知った。

石垣島も例外ではなかった。

石垣市の八重山博物館はかならず立寄るところだと思う。館長の玻名城(はなしろ)泰雄さんがたいそう親切にしてくれるから。こんども御獄をまわりたいといったら、すぐその道専門の学芸員石垣博孝(ひろたか)さんをひきあわしてくれた。博孝さんにはまことにご苦労をおかけしてしまったが、私は講師つきで二〇箇所ほどの代表的な御嶽を一日で見学できるという幸運にめぐまれた。

もし一人でぼつぼつ探し歩いていたら、なん日かかったか分らない。御獄は島びとの聖地だけに、人目につかぬ海辺の密林のなかや人里はなれた丘の奥にあるからだ。海の見える川平の群星御嶽(ユブスオン)に行ったとき、向うの丘から星が降るように落ちるのを娘が見て神がかりしたという話を聞いた。海鳴りのひときわ高い幽(ゆう)すいな根原御嶽(ニーバルオン)や、簡素な美そのものの多原御嶽(タバリオン)には私も感動した。

この石の御嶽(おたき)の感想はまた別の機会に述べたいと思うが、この十数年間の変貌のはげしさをあらためて心に刻みつけられた。八重山の人びとの魂はいったいどこへ行こうとしているのであろうか。

佐藤金市翁に会う

佐藤金市翁はラホール美術館の苦行仏(くぎょうぶつ)に似ていた。やせて、ひどく目がおちくぼんで、それに碧(あお)かった。シャツにじかに背広の上着をきて、元気に応対してくれた。

耳、目も記憶もよいのに驚いた。『西表炭坑覚書』は五年ほど前に、七、八年かかって書上げたという。一字一字を辞典でさがし、二しめも三しめも原稿用紙を使った、「七〇歳からの手習いでな」と笑う。八〇歳まで働いてきて、今「わしはもう死出の服もできている」といわれる。一生の間ほとんどペンを持ったことのない人が、なぜ最晩年にそのような衝動に駆られたのだろう。その庶民の心が知りたい、と思って、いろいろと尋ねたが、ほんとの動機は聞きだせなかった。

西表島の炭坑で残酷物語があったことは知られている。石垣の住民から、逃亡坑夫は「炭坑ピンギ者」として恐れられていた。幾人もの坑夫がなぐり殺され、あるいは密林の中で白骨と化した。その抑圧と差別のスケールは、まだ研究がはじまったばかりなので分っていない。

西表島というのは四囲はフカの泳ぐ海と、奥はマラリアのいる密林の山地で、住民にかくまわれる以外には逃げのびることは、まず無理だった。日本列島のなかで北海道とここだけに凄い前世紀的なタコ部屋が残ったのもそのためであろう。そこに佐藤金市翁は野田親方（西表炭坑坑王）の幹部として、〝坑夫たちに深く信頼されて〟二〇余年もいたのである。

「わしは西表の大久保彦左衛門で、どこへいっても、言うことが通りましたな」

「炭坑――ありゃ軍隊といっしょですな」

「人間によう似た奴が掘るんだと言っておりましたな」

「坑夫――ああいうものは腹を立てれば無茶苦茶に腹を立てる、親切気にはまた無茶苦茶に感謝する」

「わたしらも叩いたが、可愛いくて叩いて、そのあと〝親切〟の二字で通しました」

「火の中、水の中にとびこんで、佐藤のためならつくすと言ってくれましたな」

「人間の知恵というもんはみんな仕事が教えてくれる。仕事がなんでも教えてくれる。そういうことを孫たちに言い残したいと思って、あれを書きましたんです」

佐藤さんの覚書を読むと、西表の炭坑生活が思いのほかにあかるくて、優しい人間関係に富んでいたことを知らされる。佐藤さんの人柄の良さのせいであろうと思うが、歴史というものは〝七色の虹〟でもあるから、それはそれで〝真実〟であったに違いない。

明治二八年（一八九五）三重県生れ、日露戦争のときは草を刈って役場に納めたものだという佐藤さんは、今の若者にきびしい批判をもっている。しかし、自分を発見してくれた二人の若い恩人、三木健さんと黒島善次さん（ひるぎ書房主人）には格別のようだ。

一九八〇年一〇月二二日の石垣市県職員会館二階ホールで開かれた出版記念会の席上、挨拶に立った佐藤翁は、那覇からどかっと本がとどいたとき、「見たら佐藤金市著わすと書いてある。これには驚きました。私は嬉しいやら何やら、涙がこぼれました。思わず那覇の方に向って、三木さん、黒島さん、ありがとうございます、とお礼を申しあげた次第です」と述べ、満場の拍手をあびていた。

その日、出席者はホールに溢れるほどで、人口三万人しかいない島なのに、私を呆れさせた。八重山文化研究会の牧野会長、八重山歴史研究会の竹原会長はともに郷土史の先輩として祝辞を述べ、こもごも佐藤翁の「自分史」をたたえ、八重山民衆史のもり上りを喜んでいた。翁は玻名城館長に腕をとられて帰る途中、階段でしみじみ言ったという。「おれは今まで生きていて良かった。今日はおれの一生でいちばんしあわせだぁ」と。

八重山の民衆史運動

二次会は黒島さんの実兄拡智（ひろとも）さんの泡盛酒場の二階でひらかれた。二〇代から五〇代までの元気な二〇人があつまった。

黒島拡智さんは体格がよく目が鋭く、いい風貌をしている。弟の出版がみんなに祝福され、認められたことを心から喜んで、大盤振舞いをされた。私はそのさまを見ていて、素直な兄弟愛に感動した。

隣にすわっていた旧知（私のゼミ生だった）の内原英和君が、拡智は今村昌平監督の『神々の深き欲望』の助監督でもあった、日活争議のとき辞めて島に帰ってきた、と教えてくれた。私は今村ファンだったので、なるほどなるほどと納得した。

二次会は酒が入ったこともあり、全国からとっておきの炭坑などの思い出話が出された。それがまた多く新しい事実なのに驚く。

民衆史は結局みんなの心の中に閉じこめられているのだ。だれかが、そのかたい扉を開かなくてはならない。この島出身の記者三木さんがまずその扉をこじあけ、黒島さんがその情熱に感応して出版精神を燃え立たせ、それに佐藤翁の手記が結びついて、幸福な三者一体の本がここにでき上った。『西表炭坑覚書』というこの二六〇ページほどには、三木さんも黒島さんも制作者として参加している。こうした本の作られ方も珍しい。

島の人間が島の恥部とされてきた歴史を埋もれた闇の中から掘り起す。その闇はヤマネコが住むという昼なお暗い西表山地の密林のことばかりではない。たしかにそこには坑夫たちの白骨が転がっているだろう。しかし、歴史の闇とは、それよりいっそう深く住民の心の中にある。八重山の人たちがそのことに気づき、八重山の研究者と出版者と当事者（生き証人）とが一体となって表現しだしたとき、はじめて本物の民衆史運動が展開される。そして、それが日本の最南端の地で起ったと知られるとき、同じような気運にある日本列島の各拠点から、慶祝と連帯をよびかける信号が寄せられよう。

こんど私が石垣島にくるときには、健康を恢復しダイビングができるように準備してやってきたい。一昨年二月、久高島の沖で潜水したときには、ボンベなど三〇キロもある重い装備をかついで足元の危ないサンゴ礁の上を、リーフまで一キロも歩いて行けたものだ。あのときは昼間から酒も飲めた。

「こんど来るときには底地の浜や内離島の入江で潜水してやるぞ」と思いながら、石垣空港で、おみやげにもらったアンガマのお面をぶらさげて立っていたら、出発まぎわに息せき切って黒島善次さんがかけつけてきた。石垣の泡盛酒を手に。「早くこれを飲めるようになってくれ」といわんばかりに。

たった二日のつきあいなのに、もう温かい心がかよいあっている。八重山の夜の空に降る星のように、たくさんの優しい矢が私を背後からつらぬいていた。

（一九八〇年一一月）

南島の民衆史・西表炭坑

――佐藤金市『西表炭坑覚書』出版に寄せて――

私は一九七九年の二月に、三木健さんの『西表炭坑概史』という名著を読ませていただいて、なにがなんでも西表島に行ってみたいということで、石垣島に参りました。幸いに今の石垣市長の内原さんの息子さんが、私の勤めている大学（東京経済大学）を出たという縁があったものですから、内原英和さんにつきっきりで案内していただきました。

今にして思えば、よくハブに咬まれなかったと思うのですが、西表島の宇多良の廃坑跡に行ってみたんです。本を読んだり、写真を見ているとたしかに街があったはずのところが、ガジュマルとヒルギなどがおい繁って、足の踏み場もないほどでした。よもや、こんなところに人が住んでいたとは思えないような、わずかに石炭ガラが枯れ草のなかにあるという状態でした。

観光客もたくさん来ていたと思いますが、みんななんとかの滝とかを見に行ってしまって、そこにかつて何千人もの人が悲しい思いや辛い思いをしたという歴史は、もうとんとわからないまま、帰ってしまうのでしょう。あと、西表と言うと山猫しかなく、住民などどこに居ったか、目に入らないまま観光客は帰ってしまうようです。なにか東南アジアの奥地に行って来たよ、というような調子で話をされるのですが、とんでもないことで、かつてあそこは沖縄でも有力な産業があったところだということを、今度、佐藤金市さんが初めて『西表炭坑覚書』を当事者として書いて教えてくれたわけです。

私はこれを東京で読んで、非常に驚いたのであります。佐藤さんは小学校四年までしか出ていないということですが、小学校四年を出ただけで、あれだけ書けるというのはおかしいのではないか、他の人が手助けしたんではないか、と疑いました。その上、七〇歳を過ぎて書き始められて七、八年かかったということであります。そこで先日直接お宅にお訪ねして、いろいろと伺ったのです。

「いったいおじいちゃんは、なぜこれを書いたんですか。今、大学生でも、なにか書けといわれると、いやだ、いやだと言って逃げまわるんですよ。大学生でさえ、まるで監獄に入れられるみたいに騒ぐ、そんな風潮なんですよ。それなのに七〇歳になって、小学校四年しか出ていない方が、字引きを引き引き、原稿用紙数百枚、まだテレビの下にも数百枚あるようですから、延べ一千枚位の原稿をお書きになるというのは、どんな情熱があったのか、なにかすごく恨みでもあったんですか。恨みか呪いか、そういうものを晴らすために書いたんですか。いったいなにが動機で、人に頼まれもしないのに、こんな面倒なことを始めたんですか。プロの作家、司馬遼太郎とか松本清張とかならともかく、そういうことなどやったこともない大工さんが、七〇になって持ちなれないペンを握って書くというのは、異常な恨みつらみか、執念か、このままでは極楽へは行けないということでもあってのことですか」そう聞いたら佐藤さんは「そうじゃないんだ」と実に淡々としていらっしゃる。「今の若い衆に考え直してもらうためだ」と、そういう言葉じゃありませんでしたけれども、結局はそんなような調子の返事でした。

私はまだまだ他になにか隠されているように思ったのですけれども、それは二時間そこら聞いても、分ることではないと思います。

私は那覇にすぐ帰る予定でしたが、佐藤さんの『西表炭坑覚書』という本を読んでからは、とにかく三時間でも四時間でも行って、トンボ帰りしてでもいいから、この著者にひと目会っておきたいと思ったのです。会ってお顔だけでも見て「日本の庶民のなかにも、こういう人間がいるんだ」ということを、胸に刻んでおきたい、という思いでした。

ところが来てみると、あす出版祝賀会があるというので、また一日延ばして待っておったのですが、待ってよかったと思います。しかし、この『西表炭坑覚書』が世に出たのは、これは三木健さんと黒島善次さんの協力があってのことだろうと思います。むろんご本人の努力があってのことですが、黒島さんのような見識のある本屋さんがなかったら、無名の方の、売れそうもないような本を出す人はいないわけです。

また、普通、研究者というのは、とっておきの貴重な資料が手に入ると、隠してしまって他人には見せたがらないものです。「おまえ、なにかこのごろいいものを見つけたそうじゃないか」と言うと「いや、たいしたことないんだよ」とか言って、自分が本に書くまでは発表しないのが普通なんです。自分の仕事の特種になりますから。

ところがそれを、まだ論文も書かないうちに、そのままの形で世の中にお出しになったという三木さんの研究者としての態度にも、敬服致します。

そういう意味でこの本は著者の執念と、出版社の犠牲的というか、目が利いたというか、そういう見識と、そしてそれを拾い出した研究者の非常に謙虚な精神、その三つの結晶ではないか、という気がしました。

そのうえに、今夜ここにお集まりになったこれだけたくさんの方がついておられる。石垣島というところは人口三〇万人位おるのかと思ったら、来てみて三万人だと聞いて、びっくりしました。三万人の人口でホールに溢れるほどのこれだけの人が出版祝賀会に出て来るというのは、いったいどういうことでしょうか。

私はいま五五歳で、佐藤さんの年までずい分、間（ま）があるんですが、それでもこれまで本を一八冊ほど出しました。一八冊ほど出しましたが、一回といえども出版記念の会に五〇人以上の人が集まってくれたことがないんです。ところが八重山では百人以上の方が集まってくる。これまた驚異であります。八重山にはなにかがあるのか、なにか隠された秘密があるのか、これから研究しなくちゃいけないと思います。

私は八重山というところは、有名な踊りの島で、みな民謡でも踊り狂っているのかと思っていましたが、そうでないのに驚いています。

最後に、この本についての批評でありますが、この本はやはり、炭坑の全くの当事者、それも坑夫の世話役をした人の立場で書いておられる。ですから、その面からは、すごく詳しいし、生々しいし、たいへん貴重な、この方でないと残らないような事実が記録されております。

しかし、歴史というのは、いろんな違った立場の人の見方を組み合わせて、初めて全体が見えてくるものです。私どもが一冊の本を書く場合に、いつも富士山を思いだすのです。富士山という山を、正確に書くには、吉田口からだけ見ていたのでは書けない。裏側の河口湖の方からも見なくちゃいけない。それからまた、西の身延山の方からも見なくちゃいけない。

吉田口から見る富士山というのは、風呂屋の絵にかいてあるように、すっきりと見えるものです。ところが河口湖の方から見ると大きなコブが見えて、なんとも見苦しい。身延山の方から見ますと、富士山はとんがっていて、優しい姿はしていない。さらに富士吉田口の東側から見ますと、またこれは全然違った形に見える。

歴史というものは、その方がどういう立場に立っているかによって、見るものが違ってきます。たとえば西表炭坑の全体像を書こうとするならば、東西南北いろいろな視角から見る目を組み合わさなければならない。その組み合わせの仕事は、実は佐藤金市さんの仕事ではなくて、若い方々の仕事でもあるわけです。また、あとに続く八重山の方々の仕事でもあるはずだと思います。

そういうようにして、いろんな人々の目を組み合わせて、何千人、のべ何十万人の人たち、明治から始まって敗戦まで、島でたいへんご苦労された下積みの人たち、いろいろ努力をした経営者たち、そういうものの姿を正確に描き出していただきたいと思います。

（本稿は一九八〇年一〇月二二日、石垣市県職員会館における佐藤金市さんの出版祝賀会での講演を色川氏の許しを得て三木が筆耕したものである）

〈3、民俗誌探訪〉

久高島日録　――イザイホウ見聞記――

一九七八年一二月一二日

八時五〇分に日航機は羽田を離陸した。昨夜一時すぎまで石牟礼道子さんと鳥越憲三郎さんの「イザイホウ」の記録を読んでいたので、今朝は眠い。機内でもそのつづきを読みながらゆく。外はよく晴れている。徳之島、与論島、伊平屋島などを上から眺める。碧いサンゴ礁のリーフ。だが徳之島の沖合いは戦艦大和の爆沈地で岩礁に戦没者らのレリーフがあり、元海軍航空隊の要員だった私には感慨がある。

一一時二〇分那覇空港着。

沖縄タイムス社の新川明さんが迎えにきてくれている。いっしょに市内へ。国際通りでお土産などの買物をし、知念半島の渡船場安座真（あざま）へゆく。渡し場のお茶のサービスのある小屋で、遅い昼食をとる。羽田で買ってきた鯛ずし二つ。二時半、海を渡る。久高島へは四キロ位しかないのに外洋なので少々荒れる。私の前には仲松弥秀さん、それにカメラマンが二、三人同乗している。石牟礼さんの顔が青ざめ、神妙にしているのに気がつく。あとで聞いたら、生まれてはじめての荒れた恐ろしい海だったそうで、沈んだらどうしようかと、観念していたという。私にはその時の海はナギのように見えたのに。まだ二〇歳の頃、冬の伊勢湾口で味わった凄まじい荒天下の海の漂流が、私の原体験の中にはある。

「不知火（しらぬい）海は海ではない、池なんですね」と石牟礼さんが小さな声でつぶやく。

夕方、琉球大学の湧上（わくがみ）元雄さんに案内してもらって島の各所をまわる。明後日から神事がはじまるという御殿庭があまりに狭いのに驚く。また、この神事の司祭たるノロの家の小さくモダンなのにも驚く。ただ、石垣だけがどこも立派で、堂々としている。今夜から五日間、西銘（にしめ）盛三さんという八二歳になる一人きり老人の家に泊めてもらうことになる。正面に二間（ふたま）あって、床の間のある六畳の方に石牟礼道子さんと写真家の萩原秀三郎さん、琉球大学の関根賢治さんと私の四人、隣りの六畳には東京から来る若い研究者たちが四人、相宿（あいやど）になるという。とにかく持参の寝袋などをひろげて、畳の上にくつろぐ。その晩からおじいさんの長い人生物語がはじまる。

この老人はきっすいの久高漁師、若い頃、シベリア戦争に五年行っていた他は、ほとんど舟乗りで、台湾からフィリッピン、サイパンからオーストラリアの沖まで魚を追って過ごしたという。沖縄戦の時に奥さんを亡くし、その後もらった後妻の人も去年亡くなった。息子三人、娘四人いるが、ほとんど那覇へ出たり、本土へ移住したりで、今は一人で暮らしているという。その老人の積もる話が相手を得て噴出しはじめる。

一二月一三日

今朝は明日の夕方からはじまるイザイホウの準備で村中がごったがえしている。まさに老いも若きも男も女もが総出で、御殿庭とよばれる広場や道に海岸の白砂を運んできてしきつめたり、あるいは綱ひきの縄ないをしたり、神アシャギとよぶ小さな神殿の壁をなまのクバの葉でかこっている。初夏のような陽ざしの日で、私たちは午前中いっぱいこれらの作業を見てまわる。なぜならこの日だけは禁制の聖域に入ることが許されるからだ。イザイ山という神アシャギの奥の森にはナンチュたちが祭りの期間中おこもりをする七つ家（ななつや）がある。それは原始さながらの丸太と木の葉とススキの穂で作られる小屋で、一般の人たちの立入りを許さない聖域なのだが、それが数本の柱から次々と作られてゆく。

　もともとイザイホウの祭りは、一二年ごとのうま年に行われるが、その主役はナンチュとよばれる三〇歳から四一歳までの島の女で、彼女らが幾つかの神事をへて神女として認証され、神の前で感謝と仲間入りのお祝いを披露する儀式にほかならない。現在、島の人口は四百人足らず、年々女性も減っていって、今年はナンチュの数も前回の二〇余人から八人に激減してしまったというさびしさである。それだけに次回の一二年後には、どうなっているかが危ぶまれる。

　この日はよく晴れていた。夕方近くになって厚い雲がいっぱいにひろがったが、雨は落ちてこなかった。午後もしばらく七つ橋作りなどを見学していたが、三時頃になって島回りをしようと思い立った。明日からは一切立入り禁止になるからだ。久高島がいかに小さい島とはいえ、北端までいったら帰りは多分暗くなるだろう。途中で慶応義塾大学の鈴木正幸さんが加わり、三人で島の北端の岬カベール（神原）に向かう。

　西海岸の絶壁、波しぶきのあがるところに何ヵ所も井戸が掘られている。険しい崖道を下ってそこに降りると、岩の間から滲みでる水をためた井戸がある。石段から沐浴する場まですっかりコンクリートでかためてある。島の人にはコンクリートアレルギー、近代化アレルギーがないらしい。イザイガーとよばれる聖所の井戸にはがっかりしたが、最古の井戸と言い伝えられているヤグルガーは昔さながらの粗削りで、感動的であった。これもコンクリート補修工事直前のようであったので、なんとか現状のまま保存してほしいと書き残してくる。そこを出て、墓所の前をすぎると、後は人工のものは何も目に入らなくなる。強烈な斜光を浴びた植物群落がすばらしかった。

　重いバルビゾン色の空の下、所々クバの森がうっそうとした丘をなしている。その枯れた下枝の葉がカラカラと音を立てている。いかにも南方風なアダンの樹が密生している。ソテツが強い硬質の光を放っている。浜ビワの葉、犬ハギの群落、まさに照葉樹林の密生状態である。ジャングルの中はアダンやガジュマル科の喬木や灌木の枝がからまりあい、気根がもつれあい、とても人間など入りこめそうにない。秋のように虫が鳴いている。鳥の声はしない。

　そうこうしているうち、島の中央部にある聖所の中に迷いこんでしまった。どうやらナカヌ御嶽（うたき）（ナカムイ）であるらしい。せまい臼状の円形広場。あたりは息づまるようなアダンやアカギやガジュマルの樹々の壁。この聖所には神聖のしるしのようなものは何もない。建物もなければ鳥居もない、シメ縄もなければ碑のようなものもない。唯一つ、小さな粗末な石の香炉があるだけ。その傍にくぼんだ自然石がおかれ、お賽銭がいくらか入っている。錆びた一〇円硬貨である。地面（じだ）は湿って靴底が朽葉（くちば）に沈むよう。こんな密林に囲まれた森の中の小さな広場に、女が一人で月夜にうずくまって祈りを捧げるという光景を想い浮かべると、私はゾーッとする。私にはもっとも異質な空間だからだ。そこを出て太古の海に通じているような島の背の道をまっすぐに歩いてゆく。東からくる強い潮騒の響きを聞いていると悠久のひろがりを感じ、詩的な気分にひきこまれる。

久高島の北の岬、カベールのイーンハナ（突端）に出る直前、足をとめて心をひきしめる。二、三歩、体をおしあげるようにして小坂をのぼると、パッと三方がひらけ、荒れた広い海原が天に合していた。道は空に切れている。東方海上の楽土、ニライ・カナイをはるかに望むという岸に私たちは立った。

夕暮れの近づくころ、東の水平線を望んで佇む。誰も言葉を発しない。その沖は世界有数の深海、琉球海溝、波しぶきが上がり、強風に飛ばされていた。重い暗い空がある。ルネッサンスの油絵の空のような濃いねずみ色の重い雲がある。ソテツの葉は塩さびて黒く、目のさめるような紫色の南天大の実がたわわになって冴えている。これらの光彩のかどかどが岬の精気を漂わせている。

ふりかえれば高い丘にクバの林、この聖なる樹々に白馬に乗って神は降臨し、イザイホウの前夜、殷々たる鐘がここから鳴りわたるという。何回か前のイザイホウの時、鳴りつづける鐘の音をはっきりと聞いたという村びとの伝承がある。私たちはあらためてゾクッとする。もしこの無人の夕闇の中で、そのような奇蹟が起こったらどうしよう、走って部落に帰るには小一時間かかる。それに闇はすぐそこまで迫っている。帰路、二人は黙り勝ちに足を速める。

――この夜、私はほとんど眠れなかった。夜中にひとり寝袋をぬけ出して海を見に浜に行った。小雨が霧のように降っていた。対岸の知念半島の家々の灯が水晶のネックレスのように美しかった。松の幹に背をもたせ、その灯のまたたきに、私は望郷の念のようなものを感じていた。この国のそれへではない。はるかな中東の国の港の灯への――（石牟礼道子さんがひとり居た――神女のように）。

一二月一四日　終日雨

いよいよイザイホウはこの宵からはじまる。それまで私たちは宿にとじこめられていた。午前中、民俗学者の桜井徳太郎さんと谷川健一さんとが三〇分、間をおいて来訪される。桜井さんは国の文化財保護委員会からの派遣である。私たちの部屋に上がるや、すぐに宿の老人から昔の久高島の若衆たちの慣行を聞き出しはじめる。

ここでは若者のことをニーセーとよぶ。若衆宿に入った娘のことをミヤラビとよぶ。ニーセーらは一五歳で全員浜に出て魚をとり、アミドゥシ（網おろし）の儀式をする。またニーセーたちは村屋に集まってギンミスリイ（吟味揃い——相談会）をする。ミヤラビとの集まりは禁止され、もし禁を破ったらシマギンミ（島総会）をして沖縄本島に送り帰したという。これをシマコシ（島流し）といっていた。ニーセーは夜、知念村に渡ってあちらの村の女衆と遊んだ（モーアシビーをした）。もし久高のミヤラビのもとにニーセーが忍びこんだら、ニーセー頭（がしら）が集まってギンミして島流しにした。明治二〇年代生まれのわしらの中には流された者はなかったが、その前まではかなりのニーセーがシマコシにあっている。そういう者は本島に住みついて財産をつくり、時折り久高にはお詣りにだけ来ていた。その頃、島のミヤラビが島の外に出ることは少なかった。お祭りの時はイモカズラで作ったティビケイ（ぶらんこ）を綱でひいて、サァサァサァと囃（はや）しながら歌をうたって楽しんだ。男たちはイシブシュー（石合戦）をして遊んだ……。こういう話をアッというまに桜井さんは聞き出してゆく。〝さすがだなア〟と思って聞きほれる。

また、谷川健一さんは詩人らしくイメージに富んだ面白い話をしてくれる。久高にはユタはいないでしょう。それでも最近では年に二、三度、本島のユタが定期船に乗って出張してくるようになった。ノロだって困ったことが起こると、ユタに祈祷してもらう。沖縄の女はユタ買いをしますからね。「ウキガミジューリコイ（男は女郎買い）イナグヌユタコイ（女はユタ買い）」といってね。ノロの頸飾りの勾玉ネックレス、ご覧になったでしょう。あれは散らばってしまった魂（玉）を麻糸の輪の中にホイホイホイと寄せこんだものですよ。魂が散らばってしまわないように、結えて輪の中に鎮めておくものですね。その結び目が勾玉。石牟礼さんなどはその仕方咄にすっかり感心して、うっとりした目で〝健一先生〟の顔を見あげている。

午後、谷川さんたちの泊まっている民宿〝にらい荘〟に今度は私たちが訪ねてゆく。ちょうど話に花が咲いていた所らしくたくさんの人に紹介された。民俗写真家の渡辺良正さん、比嘉康雄さん、広島大学の荒木博之さん、奄美高校の山下欣一さん、長老の戸井田陸さん、それに仲松弥秀さんもお見えになる。荒木、山下両氏と谷川さんは気が合うらしい。心から楽しそうに談笑している。こんなに打ちとけて楽しそうにしている谷川さんを見たのははじめてである。だが、談笑しながらも時折り、キラリと鋭い視線が私の膝のあたりを切る。糸満の話題が中心となっている。世界中、キューバにまで分村をつくっている糸満漁民の活躍ぶりが語られる。この糸満についてはトータルなレポートがまだないという。イザイホウ紹介の先駆者鳥越憲三郎氏について、谷川さんは手きびしい。彼は昭和一七年、久高島にいったい何しに来たのだ。内務省の仕事で、久高の七つのウタキを一社に強制合併させるためにのりこんできたのではなかったか。もし戦争でその命令が流れてしまわなかったら、どうなっていたろうか。

雨が小止みになる。その雨の中を船でどんどん見物人がやってくる。おそらく千人を越えるだろうとある人はいう。これは島はじまっていらいのことであるらしい。私たちも宿に帰って仕度をし、会場に出かけてゆく。

イザイホウの初夜は旧暦一一月一五日で満月のはずである。本来はこの月明りの中で、〝夕神遊び〟は行われるはずであったが、今回はテレビライトで煌々と御殿庭は照らしだされている。一時間ほど前に私たちは行ったのだが、すでにロープを張られた近くは、ことごとくカメラマンたちに占拠されていて、人びとの肩ごしに中をのぞくしかない。

アダンの木蔭でしばらく待機していると、五時半ごろ、〝エーファイ、エーファイ〟とかけ声もろとも白装束の女たちの列が突進してくる。いずれも腰まで垂らしたざんばら髪のナンチュたちだ。彼女たちは足踏みしつつ神アシャギの前で一列になったと思ったら、七つ橋を渡ってワッと中に入りこむ。そして、すぐまた向きをかえて出てくる。それを七度くりかえす。

後で聞いた話だが、その間に二人のナンチュが緊張のあまり神がかりをし、倒れそうになったそうだ。それを倒れさせないように中にはさみこんで七つ橋を七度突進するように渡りきったという。私の場所からは見えなかったが、沖縄県調査団の一員として間近にこの光景を目撃していた桜井徳太郎さんは、「初日の夕神遊びでナンチュが全身全霊神事に傾注する姿に接した時、流れ出る涙を禁じ得ず、その涙はいったいなんだろうかと深く考えさせられた」と語っている。

その間はわずか数分であったと思う。そのうち一同が神アシャギに入って神謡（オモロかティィルルか）が一曲うたわれる頃から沛然たる驟雨がやってきた。横なぐりに吹きつけるひどい雨と風、その長い雨脚が照明の光の中に斜めに浮かびあがる。騒然となった観客のために第二の神歌はもう聞きとれなかった。十台をこえるテレビカメラ、それに数百台の小型カメラを持つ人びとの傘をひらく音などが、静寂を尊ぶ神事をだいなしにする。ただ、背後に控えていたウンサクー（五四～六〇歳）たちや神殿のわきにござを敷いていたタムトゥ（六一～七〇歳）とよばれる島の老女たちは濡れたまま動じなかった。雨の中で端坐しながら号泣をつづける老女も見受けられたと谷川さんは後に語っている。私は重い心をひきずって雨の中を石牟礼さんと宿に帰る。

一二月一五日

今日も終日、雨が降ったり止んだり、そして肌寒い。イザイホウ二日目の行事は朝九時半頃から神への畏敬と服従をしめす「カシラ垂れ遊び」という円舞ではじまる。

ノロを先頭に神アシャギの後方のイザイ山から現れた一行は、根神（にいかみ）、掟神（うつちかみ）、ナンチュの順で、なかでも洗い髪のままの威厳のある老女掟神がもっとも気魄を感じさせる。この人はどことなく凄味があり、私は三日目にこの人が木麻黄（もくまおう）の樹の下で神がかりしたのを見た。白装束の行列は七つ家にこもっているナンチュを内側に、ヤジクがそれを包むようにして円陣をつくり、嫋々（じょうじょう）たる神歌を唱しながら優美な舞いをはじめる。

かしらたれ　ちゅなみなり
たなみなり　並びじゅらさ
ナンチュホウよー

神アシャギ　ハンガマミヤー（神の真庭）……

よく見ると、ナンチュは口を動かしていない、舞いのすり足の作法に心を集中しているのか、表情もほとんど能面のごとく動かない。それにしてもなんという単調なメロディのくり返しであろう。私はいささか期待はずれな思いをしながら、この三〇分程の間を立ちつくす。一〇時半、時間をもてあまして診療所の庭に仮設されたプレハブの食堂へコーヒーを飲みにゆく。一杯五〇円である。そこで大城立裕、萩原秀三郎さんらと民俗の取材の経験談などを話しあう。知った顔があちらでもこちらでもそうした輪をつくっている。ここに集まっているのはカメラマンを除けば、民俗学者が最も多く、次に国語学者、女性史研究者、作家、歴史家、人類学者、ジャーナリストといったところであろう。戸数百戸あまりの久高の小さな部落に、そうした行き場のない都会者が溢れているのである。

夜は仲宗根政善さんが学生たちと泊まっている宿へ、カレーライスの晩飯によばれてゆく。お土産のウイスキーをぶらさげて。琉大の関根さん、通信大の古橋さんら隣室のグループといっしょに。

私たちは仲宗根先生の人柄の美しさに圧倒される。玲瓏玉（れいろうだま）のごとき方で、この方が、ひめゆり学徒をめぐる手記『沖縄の悲劇』の編者であったことを忘れていたのである。「沖縄戦のころ、先生は？」と、私はうかつな質問をしてハッと気づき、衝撃を受ける。石牟礼さんも同様だったらしい。

石牟礼さんは帰ってから涙を浮かべて戦争中の自分たちへの仕打ちを語った。水俣の近くに疎開してきた沖縄の人びとを差別したことや、ひめゆり学徒の女子生徒のことを。「そんなことはあなた方の感傷にすぎない」と傍の若い研究者からきつい言葉が投げつけられた。仲宗根先生は優しい笑顔でこういう話をされた。「形になってあらわれたものを大切にするのではなく、それを生みだしたもとになるものを感じとって、それを大切にしてゆくことが大事でしょう。こんどのイザイホウでも、この神事や歌舞をつくりだしたもとのものに注目してみたいものです」と。

仲宗根さんたちの「おもろ研究会」はすでに通算四百回以上もつづけられているという。改めて沖縄学の深さに敬意を表する。八時一〇分辞去して宿に帰る。

一〇時、月明りのする外へ。ようやく雨雲が切れて、いざよいの月がこの小さな島中を照らしだす。御殿庭へゆく。だが期待した神々しい夜の森はそこにはなかった。広場では村の男たちがテントをはり焚火をして警備しており、シラタルウ（白樽）を祀る宮にはまぶしいばかりの電灯がついている。引きかえして石牟礼さんと坂道を浜辺へおりてゆく。

月が顔を出す。白い砂浜は幻紗のように黒い海のまえに浮かび上がる。石牟礼道子さんは酔いがまわって千鳥足。浜の波打ち際をよろよろと歩いてゆく。その向こうは沖縄本島の海岸線、光の数珠のように小さい炎をあげて続いている。小さな炸裂する光、水玉の落ちるようなきらめき。それが島の華麗なふちどりとなっている。大きな空と海。無音の天地。一人の酔った黒衣の女。かすかな潮鳴りとフクギの厚い肉の葉のさやぎ。私はそれらいっさいの有象を、砂浜に肱をつき、距り（へだた）をおいて眺めている。

一二月一六日　快晴

午前八時、御殿庭にゆく。すでに数百人の人が広場をとりまいている。しばらくして餅を捧げた男たちがあらわれる。お盆にのせ、大碗にもりあげてふわふわした卵形の白い餅。青い背広に青いネクタイの若々しい区長さんがさかんに動きまわっている。

八時四五分、中折帽に花かんざしをした両部落の長老が入ってきて着座する。二人とも黒っぽい和服の着流しに中折帽という文明開化風のおもしろい恰好である。神アシャギに向かって左側に臼を三つ、さかさまにして伏せてある。これはナンチュたちがノロから神女の認証をうけるとき坐卓となるのだ。なぜ臼をさかさにするかはわからない。これらの神事を行うフクギに囲まれた小さな広場には芝生がよく育っている。若い区長は笑うと金歯がよく光る。空はよく晴れ、浅い雲が二つ三つ西へ流れている。

九時、掟神(うっちかみ)を先頭にいっせいにヤジクが入場する。ヤジクも年長のタムトゥも数百台のカメラの前で役者のような気分になることは避けがたかろう。柳田国男のいうように、心にひびが入り、それが分裂して、微妙に変化してゆくのであろう。見る者と見られる者、祭りに参加する者と疎外された者とが交互に相手に作用し、変容をひき起こしてゆくのであろう。

九時一四分、ノロを先頭にヤジク、ナンチュの順で数十人、イザイ山の左側からあらわれる。男の長老根人(にっちゅ)がこれを迎えて、静かに合掌して近づき、すべての神女たちに朱印をおす。まず、ひたいに、次に両頬に、インドの聖女式の儀礼のように。終わったヤジクたちはオモロを唱えながらアシャギの前に西を向いてナンチュたちの認証の儀式を見守る。ナンチュたちの緊張しているのがよく分かる。型通りのスリ足がそろわない。はじめて髪を結い、鉢巻をしめた彼女らだけは、赤白黄の花挿しをしていない。この時兎の子のような団子を捧げた男たちがナンチュの数だけ登場する。そして最高の神女である外間(ほかま)ノロからそのスジとよばれる団子をひたいや頬におしつけてもらう。これはナンチュが一人前の神女の仲間入りを認められる認証式である。一通り終わるとナンチュはヤジクと相対して並び、ノロの発声でエーファイ、エーファイとかけ声をかけてイザイ山の中に走りこむ。この間、十数分、朝日に照らしだされて緊張した美しい光景であった。漁師の女たちのこの時の一人一人の真剣な横顔が、いとしいほど美しい。これを朱(しゅ)チキの儀式というのだそうだ。

五分ほどおいて広場で太鼓が鳴り、オモロが唱いだされ、今度は全員花挿しをした女たちが出てくる。（ナンチュの兄弟と思われる男衆も左の耳に紙で作った鮮やかな三色の花を挿し）花挿し遊びがはじまる。今日の圧巻ともいうべき円舞である。ノロたちを核に三重の輪をつくって、神歌を何十回となくくり返して御殿庭をなんども回る。まさに身(み)も魂(たま)も消え入るような優美さである。今日の神女たちの表情は明るく、落着いていて、ほとんどが伏目で半歩ずつ交互にすり足で踏みだしながら手で拍子をとっている。右手のひらが上、左が下、掌は開かれ、小波のゆれるように唱いながら上下させる。先頭の四人は白と薄水色の長い頸飾りをしている。ノロの襟元には大きな勾玉、そしてもう一人は数珠を手に手踊りしている。若いナンチュはほとんど一メートル前を見おろすような伏目で慎重である。これがみな亭主持ちの漁師のおかみさんたちなのかと、改めてわが目を疑いたくなる。そのような優美さである。陽焼けした横顔にきびしい試錬を耐えてきた者の自信と威厳を浮かべているのである。

ノロの声は老女なのにかん高い。神女たちの唱和は低音である。イザイホウの神歌はリフレインの連続であるが、高低二部和音のハーモニーは耳に快い。これならばニライの神々も心和むであろう。しかも、そのメロディといったらおそろしいほどの簡素さで、これ以上の省略は不可能という芯だけの旋律である。三人の老女を中心に、そのまわりに八人のナンチュの輪、それをとりまく三〇人近いヤジクたちの環、それがゆっくりゆっくりと進行している。二つの花かんざし、高まげ、銀のかんざし、白鉢巻のそろいで、メガネをしている人や時計をつけている者など一人もいない。顔の三点の朱印が紅のように色っぽい。女たちはどれも背が低く、ほとんど五等身ぐらいで、かっぷくがよく、貧しい離島の漁師の妻たちというなごりはまったくない。

このメモを私は見物席で立ったまま書いているのだが、私の真向かいには脚立の上に萩原秀三郎さん、渡辺良正さん、その下に谷川健一さん、西村汎子（ひろこ）さん、あちこちに知った顔が見える。

こうして花挿し遊びや朱チキ遊びの舞いが終わって、御殿庭の広場が一瞬空白になったとき、どこからともなく二羽の蝶がその真ん中に舞い出してきた。一羽は金と銀のあげは蝶、もう一つは黒蝶。それは神聖な空間のあとじめにふさわしい。古代人は、いや神女たちならば、これを一種の瑞兆（ずいちょう）と感ずるであろう。一同もホウーッと声にならない溜息をもらす。石牟礼道子さんの目が輝く。〝ハビルの島〟のことが浮かんだのであろう。これはイザイホウ劇第三幕の幕切れにふさわしい。照葉樹林の小島に一瞬ふしぎな時間が流れる。

一二月一七日　快晴

今日は神殿に向かって右の端にきて、むりに小岩と空箱の上に乗って見ることにする。足元が不安定で今にもズリ落ちそう。私の前はカメラ、カメラ、カメラの無礼な砲列である。まるでバズーカ砲のように見える。それが私たちの視野をせばめてしまい、憎々しい。九時半前にヤジクたちが登場する。やがて神殿前に南面して整列、久高ノロの組が右に二列、外間ノロ組が左に二列、やがて東方ニライ・カナイの方角に向かって全員が脆拝（きはい）をはじめる。クバの葉を敷きつめた上に敬虔にひざまずいて祈りを捧げる。その言葉は聞きとれない。だが、その祈りの神歌は心を深みにひきこむ。くりかえし唱えられているうちに、神女たちと向き合うようにニライの方角に立っていた私は、しだいに衝撃をうけてゆく。頭を深く垂れ、ひたいに玉の汗を浮かべ、ほんとうに祈っている。

しばらくしてアリクヤーの綱引きという行事がはじまった。白装束の神女たちとふだんぎ着姿の一五歳以上の島の男たちが向かいあい、船を漕ぐしぐさをくり返す。はじめは静かにゆるやかに、やがて激しく喚声が起こり、笑いも湧く。アッチャ！　というような男のかけ声、客席の女衆もはやし立て唱和する。この所作は予想外に長くつづき、情感の高まってゆくのがはっきりと分かる。

たーきびし　みていがえー　ゆわらんし　みていがえー
カベールむい　みていがえー　トンギヤむい　みていがえー
アグル嶽（たき）　みていがえー

このように船を漕ぎつつ、西から東へどこまでも移動してゆくことを示した所作なのであろう。さすが海の民という思いがする。この後、七つ家にこもっていく新しく神女入りしたナンチュたちが呼び出されたが、頭には月桂冠に似た草の冠をつけている。彼女らは外間ノロの系列と久高ノロの系列の二つに分かれて別の出口から集落内へ消えていった。「各戸回りの儀式」が行われるのであろう。ナンチュは家に帰ってノロの立会いのもと、自分の兄弟やいとこや甥など身内の男性と神酒（みき）をとりかわす。オナリ神となるのである。

私はカメラ陣地の背後から背伸びをして見ていたので疲れてしまった。そこで、こんどは外間殿前(ほかまどぅん)の円舞をゆっくり見たいと思って、すぐにそちらの方に移動していった。

外間殿前でしばらく待った甲斐があって、こんどは張られたロープのいちばん前の席をとることができた。小半時して色鮮やかな大扇をかざした一隊がしずしずとオモロを唱いながらやってきた。ノロ、掟神(うっちがみ)、ナンチュ、ヤジクの順である。よく見ると扇は極彩色の統一されたもので、中央にまっ赤な太陽、左右に鳳凰が黄や緑で描かれている。背面は白い月と牡丹の花、一本五千円とかで那覇で作られたという。ただ、神女になりたてのナンチュはなまのクバの葉を扇にしている。昔はこのクバの葉に絵を描いたともいうから、今のように全員が扇を持つようになったのは新しいのかもしれない。この隊列は中央の桶のまわりを何度も舞いながら回る。このときの旋律がなんとも美しいのである。

この外間殿の舞いは二度にわたって行われた。そしてその後、樽から白酒のようなお神酒(みき)が汲みだされ、神女たち根人たち客人たちに配られた。一口啜ってみるがアルコール分はなく、小甘い。プラスチックのポリバケツからお神酒を汲みだすところが今様である。祭りのペースはすっかり村びとの手に戻ってきた。女たちにも余裕ができ、笑いがふえる。

それにしても外間殿での最後の舞いはなんという美しさだったろう。イザイホウをたたえ、神々をたたえ、大扇をかざしてくり返し舞い唱う。そのリズムに私の全身はすっぽりと包みこまれ、ふわーッと涙さえ浮かんでくる。そしてその単純簡明で優雅な唱和とシンプルな舞いを見ているうち、私も輪の外の群衆の間にいることを忘れ、ずんずん中にひきこまれてしまう。これはリフレインの効果だろうか。

神女たちはつねに左足を斜め前に一歩踏み出して左足でのみ進む。右へは右横に半歩踏み出してリズムを整えるだけである。そのたびに一呼吸して軽く身を沈め、エーホーと唱いだしながら体を軽くあげて踏み出す。この仕草は優美という言葉でもとうてい言い表せない。

一人の外国人が熱心に石垣の向こうから見とれている。これらの神事は彼らの目にはいったいどういう風に写るのであろう。そう比較の意識がひらめいたとき、私の身内を軽い戦慄が走りすぎた。そうだ、この現代人である私と彼女たちに通底するもの、そこに日本というものの原質があるのではないか。がらんとした御嶽（うたき）の簡素な広場と伊勢の内宮の建築が一瞬ひらめく。そうだ、このイザイホウの素朴、明朗、優雅な舞いと、無限にくり返される古典的な唱和の中から湧き上がってくるもの、これが日本の演劇の、音楽の、信仰の根底にあるもの——日本文化の祖形の一つではないか、という感慨であった。

この「桶回りの儀式」はイザイホウの最後を飾る祭りで、外間殿と久高殿の前で二度同じ形で行われた。最後のオモロが終わると、久高ノロの音頭とりでエーフヮイ、エーフヮイの速足となり、広場を二組に分かれて回りながら、さらに東方に向かって四列に整列し直す。そしてニライ・カナイの方角に向かって敬虔な拝礼となる。

私はこの四、五〇人の女たちがまるで職業的な舞踊団か、よく訓練された女子体育大生の群技のように、パッと散り、パッと変わり、渦巻状に走りながら、誰ひとりよどむことなく一列から二列へ、四列へと、流れるように隊形を整えて、東方にひざまずくその美的な演技に、ほとほと感服した。それをリードしている老ノロや掟神（うっちがみ）の統率力、演出力にも驚嘆した。

新参のナンチュをまじえてこれだけできるということは、伝統の重みはもちろんであるが、私には一つの強烈な信仰心の内的な共同性、リズム化された全身的な人間統合力がはたらいていると考えるしかなかった。それこそが伝統的共同体のインテグリティの精髄なのであろう。文化としての共同体の美、イザイホウはそんなことをも私に教えてくれた。

一二時半を回ったころ、お神酒回しも一段落つき、御殿庭に青年たちがどしどし飲み物をはこんできた。ほとんどがコカコーラ、ミリンダのたぐいである。ノシのついた清酒のびんも運ばれてくる。じつは私たちもこの日、区長さんに御祝儀を渡した。紺の背広姿の内間区長さんが、かん高い声で無事にイザイホウの行事が終了したと挨拶する。そして間をおいて、関係者各位にお礼を述べ、さらにこのイザイホウの神事は、誇りをもって末代まで絶やすことなく続けてゆくと宣言する。大きな拍手がアダンの森にこだまする。

それから一同にジュースがくばられ清酒があけられ、祭祀終了祝いの宴が御殿庭ではじめられた。これまで絶対に入れなかった広場のゴザの上に私たちも神女たちといっしょにすわることを許され、威勢のよい三味線と太鼓が鳴りだし、それが超モダンなパイオニアの拡声器で拡大され、アッというまにお祭り情況に変わった。

二、三の踊りが披露された後は、沖縄共通のカルチャーである活潑なカチャーシーの乱舞となった。このテンポの早い民謡の調べは、ヤマト的ではなく、はるか中央アジア的、草原民族的といったほうが私にはぴったりする。海の民族は一種の遊牧の民なのであろうか。このカチャーシーがはじまるや、老神女もナンチュも、村の若衆も子供も長老たちも、ほとんど沖縄びとの全員が踊り出し、次から次へとひきもきらず、ついには客席にいた沖縄本島の男女も登場して、ナンチュたちの拍手をあびていた。

わが湧上先生も踊っている。一杯機嫌の県文化課の当間一郎氏も楽しげに踊り出した。学生たちはディスコ風に男女向かいあって踊り狂う。格別に節々を強くきめて、みごとにリズムを強調する青年もいる。切れ目なしの手拍子なので、とうとう掌（てのひら）が痛くなる。村びと、沖縄県人、神女たち、外来者がはじめてここに一体化し、共通の感情を味わっている。見る祭りの最後に見物人も祭りに参加することができて満足そうである。やがてこの白昼の踊りの饗宴もおひらきとなる。昼飯ぬきの午後二時半であった。

それから私たちは世話になった方への挨拶をすませ、快速艇に乗って対岸の知念半島に渡る。そこには新川さんが待っていてくれた。三人になった私たちは近くのセイファ（斎場）の御嶽に登ってゆく。沖縄最高の霊所といわれ、巨大な奇岩が二つに裂けて合掌しているようなその下に拝所がある。小さなその丘に立つと、今まで人で沸いていた久高島がスッポリと視界におさまり、島の女が寝そべっているような姿態を見せている。あそこの北の岬にまず神が降臨し、そしてこのセイファの御嶽に移り、やがて沖縄各地にひろがっていったという説が、なるほどとうなずける。首里城から国王や王女が幾度となく礼拝に訪れ、またこの岸から久高島の浜に渡ったという。

石牟礼道子さんはこの聖地や拝所に、何もない自然のままの姿を感じとり、しきりに〝無いことの良さ〟を強調して感嘆していた。だが私の感想はまるで違う。この奇怪な穴だらけの珊瑚虫の死骸の岩々と、密生した常緑樹群の生命のなまな氾濫に、私は〝ありすぎる精気の息苦しさ〟をひしひしと感じていたから。

私は石牟礼さんらにはないもう一つの精神風土、わが内なる中央アジアの荒野を思い出す。ほんとうの「無」とは何かを私に教えてくれた内陸アジアの荒涼の美を思い出す。前者にはニライの神や琉球弧の土俗の神々が住み、後者には自然を拒絶するアラーの唯一神と西欧派な〝個的な人間〟が聳え立っている。

私は前者にひかれながら後者を選んできた。私の自己相対化の目の原点はそこにあった。それをイザイホウは〝海の民〟として内部のどこかで転換させようとしている。そこへゆく道すじを私に示唆しようとしている。これからこの体験が私をどう変えてゆくか、今のところ私には分からない。時をかけて、それこそそのあらたな熟成を待つしかない。

（一九七五年）

御嶽信仰と祖先崇拝 ――八重山群島・石垣島の場合――

御嶽（ウタキ、八重山ではオン）というと、日本語では山岳のように受けとられるが、沖縄ではおがみ山、森（ムイ）、グスク、ウガン、スク、オンなどと呼ばれる聖地の総称である。沖縄学者仲松弥秀氏によると、このような聖地に「御嶽（うたき）」という名称をあたえたのは首里王府であろうという。その琉球全体の地誌を全二一巻に編述したものに『琉球国由來記』（一七一三年）がある。

その『琉球国由來記』から計算すると、御嶽の数は八重山諸島で七六、宮古で二九である。沖縄本島では首里の二九に対し、島尻（しまじり）二四七、中頭（なかがみ）二一〇、国頭（くにがみ）一四三と、農村部に多い。この密度は仲松氏によると、地域における当時の開発度、土地生産力をあらわしている。

八重山の御嶽数七六というのは、昭和一五年九月、『南島』誌第一号に掲載された野田裕康編「八重山嶋由來記」でもほぼ同数である。それに対して、八重山文化研究会の会長牧野清氏は調査経験からして、御嶽は八重山に実数二〇〇以上もあろうといっている。この差は、「何を御嶽とみなすか」という概念の違いにも由っている。

『琉球国由來記』では、御嶽という聖地を、「村を愛護する祖霊神、島立神、島守神と、祝福をもたらすニライ・カナイの神、航海守護神などに関係する聖地に限られている」ようだと仲松氏は理解している。（仲松弥秀「御嶽」、『沖縄大百科辞典』上所収、一九八三年）

この中で最も多いのは村（ムラ）愛護神の御嶽で、古い村ならどこにでも見られる。そのほとんどが血縁的な共同体集落にあり、村の宗家に近い聖所につくられ、そこをカナメとして集落が展開している。この点では祖霊を祭る日本（ヤマト）の村の産土（うぶすな）の社（やしろ）に類似している。しかし、御嶽は祖霊崇拝の村愛護神ばかりではない。航海安全を祈る御嶽もあり、ニライ・カナイ神を祀る御嶽もある。

私は石垣市で牧野清氏から次のように聞いたことがある。

「御嶽信仰は結局、人間の欲望から出ているものと思います。私は沢山のウタキの実態の研究から自分なりの分類方法を考えついた。それは祭る側の違いからの分類、祭られている神の性質からの分類、それに発生の違いからの分類です。これまではこうした分類さえ無かったので、御嶽の理解がごちゃごちゃになっていたと思うのです」と（一九八〇・一〇・二二）。

この牧野分類法を簡略化すると、次のように整理できるだろう。

一、祭る主体からの分類

a、一族による門中（もんちゅう）御嶽（オン）　b、村共同体で祭る御嶽　c、統治者による蔵元（くらもと）御嶽（オン）

二、祭る神の違いからの分類

a、農業神　b、海神　c、保護神　（ただし、a、b、cを合わせ祀(まつ)る場合も多い）

三、御嶽発生（成立の事情）の違いからの分類

a、降火崇拝から　b、降穀(こうこく)崇拝から　c、降星(こうせい)崇拝から　d、航海の安全祈願の場所から　e、先祖墓、偉人墓から（それぞれの聖域となった由來は先述した琉球古記録や村に伝わる神話、伝統の類から識別する）

右の分類からも分る通り、沖縄の御嶽は日本の産土社(うぶすなのやしろ)とも神社とも同一視できない。村の平安や農作を祈る場であったり、神秘的な降火体験や降星を見た体験などから、聖地と定めて、村の繁栄を祈った場合もある。また竜宮の神に海の安全祈願や豊漁を祈ったウタキもある。じっさいに石垣島のウタキを回って、年間の祭祀がどのように行われているかを見ても、その性質の多様さが分る。

石垣島を代表する登野城の御嶽、天川御嶽(あまがわオン)を例にしてみると、旧暦一月一日には、神司(ツカサ)や御嶽(オン)関係者が参加して神に対する新年の挨拶や村民の息災祈願をする。さらに一月九、一〇日には天川オンで夜をこめて祈願を行ない、太陽神や竜宮にも祈りを寄せる。竜宮に対する漁民の祈願祭は旧暦六月、一二月にも行われる。

二月八日には「二月(ニンガツ)たかび」といって豊作物の病害虫などを除く祈願祭が行われる。〝虫流し〟の行事である。「アーミングイ」といわれる「雨乞い」は二月と四月に行われていたが、一九四六年頃まで今は行われていない。旧暦五月四日はハーリー祭、神司を中心に海神に豊漁と安全祈願が行われる。

旧の六月一一・一二日は「世之首尾（ユーヌしゅび）」という感謝祭である。夜更けてから三味線音楽を奉納する。さらに旧七月の盂蘭盆（うらぼん）には宮良（みやら）では冥界から訪れた祖神をあらわす翁（ウシュマイ）と媼（ンミー）の仮面をつけた者や念仏踊りをする仮装集団による「盆アンガマ」が行われる。アンガマは以前、八重山の各地で行われていたが、今は石垣では宮良（みやら）だけになってしまったという。豊年祭のことについては後で詳しく紹介する。

八月の祈願（ハツニガイ）は、天川オンでは「祝月」（ヨイツキ）といい、日どりをきめて来年の豊作、豊漁の初願いをする。一〇月には「宮良願い」（メーラネガイ）といって、島々の神司たちが宮良の御願所に供物を捧げ、旅の安全を祈った。これらの主な年間祭祀を見ても、御嶽信仰というものが住民の生活全体にわたるものであることが理解できる（この「年間祭祀一覧」は牧野清著『登野城村の歴史と民俗』八四～八六ページ参照、一九七五年）。

ヤマトの村の社（やしろ）の神事もかつてはこのような住民主体の特徴があった。祖霊を祭る産土の社は、日本の村共同体の核心であった。それを近代天皇制の政府が国家神道の支配の序列の中に強引に編入して、官幣社（その最高位は別格官幣大社、伊勢の皇大神宮）―国弊社―府県社―町村社の下に無格社として位置づけ、神社統合を強制したとき（そのため三重県のように十分の一に減らされた所がある）、ヤマトの神社の持つ御嶽との共通性が全く失われたのである。

そして、こうした乱暴な宗教政策を、天皇制国家は沖縄に対しても強制しようとした。昭和一六年（一九四一）に表面化した「御嶽再編」の試みがそれである。つまり何百何千とある御嶽を統廃合して、村ごとに神社をつくらせ、沖縄独自の聖地信仰を国家神道の枠の中に組みいれようとしたのである。国民精神文化研究所の社会学者河村只雄はその国家意志に沿い、沖縄調査をし、『続南方文化の探究』（一九四二）で、次のように提案している。

「無数の原始的拝所」を整理して、これを「正しく神社化する」ために沖縄知識人を啓蒙し、天照大神の神体として神鏡を安置する神殿を建てさせる、神主は女人による神司に委せず「男の神人を以て主体となすこと」である、と。一九四三年一一月、沖縄県庁は神祇院に「沖縄県神社創立計画書」を提出したが、戦争の激化によって実現しなかった。もし、これが実行されていたら、八重山諸島の御嶽も大きな変質を余儀なくされていたであろう。こうした露骨な皇民化の押しつけでなくても、「琉球処分」（一八七九）以降の沖縄は、御嶽の外形などにヤマトの大きな影響を受けていたのである。日本の神社形式に摸した鳥居や燈篭など異質なものが、いまの御嶽の景観をいちじるしく見苦しくしている。しかし、最も大切なイビ（霊石）に対する信仰の核心は決して失われてはいない。

私が石垣島の御嶽めぐりを始めたのは一九八〇年の秋である。その時は、石垣島の全島の一巡と、八重山諸島の主な御嶽を見てまわった。それから一〇年おいて、一九八九年の二月（旧正月）と、九〇年の二月にも島内の御嶽を訪ねた。この間の観光化の進展にもかかわらず、ウタキ信仰は想像していた以上に保持されていたように思う。ただ、祭りの主体が中高年層に移り、若年層の共同体離れ、御嶽離れが一段と進んでいるという実感を持たざるを得なかった。さいわい三回とも、石垣市の八重山博物館のベテラン学芸員や館長に案内していただけたので、短時日で集中的に主な御嶽を見学することができた。また、現地に立っての貴重な聞きとりや示唆を受けることもできた。このことは誠にありがたいことであり、感謝に耐えない。このレポートはその方々のお陰である。

石垣島は明治期は八重山村、大正期に入って石垣村と大浜村に分かれたが、昭和三九年に町村合併して一島一市（石垣市）となった。人口は四万余人、世帯数は約一万一千、面積は二二一・五平方キロもある。戦前は島の大部分がマラリアの有病地域で、南の沿岸一帯に無病地域があるにすぎなかった。首里王府は、マラリア禍で村が廃絶するたびに八重山の頭職（親雲上）らに命じて、周辺の離島から住民を強制移民させて村の再建をはかったが、その多くは失敗に帰した。その上、明和の大津波が無病地域の村をも襲い、白保などは一時潰滅した。そんな事情もあって古い御嶽は、島全体からすると南部の沿岸地方や川平湾、底地湾などの集落に限られている。一見美しい風景のかげにおそろしいマラリヤ禍や台風との死闘の歴史があったのである。私がこの島の御嶽を訪ね歩いたとき、北半分には由緒ある御嶽がほとんど見当たらないのを怪しんだほどである。

そこで、ここでは石垣市街の中心部、登野城と、大浜―宮良―白保と、崎枝、底地―川平を順に見てゆくことにしたい。途中で村の古老からの聞き採りを挿む。

天川御嶽　登野城にある最も古いウタキで、およそ二五〇年ほど前、野佐真という霊威（セジ）の高い人がいて、天川の霊石（イビ）を信仰していたため、凶作時にも例外的に食べ物に恵まれ、また豊漁にあい、飢えた村びとを救うことができた、そのことから、この天川のイビが尊信され、御嶽となったという。今でも登野城の豊年祭（オン・プリィ）や海神祭（ハーリー）は、この天川オンを中心に行われている。

社殿は明治七年に台風で倒壊するまでは茅葺であったという。その後、瓦葺きに改め、大正一〇年と昭和三七年に二度、改築している。戦後の改築のとき、拝殿を入母屋風の形に変えたため、古い形は

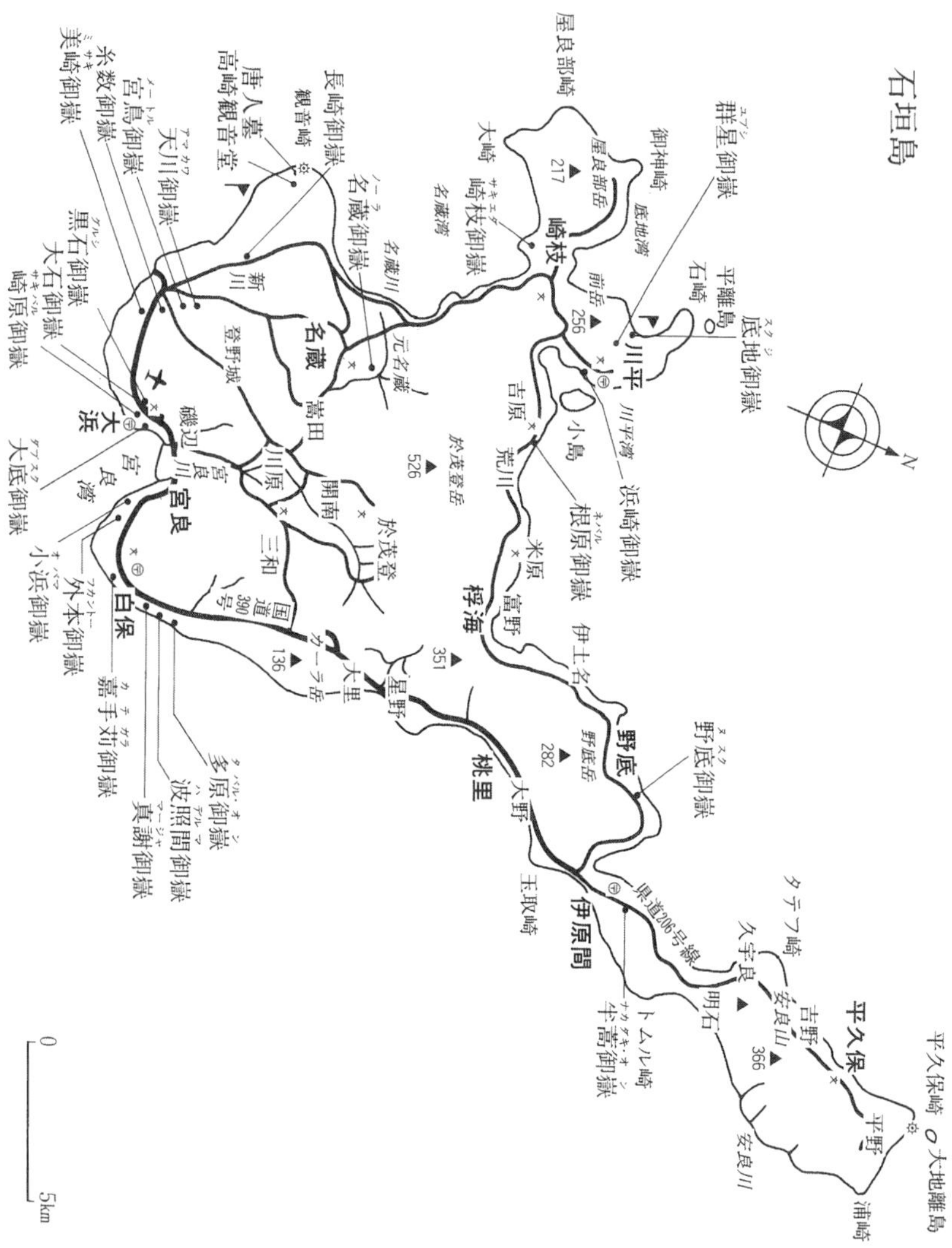
石垣島
群星御嶽
御神崎
屋良部崎
大崎
屋良部岳
217
崎枝
崎枝御嶽
名蔵湾
底地湾
前岳
256
平離島
石崎
底地御嶽
川平
川平湾
浜崎御嶽
小島
吉原
荒川
根原御嶽
於茂登岳
526
米原
富野
伊土名
桴海
351
野底
野底岳
282
野底御嶽
長崎御嶽
観音崎
唐人墓
富崎観音堂
天川御嶽
宮鳥御嶽
糸数御嶽
美崎御嶽
名蔵御嶽
名蔵川
新川
元名蔵
名蔵
嵩田
登野城
黒石御嶽
大石御嶽
崎原御嶽
大浜
大底御嶽
磯辺
宮良川
宮良
宮良湾
川原
開南
於茂登
三和
国道390号
小浜御嶽
外本御嶽
白保
嘉手苅御嶽
多原御嶽
波照間御嶽
真謝御嶽
カーラ岳
136
大里
星野
桃里
大野
玉取崎
伊原間
県道206号線
久宇良
明石
トムル崎
タテブ崎
安良山
366
吉野
平久保
平野
平久保崎
大地離島
安良川
浦崎
0
5km

残っていない。ヤマト風の石燈篭があって違和感をおぼえる。年間の神事については先に紹介した通りである。

宮鳥御嶽（メートル・オン）　南は石垣小学校、西側は公民館、市街地の真中なので、天川オンと同様、ふだんはゲートボールの広場にも使われていた。ここにも石垣村発祥の伝説が残っている。

長崎御嶽　新川字（あざ）の人たちのウタキ。新川小学校の近くの杜（もり）の中にあり、テリハボクの巨木と鳥居のしめ縄が印象に残った。一九八九年に訪れたときは、丁度旧正月だったので、神司（ツカサ）たち四人が白装束で初拝みの神事を行なっているところにぶつかった。ここのイビは霊火を発した夫婦石（ミヨウト）だという。

小波本御嶽（クバントゥ・オン）　稲の伝来に関する伝承をもつ由緒あるウタキ。雨乞いの神事はこのウタキを中心にして行われていた。

船浦御嶽（フノーラ・オン）　「竜宮のオン」と呼ばれて親しまれてきた。このウタキの南に美崎（みさき）の浜と呼ばれる舟付き場があった。今は登野城漁民の舟揚げ場となっている。

糸数御嶽（イトカズ・オン）　登野城の糸数原にある。創立者は、享保一七年（一七三二）に黒島から移住させられた舟道石戸（いしど）という人だと伝えられている。航海を司る神の霊所として信仰されている。

美崎御嶽　古いウタキで、昭和二五年（一九五〇）、創立四五〇年祭が盛大に行われた。一九五六年には史蹟ならびに重要文化財として指定された。八重山のオヤケ、アカハチの反乱が中山軍に鎮圧されたときの霊威によって創建された（一五〇〇）。このため三大節には公儀による参拝が行われた所から「公儀の御嶽《クギノオン》」とも呼ばれた。祖霊神の御嶽ではない。今の拝殿は一九七三年に旧態の通り改築されたものだという。旅の平安を祈るウタキとして有名。

大浜では黒石御嶽《グルシオン》、大石御嶽、崎原御嶽《サキバルオン》、大底御嶽《ウブスクオン》を訪ねた。大浜の集落は石垣空港を背にし、北東、宮良湾に面している。

黒石《グルシ》御嶽　この聖所はセンダン、フクギ、ガジュマルなど亜熱帯樹で小さな森をなしている。明和八年（一七七一）の大津波によって大浜村が潰滅した後、波照間《はでるま》島から移された住民たちによって再興されたもので、昔は黒石村の拝所であったという。

大石御嶽　ここも大津波後、波照間から移住した三人の兄弟によって建てられたものだという。

崎原《サキバル》御嶽　明和以前からあった古い御嶽。今の拝殿は堅固なコンクリート造り。霊所（イビ）もブロックの塀で囲われていた。元の素材であろうか、サンゴの岩のかけらが、近くに転がしてあった。今の神司は新盛文子、四〇年以上ツカサを勤めるという。氏子（パカニンジュ）は約七〇人、勢力は大きい。豊年祭はここが中心で綱引きなどは村をあげて行なう。

大底御嶽（ウブスク）　崎原オンから分かれてつくられたもの。神司は下野サカエだった。イビは合掌型のものの奥にあり、旧正月のためか、一升びんが二本、拝殿の裏にころがっていた。境内にはクロツグ、イヌマキ、テリハボク、フクギなどが林立していた。

宮良部落では外本御嶽（フカントウ・オン）、小浜御嶽、大浜御嶽（オバマ・オン）をまわる。

外本（フカントウ）御嶽は宮良の集落や宮良湾を見おろせる所にある。村びとの繁栄、幸福を祈願する聖所となっている。ここ宮良部落も明和八年の大津波で、人口一、二二一人中、一、〇五〇人が死んだ所で、小浜島から三二〇人の新移住者を迎えて再建された。小浜御嶽（クモーオン）はその小浜島から移住した仲宗根兄弟が地元の神を招請した御願所だった。やがてそれが発展して村守護神の御嶽となる。しかし拝殿は一九八四年に改築されたばかりというが、屋根の形などは優美である。

大浜御嶽（オバマ）　このウタキも移住者によって再建されたもの。拝殿には破風（はふ）もなく、飾りもなく、これ以上簡素にはつくれまいと思われるほど素朴で美しい。県道沿いにあるが、テリハボクやタブノキ、ガジュマルなどの大樹が繁っていて、白昼も静まりかえっていた。

白保（しらほ）の集落は石垣新空港問題で全国の注視を浴びただけに、各所にビラが貼ってある。私はここに三度来ているが、白保には由緒ある御嶽が多い。あまり離れていない角々（かど）に真謝御嶽（マージャおん）、嘉手苅（カテカリ）御嶽、多原（タバソ）御嶽、波照間（ハデルマ）御嶽、西原御嶽などがある。

真謝（マージャ）御嶽　ここのウタキも実に簡素質朴で美しい。神域というものの原型を見る思いがする。最も神聖なイビの空間にハスノハギリの巨木が入りこんだままになっており、幽邃（ゆうすい）というほか言葉もない。ここは神司や長老がしっかりしているので、年中行事はきちんと行われている。訪れたのは晴れた日の午後で、閑散としており、波の音が近くに聞こえていた。すぐ近くが世界的な青サンゴの環礁のある白保の海なのだ。そしてフクギの大樹が祭りのときの桟敷の日陰をつくってくれていた。フクギは村の古老たちが若い時に植え、大切に守ってきたものだという。氏子は百人ほどとか。

嘉手苅（カテガラ（リ））御嶽　古記録によると、白保は一七〇〇年代の初めに波照間島から三百人ほどの寄（よせ）百姓を移して村として独立したが、明和の大津波で一、五四六人が溺死し、生残ったのはたった二八人であったという。そこで野国親雲上（ペイチン）在番の命令で、再び波照間から四百余人を移住させ、村を再興した。嘉手苅御嶽はその中心だが、一九五三年までは現在地から二キロほど離れたヨナ岡の嘉手苅原（かでかりはら）の聖なる森にあったという。ここもリーフに砕ける波の音が近くに聞える静寂の地で、望郷の念を誘うような所である。豊年祭のときの賑わいについては古老の言葉を借りて、後で紹介する。

多原（タバル）御嶽　白保の集落の北端にある。海までは約一五〇メートル位か、ほんとうに近い。嘉手苅、真

石垣島白保村の多原御嶽（色川撮影）

謝のウタキと同じく『琉球国由來記』にその縁起が記されている。徳望の高い二人の兄弟の伝説もあり、神司は長浜家の血縁の女性、氏子は約六〇人。また白保にはツカサの他に自分の香炉を持つことを許されたパカヌファという神事を行う女性が十人ほどいるという。神域には多くのテリハボクやハスノハギリが生い繁っていて、壮厳な空間をつくっている。拝殿の額に「乾隆（けんりゅう）年間」の文字が見える。赤い棒瓦に白いしっくい、簡素なシンメトリーの建築美が心を打つ。

波照間御嶽（はてるまおん）　大津波の後、波照間からの移住者によって創設されたウタキである。豊年祭には、この波照間ウタキと嘉手苅（かでかり）ウタキの氏子が一組、真謝（まじゃ）ウタキと多原（たはり）ウタキの氏子が一組をつくり、東と西に分れて綱引きをきそいあうという。村の結束を神の前で固めあう大切な年に一度の神事であった。だが、その結束も今、空港開設問題で微妙である。この村も賛成派と反対派に分裂し、また沈黙のマジョリティ（黙っている大衆）を抱えて揺れていた。

一九九〇年の二月の終り、新空港問題も大詰にきた白保に私は三度目の訪問をした。その時は潜水の用意をして行った。だが、ダイビングのための足場固めにベテランの息子をつれて、空港予定地のサンゴ礁の海に潜水する予定だった。ところが、その日、強風荒天で、海に入るのは無謀と、地元の宮良操氏に中止を勧告された。その代り、〝私の伯父が御嶽にくわしいので案内しましょう〟と、宮良松翁家につれていってもらえたのである。

松翁は明治三六年生れの八八歳。耳も言語も明晰な方で、白保の御嶽や祭りの話をしてくれた上に、古くから伝承された巻（まき）踊りの歌謡までうたってくれた。以下はその折りの聞き書き。通訳は宮良操さん。

宮良家は明和（めいわ）の大津波で生残った二八人中の一人だという。男の子が、その時、たまたま山に行っていて助かった。四つの御嶽（流出した）は生残った者たちで分担した。真謝御嶽（マージャ・オン）が茅葺きから瓦に変わったのは自分が子供のころ（明治の終りごろ）だった。それから二度、拝殿はつくりかえられた。子供のころに桑の木でつくった鳥居のようなものもあった。

神事は旧正月、三月三日、旧六月と、年ごとに日を選んでやった。祭りのときはツカサをはじめ、神女だけがイビに入ることを許され、男たちは外で奉仕した。旧暦六月、新だと七月下旬の豊年祭は、初日は御嶽（オン）プーリイ、二日目は村（ムラ）プーリイで、氏子がぜんぶ集まって神に健康や豊作のお礼を述べた。奉納の綱引きは東（海側）と西（陸側）の二組に分れてやったが、最初から陸側（西）が勝つようにと綱の長さなどを加減してあった。陸側が負けると凶作の心配があるからね。会場は嘉手苅御嶽の前の道で、桟敷（さじき）をつくり、客人をもてなした。夜も余興があってにぎやかだった。

豊穣を祝うマキ（一族）の踊りは華やかだ。その歌詞は波照間弁で、「一日寒さ」を「ピチンピシャグ」などという。今の若い人は方言が話せなくなったので、巻踊りや歌うたいも年寄りばかりになって、村の伝え（伝承）がすたれてしまうのが困る。それをあなた方のように聞いて下さるというのなら、若い衆に伝えようもあるのに、と、松翁はグチをこぼした。そして、つれあいの媼と二人で、声を合わせて二節も三節もうたってくれた。八八歳とはおもえない、ツヤのあるよい声であった。

「東の海から舟がいらっしゃる　その舟は米俵を持ってきて下さる　その舟は粟俵（あわだわら）をもってきて下さる……」舟を漕ぐような手つきをして、〝また、どうぞ　いらっしゃって下さい。こんどは豊年祭を見にきて下さい。都会の人たちが私たちのことに気を寄せて下さる、こんなありがたいことはありません〟と。そしてこの村でも昔は、六一、二になったら、ジイステ山、バアステ山に捨てられたという話もあったのに、と笑って私たちを見送って下さった。

島の南海岸に沿って点在する御嶽群をめぐってから、私たちは北へ山越えして名蔵（なぐら）に向う。名蔵部落は戸数こそ少ないが、『琉球国由來記』にも記されている伝説を持つている。この村は一時は人口六百人を持つ独立村として栄えたが、マラリアで人口が激減し、大正五年、一九一六年に、ついに廃村になった。そして二〇年程して、台湾からの入植者によって再建された。

名蔵御嶽（ノーラ・オン）　この御嶽も村が再建されてから復興されたが、社（やしろ）の配置は他のウタキとは違う独自な形式をもつ。神籬(ひもろぎ)形式をとっているが、拝殿と神殿とが全くかけ離れている。ここでは遙か彼方に見えるオモト岳(だけ)を神殿にし、名蔵御嶽は拝殿にあたるという位置関係になっている。記録された御嶽伝説とは、むかし、信仰心の厚い妹オモトナリが、よこしまな兄ハツガネに殺されるが、オモト岳の神が死体を山に上げたので、名蔵村に遙拝所をつくって崇めることにしたというのである。このウタキでは、今では台湾出身者の「豚祭り」が旧の八月一五日に行われるという。

名蔵から西海岸を北上すると崎枝(さきえだ)である。ここには崎枝御嶽(サキダオン)がある。昔は首里王府への上納船の航海安全を祈願した八重山の七嶽(なたき)の一つであったが、マラリアが猛威をふるい、人々が次々と去り、一九一四年には廃村となった。それから三十余年、敗戦後、宮古からの移住者がきて部落を再建、密林に埋もれていたウタキを掘り起した。ここでは旧暦五月初めの竜宮神への祈願祭が重要である。私が最初に訪ねたのは一九八〇年の一〇月、ウタキの社はゲースルという蝉の鳴き声でうるさいほどであった。黒牛が草をはんでいる丘に、反乱の英雄アカハチを助けたという姥(うば)の墓が残っていた。拝殿の外観はすっかり神社であった。

次に川平地区の御嶽について述べよう。

川平湾は石垣島の入江の美のシンボルのように扱われているため、今では本土からの観光客で始終賑わっている。夏など観光地のような雑踏の入江に変る。しかし、この岬には幾つもの魅力ある御嶽が生きている。とりわけ群星御嶽(ユブシイ・オン)、底地(スクジ)御嶽、浜崎(ハマザキ)御底、根原(ネバル)御嶽などは心に残った。

群星御嶽(ユブシイ)　ユブシイは昔から農作業の時期をきめる大切な星とされている。このウタキも『八重山嶋由來記』などに出てくるほど古く、創生の詩的な伝説を残している。郷土誌『川平村の歴史』からその伝説の部分を引用してみよう。

「南風野屋（ハイヌーヤ）の娘が、ある日の夜中に外へ出てみると、不思議なことに群星が中天にさしかかった時、細長い円筒形の霊火（れいか）が群星と地上を昇降しているのを見たという。錯覚ではないかと思っていると、その後も同じ時刻に同一の霊火をしばしば見たので疑問に思い、家の人や村の長老などに話したところ、全員驚き怪しみ、この霊火はまさしく神の〝天下り〟であろうと深く信じた。そして霊火の昇降する所を調べると、白米の粉で丸印があり、〝天下り〟の場所がこの所とされ、そこに一社を建立し拝んだ」と。

そのためか、この御嶽は川平村での最も由緒ある聖所で、豊年祭や結願（キツガン）祭や節祭（シツイ）などが盛大に行われる。神司（ツカサ）は南風野屋（ハイヌヤー）（現早野家）の血をひく女子で、その他に祭祀を行なうティーナラビが八人、一門の氏子（イビニンジュ）が約四〇軒あり、伝統を守っている。年間の神事は二六種もあるというが、ツカサは平常には養豚に精出したり、ゲートボールを楽しんだりする普通の農婦である。

この群星御嶽の場所を借りて、川平の祭祀について少し詳しく附記しておこう。

川平では九月の節祭のとき、マユンガナシという來訪神があらわれる。マユとは真世（マヨ）のこと、ガナシは敬称だから、マユガナシーとは真世をもたらす神の意である。生産暦の替わり日に來年の豊作を祈る予祝祭が節祭だから、この日にマユガナシーが來るというのは吉兆である。それには次のような由来があった。

昔、節祭の夜、身なりのまずしい旅人が村を訪れ、一夜の宿を乞うたが受け入れられない。しかし、村はずれに親切な家があり、そこに泊めてもらうことができた。その旅人はじつは神であった。神はお礼にと作物をみのらせる神詞をその家のあるじに伝授した。そのため、その家はたいそう豊かになった。後にこれにあやかろうと、村びとは節会（シツィ）に神に扮して神詞をとなえるようになったのだ、という。

マユガナシーがあらわれるという祭りの初日に、村の青年たちが草で装った來訪神に扮し、二人一組となって家々を回り、來年の豊作、長命、繁昌を内容とする神言（カンフツ）を唱える。すると吉兆を賜った当家の主人はマユガナシーを座敷に招き、酒や肴の接待をする。マユガナシは立去るとき棒舞いをしてみせる。そのいでたちは、ビロウの葉で作ったミノ、芭蕉の葉をつけた胴ミノ、クバの笠をかぶり、覆面をし、六尺棒を手に持つ。アカマタ、クロマタなどに似た草荘神（そうそうしん）である。人類学者岡正雄によれば、この習俗は仮面仮装の形、その行事内容からしてメラネシアのものに類似する点が顕著であると。今でもその習俗はニューブリテン島地域に見られるし、その思想は柳田国男や折口信夫らの指摘したまれびと信仰に共通している。その神が海の彼方からやってくると信じられているのは、川平の神を迎える舟漕ぎの儀礼などにも痕跡をとどめている。

沖縄の民は火の神や祖先の霊や群星など形をなさない神を信仰するのが普通なのに、アカマタ、クロマタやマユガナシのような擬人的な來訪神をも受けいれる。御嶽信仰はもともと祖先崇拝や地域共同体とかたく結びついたもので、來訪神信仰とは異質なものだったのに、南島の人は平気でこれを両立させている。そのルーズさ、寛容さがおもしろい。村びとは祖先神と客人（まろうど）神の違いを問いつめるのではなく、仲良く共生させて迎えているのである。

群星（ユブシィ）御嶽のもう一つの大きな行事、秋の結願祭は、神女たちが二晩、森にこもって神への感謝と來年の豊作を祈るのだが、三日目の未明、焚松（ていまつ）のあかりの下で牛を殺し、それぞれのウタキに供えてから、残りをみんなで分けあって食べる。そして、午後は村民そろって奉納芸能に興じる。ここが「元御嶽」といわれるゆえんであろう。カンボジヤの北部にもこうした風習がある（映画『地獄の黙示録』による）。

底地御嶽（スクジオン）　川平にある六つのウタキの中でも異彩を放っている。それは海のかなたのニライの国（ニロースク）からニランタファンという福の神が來臨し、約九ヵ月間、御座で神座を共にすると信じられているからである。この來訪神を迎える行事は旧暦一月一八日から二〇日の間に行われ、一〇月の節祭の五日目の日没時に、ニライの国へ送り返す神事によって終る。この儀礼は、今は群星御嶽のツカサが兼任しているという。底地御嶽には拝殿はなく、イビ（霊石）だけがハスノハギリの巨木の下にしずまっている。純粋の信仰心だけなら拝殿もいらないのである。

根原御嶽　この孤立したウタキは川平湾をはさんで川平の町の対岸の突端にある。波打際まで一〇メートルほどしか離れていない。真白いちいさな砂浜にリーフの岩礁をのりこえてきた波が打寄せている。このウタキは海鳴りの伴奏する浜辺の密林の中にひっそりと忘れられたようにあった。聖域は二つに分かれており、右のウタキには拝殿が残っていたが、つる草になかば覆われ、荒廃していた。樹々の枝をおしわけ、歩いてゆくと、小さな鳥居にぶつかり、その向こうに思いがけなく光る海が眩しくひらけた。星の降る静寂な夜など、ひとり来て祈っていたら、どんなに神秘的であろうかと思う。

左手のウタキにはイビ（霊石）だけあって、拝所も香炉もみあたらない。フクギやアダンが水辺にまで繁っていて、岩場にはイソ松が育っていた。ハブカズラ、ヤンバルアカネガシワ、オオバキなどに覆われた密林の中は、暗く湿って妖気がただよっている。ここも一度、廃村になり、その後、入植者によって掘り出されたものだという。八重山諸島のウタキにはこのようにして埋もれ、自然に帰ってゆくものが少なくないのであろう。調べてみると小さな鳥居には一九六〇年八月一四日と刻んだ跡がある。この文字もこれからどの位残りつづけるだろうかと思いつつ、根原御嶽を立去った。

以上、石垣島の主な御嶽を一巡してきて、ここでもう一度、整理、考察してみたい。まず、御嶽にはたしかに血縁的な結びつきによるもの（一族のマキの御嶽）が基本にある。そしてそれが多くの場合、地縁的な結びつき（移住者によって再建されたウタキを含め）のものに展開している。

祭神についてみると、祖先神や農業神、天から降りてきた神や、海を渡ってきた外來神など多様である。祖先信仰一つとってみても、神話的な土地の創始者や開拓功労者を対象にしているものもあれば、いつのまにか遠祖の墓をウタキにしてしまったものもある。それらは日本の産土の社や鎮守の杜に近いともいえよう。しかし、ヤマトとの違いもめだつ。海上はるか南方のニライ・カナイ（ニライの国）からくる來訪神や、アンガマ、アカマタ・クロマタ、マユガナシなどの草荘（くさなぎ）神信仰はいかにも南方系である。牧野清氏も認めておられる通り、沖縄、八重山には南方文化圏と共通しているとみなし得る民俗行事が多い。

「八重山群島古代島民の思想には、南方のニライの神国を確信し、憧れや思慕の情を抱いていたことは疑いない処である。この思想や情感は、延いて南方の人々や南方文化に対しても、島民をしてきわめて容易に、素直にこれを受容する態度をとらしめたであろうことは、これ亦きわめて必然的であったといえよう」と（牧野清著『登野城村の歴史と民俗』五二〇ページ）。

だが、牧野氏は北方の強い影響をも重視している。その後、「文化的にも、また生活技術の上でも、人口の上でも優位にあった北からの南進民族が、争乱の時代を経て、先住民族を融合同化し、同時に彼等の持っていた信仰上の諸行事を吸収統合したことによって、原始集落、共同社会を初めて安定させたものと考えられる」、と（牧野前掲書、五一七ページ）。

この北方からの南進民族というのが何をさしているのか明らかでない。首里王府につらなる沖縄本島の民をさすのか、それとも日本―ヤマト勢力か、中国大陸からの渡來民のことか。また、何世紀ごろのことを想定しているのか、牧野氏は明示していない。

ただ一つ気になることは、日琉同祖論のような考え方が散見される点である。牧野氏は「神社の原形は御嶽だ」という自説に関してこういう。古い時代には九州、奄美、沖縄、宮古、八重山に共通する原始的信仰のより所として御嶽が存在していたが、天皇の統治権力が作用することによって、屋久、種子ヶ島以北は御嶽という原始的な形態から神社という神威を誇示する「堂々たる姿」に変り、奄美以南は原形のままに残されたというのである。これを補強するように、牧野氏は両者の構造上の共通性を示した関係図を掲げている。

この構造比較で見ても、御嶽と神社は完全に相一致しており、御嶽が神社の原型であることはまず疑いない処であると考える。（牧野前掲書、五一五ページ）

御嶽と神社の構造関係図

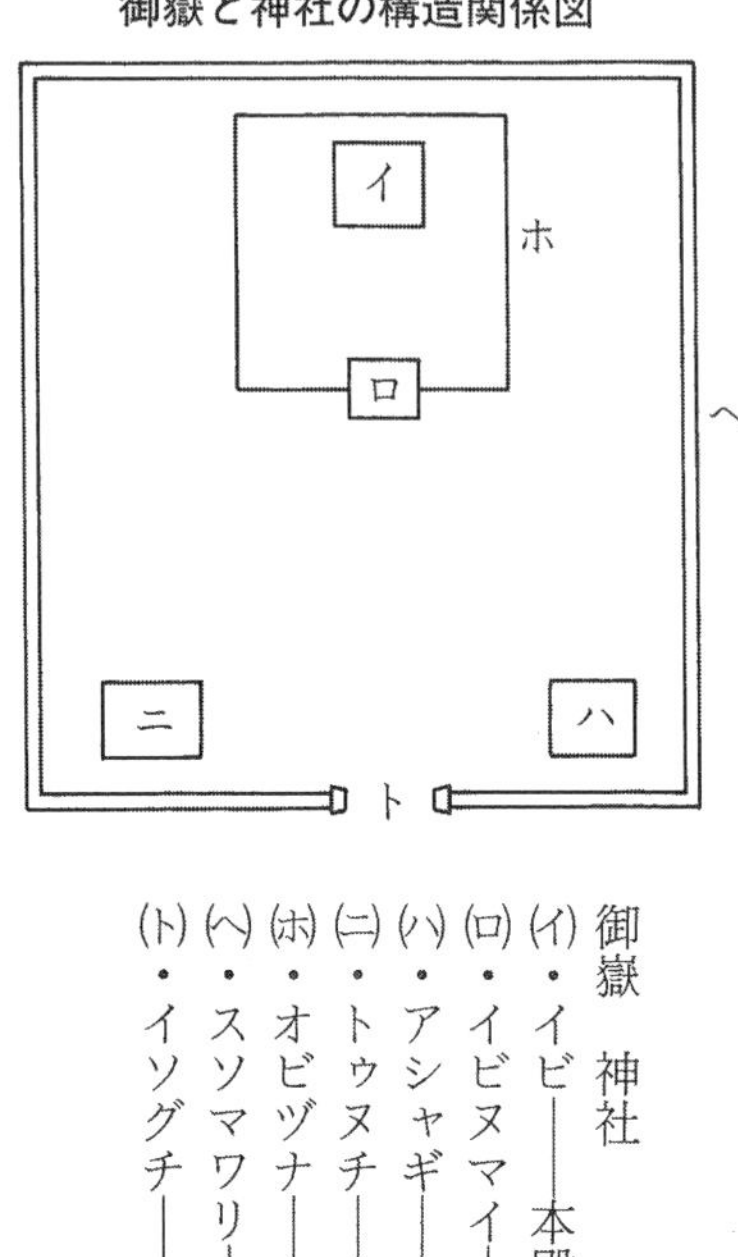

御嶽　神社
(イ)・イビ――本殿
(ロ)・イビヌマイ――拝殿
(ハ)・アシャギ――神楽殿
(ニ)・トゥヌチ――社務所
(ホ)・オビヅナ――瑞垣
(ヘ)・スソマワリ――玉垣
(ト)・イソグチ――鳥居

果たしてそうであろうか。古い御嶽は必らずしもこのような構造を持っていないのではないのか。また関係図に示されているような神社の本殿、拝殿、神楽殿、社務所、玉垣、門などの配置や構図は、むしろ御嶽よりも古代寺院の伽藍配置と近似しており、その影響が強いのではないのか。古い神社の形を残すといわれる伊勢の内宮のそれはウタキと違うように私には思われるのである。

日本＝ヤマトの神社が原始的な御嶽から発展、変化したものだと聞くと、私には半世紀前の大東亜戦争時代に皇民化の徹底として進められた「御嶽再編」「沖縄県神社創立計画」の悪夢が想い起される。牧野氏の意図はそれとは全く無縁のものであると信じているが、論理の上では悪用され易いという危惧を持ったのである。

註・①八重山では現在一般にアシャギ・トウヌチは消えている。古くはあったものと考えられる。
②八重山の御嶽には普通神社同様鳥居が建てられているが、それは一七世紀の中期、大和在番制度以後附加されたものであると推測される。

沖縄のウタキにはヤマトの神社のような御神体はないし、従ってそれを鎮座させる神殿もいらなかった。そして拝殿の奥には聖所としての聖なる空間とイビがあるきりであった。イビは神の依りしろとして自然石であるだけでもよかった。そのことは、宗教の本質を神への敬虔な信仰心であるとするなら、むしろ積極的に評価されてよいものではなかったろうか。ヤマト風の鳥居や石燈篭や堂々たる神殿など、もともと余計なものであったろう。また、数多のウタキによって自然が守られ、森と空間が維持され、地域の住民の生命力の賦活と、寄り合いの場が確保されているということは、沖縄の共同体存続の重要な条件として意義深いものと考えられる。

最後にこの稿を成すにあたって石垣市立八重山博物館の前館長玻名城泰雄氏、前館員石垣博孝氏、故新城剛氏には格別の御協力をいただいた、篤く御礼申し上げる。

また、牧野清氏はじめ先学の方々に感謝したい。尚、このレポートが本学一九八九年度個人研究助成の成果(P〇六―八九)であることも附記しておきたい。

(一九八三年)

にがい離島の表情が

――新川明『新南島風土記』のすすめ――

沖縄の原郷を求めて日本の南島の根っ子にふれたいと願う人に最適の書が公刊された。著者は敗戦までの約一〇年石垣島に住んだ人で、その後本土に出て、記者として那覇に帰り、さらにある挫折を経て改めて先島(さきしま)に対面した人である。

その人が、まだ訪れる者とて稀だった十数年前、与那国(よなぐに)島から黒島まで九つの離島を訪ね歩いて、島人の根のところを詩人的直感でつかみ出し、孤島苦や果ての島の流人の末裔や、苛烈な人頭税下の悲恋と抗意の中から生みだされた八重山文学や芸能や神事を、みごとな筆致で新風土記としてまとめたのである。

「海洋博」後、急激に変貌してしまった沖縄の、今となっては二度と見ることのできない静寂に包まれた離島の苦い表情がそこにはある。

著者がこの記録を十数年、頑固に保守し、今の時点で公刊してくれたことに私は感謝したい。南島について何一つ知らず、ただ美しい海と歓楽だけを求めにゆく数十万人の日本ヤング族に、この本を読ませたいからである。

（一九七八年）

〈4、沖縄の未来へ〉

沖縄から日本文化の復元力を考える

文化の創造力を再び取り戻せるか

私の演題は「日本文化の復元力」という、きわめて漠漠としたものです。じつは私は東京の郊外八王子市の、さらに山奥の三多摩の、昔ながらの集落に住んでいます。ちょうどそこは、いま沖縄が直面しているような問題、たとえば丘陵地帯のブルドーザーによる破壊とか、多摩ニュータウンという三〇万都市の建設で、古く万葉集の〝防人(さきもり)のうた〟に歌われた多摩の丘陵が、いまは見る影もなくなってしまうという状態にあるため、五、六年ほど前から私も多摩の自然と文化財を守る運動を始めまして、高速道路の建設を阻止したり、八王子市の都市計画の検討委員をやってみたり、自然保護連絡協議会の代表をやったりしております。そのかたわら、あちこち旅行をして、直接その地域の人たちと交流し、またお話を聞いてくる、そういう人間であります。

そういう人間としてこちらへ来て、まだ一週間ほどしかたっていませんが、沖縄本島の南から北の端まで自分の足で歩き、珊瑚礁の上にも乗ってみて、率直にいって沖縄に対して大へん失望感を抱いているわけです。その失望感というのは、沖縄にたいする私なりの幻想がありましたから、それが砕かれたのです。

そこで、そういうことを、むしろ積極的に押し出しながら、近代日本百年の歴史の中でわれわれがたどってきた道をもう一ぺん考え直し、われわれが日本の文化をもう一度創造してゆく力を取り戻すことができるのかどうか、を考えたいと思います。

「復元」ということは、たとえば昔あった首里城をそのままもう一度つくり直すとか、そういうことではなくて、たとえばダルマを転がすと直ちに元にもどるような復元力のことです。だが、沖縄をふくめて日本文化はそういう創造的な復元力を持っているかどうかということです。もしも、そういう力が非常に衰えつつあるとすれば、これは重大なことであります。それから、まだ、復元の可能性があるとするならば、その可能性はどこにあるのか、考えてみたいと思います。

率直に申して、沖縄に参ります時に、こちらに半年なり一年なりいて取材をしたり、仕事をしてきた本土の人間たちからいろいろ忠告をされました。というのは、「いまさら行ってももう沖縄はダメですよ。沖縄にはもういいところはありません。まあ、海洋博が始まる前に少しでも残っているところを見てきたらいいでしょう。しかし余り大きな期待をもって行かないほうがいい」というようなことを言われたのです。

しかし、私どもが新聞やラジオやテレビを通して見ていた沖縄は、この二七年間、米軍占領下で非常に結束し、自立した思想を打ち出し、復帰協の運動にしてもその前の教育闘争や土地闘争にしても、本土ではみられないすさまじいエネルギーを発揮してきた。しかも、それが少数者の運動ではなくして、たくさんの人びとが参加した運動という印象を与えたわけです。ですからやはり「沖縄」というものに大きな期待をもっておりました。

それから沖縄の文化についていては、伊波普猷(いはふゆう)や柳田国男の研究以来、さいきんの南島論にいたるまで、日本文化のなかのもっとも純粋な「祖形」というか、「原型」が豊かに残されていて、その自然とその共同体的な文化伝統というものは、本土では失われてしまった、そういう文化的な原郷を感じさせるものがあります。その意味でも大きな期待をもってよいというようなことが、新聞や雑誌などに見られるわけです。そうしますと、本土に住む人間がこちらに幻想をもって来るのは当然だと思うのです。いま沖縄では海洋博に向けての巨大な建設事業がすすんでいますが、あれを見て、なぜ東京オリンピックの時の失敗の経験が生かされないのか、あるいは一九七〇年の大阪万国博の失敗の経験を、どうして再びくりかえすのか、という苛立ちを感じさせられるのです。

革命なき革命というべき大変貌

ある意味で日本は、この百年間に非常に大きな変化の体験を二つしました。第一の変化は、明治維新です。一八六〇年代から八〇年代の自由民権運動の時期まで、すなわち封建社会からいわゆる資本主義的な近代社会に転換したのですけれども、その時、非常に大きな社会変革を経験しました。

二番目には、そうして確立された日本の近代天皇制国家が、第二次世界大戦の敗戦によって、大日本帝国憲法をはじめ、七〇年間に築きあげてきた遺産を一挙に喪失することで、とくに政治形態が大変革を来します。この一九四五年から四七、四八年にかけての社会変革は非常に大きく、その最たるものが財閥解体とか、土地革命といわれる小作地などの解放でした。

第三番目の大きな変化は、それを私は〝革命なき革命〟といってもよいと思うのですが、一九六五年前後からとくに激しくなった日本の産業などを変えたことです。一五年前に日本に来た外国人が再びやって来て今日の日本をみたら、おそらくこれが同じ国とは思わない程でしょう。北海道から九州に至るまで、驚くほど相似たステロタイプの新都市が、一五年前にはまったく存在しなかったところに、まるで蜃気楼のように出現したのです。

これが単なる表面的な文明の現象ではなくて、もっと日本社会の深部にまで根を掘り下げていきますと、日本の社会構成の基本単位だといわれてきた村落共同体の伝統的な景観がことごとく失われます。つまり日本人が人間関係の出発点として、あらゆる文化創造、あるいはモラルの育成の場としてきた地域の共同体が、八分方、もはや崩壊しており、その崩壊はこの二〇年くらいのあいだに進行したものです。これは政権の変化――つまり政権がある階級から他の階級に移るというような政治革命とかクーデターとかを経ないで、いわゆる〝革命なき革命〟というような形で進行していたといえましょう。沖縄では遅らされ、歪められました。そして第三の本土における、二十余年の変貌を、沖縄は五年のあいだにやらされようとしているのです。そのため、これは常識では考えられない、巨大な変貌をいま沖縄はやらされていると思います。

エリート支配に抗する民衆のエネルギー

近代日本の歴史は、ヨーロッパやアメリカの文明から学んだ少数のエリート、とくに官僚、つまり官立の大学などを出て多少英語などをしゃべり、横文字が読める、そういう人が、技術的な思想的な情報をいち早く欧米から借用して、民衆に披露しながら、うまく管理してきた歴史です。

そういうエリート階級が、日本の今世紀の指導層でした。その指導のあやまりは、さきの敗戦で証明されたのですが、それ以後も性懲りもなく、官僚やエリートが日本の社会を支配しているのです。だから、戦後の社会は民主主義的になったといいながらも、じつは官僚民主主義の社会であり、役人や会社のエリート指導者たちの管理下におかれているのです。

こういう社会では、コントロールされる客体である民衆の側に視点を移さない限り、われわれの未来をひらく意志は得られないのではないかという焦燥感を、私は感じていました。とにかく日本のエリート、すなわち優等生諸君に日本の未来の創造、建設への期待を寄せるならば、われわれは、いつまでも欧米諸国などの後進性を脱けられない。全く違った視点を見つけ出さないかぎり、われわれは未来に確固とした自信を見出すこともできないと考えるのです。

もちろん一挙にそのように変えることはできません。一九四六年から四七年にかけて、本土ではいままで声をあげなかったたくさんの庶民、労働者、農民たちが、もっともいきいきとしたエネルギーを発揮しました。その時はまだ労働組合、農民組合、社・共両党のような既成組織が民衆をコントロールしていたのではなく、民衆自身が敗戦後一年間の虚脱状態から脱して、自分の生(ナマ)の体で、天皇制の価値体系や支配的な思想から解放したのです。私はそのころちょうど東京の大学の学生でしたが、焼け跡にヤミ市をつくりあげている民衆、超満員の列車の機関車の上にまではい上がって買い出しにいく民衆、そのような既成の観念を信じないで自分の力だけで一日々々を生きた民衆の猛烈なエネルギーと知恵に、非常に強烈な衝撃と圧倒感をうけたものです。

ですから、私の戦後思想はそこが原点になりました。敗戦そのものよりも敗戦後、日本の民衆が既成の価値意識から解放されたとき、どのような巨大なエネルギーを発揮できるかわからないという、〝おそれ〟のような感情が、私の戦後体験のスタートになったのです。

その後、アメリカ流民主主義は、吉田茂首相などをうまく衝立に利用して日本政府による代行支配をつづけたために、世界史上まれにみる巧妙な占領支配が成功して、裸の民衆のエネルギーを再び官僚社会の網の目に組み込んでしまいました。しかし組み込まれたとはいっても、いっぺん出現したエネルギーに対するわれわれの〝おそれ〟は消えないし、それはいつの日か再び必ずあらわれるにちがいないと期待するようになりました。現に一九六〇年安保斗争のときとか、その前後の警職法反対運動のときとか何度かそうしたものがあらわれました。私は歴史を荒々しく改造していく力を、そういう中に感じるようになったのです。それを文化の創造力というものに置きかえてみると、どういうことが言えるでしょうか。

ヨーロッパ文化の奥行きの深さ

先般、ポルトガルのリスボンからインドまで、ユーラシア大陸を半年ほどかけて自動車旅行をしました。いろいろな国々の人たちと私たちとの違いを観察するために行ったのですが、その時一つ痛感したのは、ヨーロッパは文化史上、人類の優等生であるということ、とくに中部ヨーロッパは、二千年以上の、ギリシャ、ローマ以来の歴史をもっていますので、どのような田舎へ行っても奥行きの深い文化をヒシヒシと感じさせられました。

パリから離れたスペインに近い小さな町に行ったとき、同じような赤褐色の色調に統一された、人口一千か二千くらいの町が、夕暮れのもやのなかに眺められるのです。よく見ると、その色調を壊すような異質な色、たとえばブルーとかグレーとかは一つも見当らない。それでは町中がみんな古い家かというと、そうではなくて、新しい鉄筋五階建て、六階建てもあるのですが、屋根はフランス的な伝統である切妻式で赤褐色の瓦をのせたような色と形で統一されている。そこでは誰もなにも言わないのだが、都市全体の、都市共同体の渾然たる調和、均衡感覚と強い意志を感じさせます。この目には見えない、空気みたいに立ちのぼってくる全体の均衡を求め、調和を求める意志とはなんだろうか、ということを考えさせられました。

パリとかロンドンとかの大都市は乱れていてよくわかりませんが、歴史の色濃い田舎の町では、一瞬のうちにそれを感じさせられる。だから、沖縄みたいに首里城のまわりに洋式ホテルを滅茶苦茶建てさせるような馬鹿げたことはしない。フランスはもとより、ヨーロッパの後進国であり、独裁支配下のポルトガルにしても、小さな町に行ってみると、見事な森の緑と赤系統の屋根のコントラストが映(は)えて、それを破るような色調の建物や高層建築は許されていないのです。

それはポルトガルからトルコの国境に至るヨーロッパに一般的にみられた現象でした。しかもそれは、官僚が命令してさせているのではなくて、都市共同体が中世以来、数百年かけてつくり上げてきた自主管理の伝統であり、暗黙の意志として貫徹されているもので、個人の自由、個人の私的権利にたいするきびしい制約として表現されているのです。

だから、ヨーロッパにおいて個人の権利が強いということは、同時にそれを制約する都市共同体の抑制が強いということを表現するものであって、個人の自我の主張が緊張関係をもって均衡していたからだと考えられるのです。そこにこそ、ヨーロッパにおける市民の主体性、個人の主体性が強く主張できていると感じられました。

日本のように、土地の私有権をもっていれば、その土地をどう使おうとオレの勝手だ、というような馬鹿げたことは許されない。

たとえ私有権はあっても、それは五〇パーセントどまりで、あとは公的なものに制約されます。われわれの持っている都市の環境や国土の環境は民族的な権利として、すでに死者となった祖先から、これから生まれてくる未来の世代に至るまでの共用の所有物です。そうした市民の基本権利を勝手に占有し、破壊したり、処分したりすることは許されません。

ところが、日本では、とくに戦後において、私有権があれば勝手だという観念が野放図もなく、広がってしまい、しかもそれが近代的なことで、あたかも欧米でも同じであるような錯覚が広く普及しているのです。

日本の地方文化

ヨーロッパの地方都市における文化の奥行きの深さに、彼らの悠然たる自立の姿勢を感じさせられた私ですが、それから中近東のアラブの世界、そしてアフガニスタンからパキスタンまでの非常に人口密度の粗(あら)い、広大な地域に行きますと、地方文化という概念はほとんど成立しないという印象をうけます。そこには文化の密度の粗っぽさがある。

日本の文化は枡(ます)ではかるほど緻密ですが、むこうの文化は騎馬で駆けぬけるほどの、風通しのよいものと云えるでしょう。これはアメリカもそうだと思う。アメリカでは、どこへ行っても地方文化の密度など感じさせないと思いました。

ところが、インド大陸に入ると勝手が違って、その密度の濃さを強く感じるのですから不思議です。さらに、日本は息がつまるくらい地方文化の密度の濃厚性、奥行きの深さに圧倒させられるのです。そういう視点でみると、東京とか大阪というのは経済的な富では日本の何十パーセントかを占めるでしょうが、文化の持っている多様性とか豊かさの点からみると、それほどのものでもないという感じをうけるのです。

これは日本の文化と異質な文化を外から比較したとき、私の気持に素直に入ってくる感動でした。つまり日本文化のばあいは、山口県の田舎へ行っても、宮城県の小さな町へ行っても、必ずといってよいほど郷土史を研究している老人、文人、趣味人、あるいは文学青年がいます。郷土の歴史について研究しているグループがあります。また、その村や町には、その土地に生まれ、その土地から離れず、その土地で死んでゆくようないわゆる常民――文字でこそ表現しないけれども見識があり、人間的には重い経験や威圧感をもつような人がいるのです。

そういう、自分の文化に誇りをもち、それを愛好しているグループと、その地域の人たちから尊敬をうけている人間――常民であり、その地域の〝肝煎り(きもいり)〟である人を見つけ出すことは、日本の場合どこでも非常に簡単です。そういう人たちと、旅をしながら何十人、何百人と会っていくうちに、私の心の底に澱(おり)のように沈澱してゆく底力、日本の民衆のもっている多様な期待できる力を感じさせられます。だから、外からみて日本の文化の懐(ふところ)が深いという印象は、決して、ヒイキの引き倒しではなくて、現実に日本の地方へ行って、そういう人びとを歴訪して歩くことによって、驚くほどの潜勢力というか、隠れたエネルギーを感じとることができるのです。

ただ、そういう素晴しい文化エネルギーを、燃焼させ、沸騰させ、日本の中央文化や都市文化に結びつけ、壮大な一つのものとして表現させるシステムを、私たちはまだ持っていない。それどころか、そうした民衆のエネルギーを、中央により合わせて壮大なる創造物をつくらせるというパイプづくりを阻害し、邪魔する力の方が今は都市において強いということを感じるのです。

共同体における厳しい社会訓練

そういう地方と中央、伝統と近代とを対比させながら日本の文化を総体として眺めた場合、われわれはこの百年のあいだに何を失い何を得たのだろうか、と考えざるをえません。われわれが百年前、近代化の過程に入った時、日本の社会は一体どんなものであったのか、考えてみると、江戸時代後半の社会を、社会学者は伝統型社会とよんでいるが、モンスーンアジアの水田耕作的な社会だったのではないか。人びとは一つの土地に永く住んで、何十代もつづく生命の一系の連鎖の中に自分自身を据えていた、そういう考えが基本であった。だから、そこに発生した共同体社会はそれなりに確固とした世界を形成していた。それ故、もっと直接的な社会教育をし、なされなければならなかったのです。

子供は子供組に入れられてそこの一員としての教育をうけ、若者は若者組に編入され、そこで数ヵ月の合宿訓練をうける。火の番から祭りの行事、土木工事などの共同奉仕に携わり、そこで家庭教育にはない、きびしい社会訓練を受けなければならなかったのです。ですから江戸時代までの共同体では、川や道を汚すなどはもってのほかで、朝起きると、人々はまず家の前の掃除をする。家の前に草を生やすようではその家の恥であった。ましてや鎮守の森をよごしたり、入会（いりあい）の山に入って勝手に立木を伐ったりするのも許されなかった。それらのことは、家、子供組、若者組などの社会教育機関を通して叩き込まれてきた日本人の公的道徳だったのです。日本人に公共道徳がないなどということはとんでもない話で、日本人の公共道徳は、そういう村の寄合いの平等的な決議によって拘束される形で形成されてきた。

また町には町衆があり、そういうものをきびしく統制しておりました。

近代化百年の政策の誤り

このような家族的、共同体的社会構成をもっていた日本の社会が、いつから今のような形になってしまったのか。根本は明治政府がとった近代化政策の誤りに発していたようです。近代化そのものが悪いというのではありません。より高い技術をもって自分の生活をよりよく改造してゆくことは人類の願いであり、当然ですが、ただその近代化をどのような方式でやるのか、誰が、誰のために、何を目ざしてやるのか、その様式の選択によって性格はまるで違うものになってくる。

残念ながら明治日本の上からの近代化は軍国日本の形成に急なあまり、その様式の選択を大きく誤り、その誤りが今度の敗戦で決定的に露呈したわけですから、改めて批判され、克服されねばなりません。そして、もし、日本の伝統社会の発展コースにふさわしい近代化の道が敗戦後において選ばれていたならば、おそらくこの二〇年ほどに見られた惨状は起こらなかったと思うのです。

ところが戦後、それに輪をかけるまちがいをやった。こんどは経済優先主義といい、経済的な対外膨張の貿易政策を最優先の価値として定めて、挙国一致ですすんで来ました。

そうした近代化路線の誤りとひずみが、この五、六年のあいだに一挙に噴出したわけですが、沖縄はその戦後日本が誤って失敗し、ひずみを起こしている近代化様式を、この数年、こりもしないで導入しようとしたのです。

先発した近代化の国々の利点と欠点をきちんと判定し、利点を採りながら欠点は捨ててゆくのが後発近代化国の特権であるはずでした。沖縄こそ、そうした後発近代化の例であるわけでしょうが、それが、先発近代化の国の失敗を輸をかけてくりかえすならば、その被害は二重どころではなく、加重されてあらわれてくることは当然でしょう。

そういう発想にたいして、なぜ歯止めをかけられなかったのか。それは上から押しつけた通産省をはじめとする政府機関や役人がいけないのだ、ということですむだろうか。われわれが持ってきた歴史や文化の伝統に誇りがもてるならば、これにもっと早く歯止めがかかってしかるべきだったと思います。

日本の伝統社会がもっていたエネルギーの源泉というものを、明治政府は明治二〇年代になってから、とくにヨーロッパの異質な文明の様式――つまり市民社会型の文化伝統から派生した法律制度、経済制度、行政制度をそのまま直輸入して日本社会に接ぎ木し、しかも人民の意思を汲むことなく、県知事から村長に至るまで任命制という形で上から押しつけてた、その結果、過去二千年以上つづいてきた伝統の中で培っていた多様な文化的エネルギーや、公教育の伝統とか、全員一致の処理様式とか、さまざまな民衆の底辺の力を、全国的に集約し、集中する制度をつくることなく、一方的に客体化してしまいました。こういう社会こそ本質的な官僚主義社会だと私は思います。

そういう官僚主義社会の体質は、戦後、民主主義の名で地方自治体に自治権が与えられたからといって変っただろうか。各都道府県は、ご存知のように三割自治といわれ、大部分の行政権は実際に時の政権にあった。じっさいに執行しようとすれば、財政で自治体は七割以上クビをしめられ、実際には中央官庁の前に頭を下げなくてはならないという状況にあった。沖縄が占領時代よりも、復帰したあとに、政治的、行政的バイタリティーを失ったというのが好例です、たとえば自治法をはじめ各省の関連する法律・規則がたくさんありますが、沖縄はそういう法律・規則にがんじがらめに縛られてしまったのです、沖縄が二七年間の抵抗の歴史の中で培ってきた荒々しい力も、管理社会の中に閉じこめられ、飼育され、それに対して県民はただ呆然としているというところに沖縄の今の現情が、カベがあるように思います。

直接行動によってしか壁は破れない

そのカベを破ってゆくためにはいったい何が必要かというならば、私は今の地方住民の直接行動によるほかないと考えます。そしてその直接行動とは、何も火災ビンを投げるとかというものではなく、反公害、環境保全、インフレや官僚政治への抵抗とか、広範な市民運動や文化財の保護運動とかいろいろ道があるでしょう。現に日本全国で約三、〇〇〇件の住民運動がいま過熱状態にあって、いろいろな行政機関と衝突しています。そしてまだ過熱状態にはならないけれども、その状態になるような課題をかかえる住民運動が二万件もあるといわれます。

私が住んでいる東京都下の三多摩地方でも百件以上の住民運動が過熱しております。そしてこういう運動は、一定の特徴をもっています。まず行政組織にたいする根本的な不信、既成政党や既成の民主団体、とくに労組などに対する不信感、それからセクトに対する不信感であります。それから官僚の指導や検査に対して――、たとえば大気汚染の検査などでも、そのデータを信用していません。

大気汚染の調査は自分たちの手でやらなければいけないということです。われわれの周辺の住民運動では、昔、中学校や高校で習った自然科学の勉強会を家庭の主婦たちを中心にやり直し、市役所などから検査の道具を借りてきて道路の角に机をひっぱり出し、自分たちの手で調べはじめております。

そのような運動のなかで、自治体にも責任をもった仕事をさせるわけで、自分たちにプラスしたものは革新と認め、反抗したものは反動と認めるというように価値基準をひっくりかえしながら、地方自治体に変革を迫っているのです。

こういうことをしないと、革新自治体だなんていったって、いまの「三割自治」のクモの巣の中に捕えられていたら保守党の自治体と何ら変わらない。結局は私たちが革新自治体の尻を叩き、生かしてゆくしかないのです。

だから、たとえば沖縄で、恩納村から名護を経て本部の方へ行く海岸線の素晴らしいところに、なんと道路の山側ではなく、海側に山砂利を大へんな広さでプールしていますが、こんなことは本土では見られないことでしょう。屋良県知事がどうしてあんなことを認めるのか、私は非常に驚ろきました。

私どもの三多摩では、多摩丘陵の奥の山ですが、それを爆砕して山砂利を取っている業者がいます。東京都はそれを舗装道路の七〇パーセントをまかなうのでやむを得ないというのですが、「そんな公共事業などやらなくてもよい、どうしても砂利が必要なら山を破壊せずに、鉱滓などの産業廃薬物から舗装用の原材料を技術改良してつくり出せ。それがダメなら道はデコボコ道でもがまんしよう」ということで、さかんに抗議したのですが、東京都の美濃部知事ですら私たちの要求を認めなかった。なにが革新系の都知事かです！

そこで、ここへ来る十日ほど前ですが、八王子市長、これは保守系の自民党市長ですが、これに働きかけて、ねじり鉢巻をさせ、約五千人の市民に呼びかけて山の採石場に、市長、助役を先頭にデモをかけたのです。それで対抗しました。

少なくとも砂利採取事業の認可権は知事にあるのですから、沖縄でも屋良知事が「ノー」といえば、北部のあの無茶な採石事業は即座に中止させることができるのです。なぜ、あのような所に採石場と砂利堆積場をつくらせたのか。本当にいま砂利が緊急に必要ならば、もっと山の奥の方に、集中豪雨がきても公害とか海への災害が及ばないように厳重に予防措置を講じ、沖縄全島の一ヵ所にまとめるべきでしょう。それを何十ヵ所も乱立させ、海岸べりの山を破壊させているのですから、何が革新県知事なのか、非常に幻滅を感じました。

削った山から流れた赤い土砂は海へ落ち、海草や珊瑚礁を死滅させています。ちょうど恩納の海岸で貝を取っていたおばさんたちは、なんともいいようもないひどさだ、貝もいなくなるし、魚も少なくなる、と嘆いていました。そればかりでなく、無軌道開発のために、たくさんの埋蔵文化財が破壊されたりしている。そういう事態が沖縄本島でも進行しているのです。本土ではこういうことにストップをかける運動は一九六七年ごろから始まっています。それからもう何年も経っているのです。そういうことは、どこでも、もうとっくに経験ずみかと思って来たら、沖縄で再現されていたのですから驚きました。「沖縄の文化と自然を守る十人委員会」の声明書を見ても、その危機状況はわれわれの予想をはるかにこえるようなひどさだということがわかります。これに歯止めをかけられるかどうかが、沖縄の人びとが培ってきたエネルギー、その文化の本当の底力の成否を問われる事柄ではないですか、と私は思うのです。

被抑圧の歴史経験をどう生かすか

私は、世界の中の日本、そして日本の中の沖縄というものを考えるとき、沖縄が日本全体に対して寄与し得る最も尊いものは何か、ということを考えるのですが、それは、沖縄の歴史がもった特殊な被害と被抑圧の経験からくる発想だと思うのです。

その第一は戦争の経験です。この地獄のような「沖縄戦」の体験を、貝のように押し黙って、内がわに怨念としてたたえているだけでよいはずはない。民衆が持ったこの恨み、怒り、口に出したくない激情は、もはや、敗戦後三〇年ちかくたった今日、「沖縄の心」「沖縄の思想」として表現しなくてはいけないし、事実続々と語り出されているでしょう。

次に沖縄が、島津藩の支配以来受けてきた苦しみ、「琉球処分」以来受けてきた差別と抑圧の歴史、そして最近のアメリカ軍占領下での被抑圧民族としてのそれは、本土の私たちの多くが知らない経験です。その中で、沖縄の人たちだけがやった民衆的な抵抗の苦難、これは本土の人間にも十分に理解できる言葉におきかえて、「沖縄の思想」として表現してくれなければならないと思います。

日本に欠如する絶対否定の契機

なぜ、こういうことを強調するのかといえば、日本の民族としての致命的弱点は、これまで絶対否定の歴史的な契機を持たなかったということです。それが結局天皇制を永続させた大きな原因の一つでもあると私は思います。

この国では、歴史はじまって以来つづいてきたあの家柄がいまでも続いており、それを大部分の国民が不思議と思わない。なぜこう連綿とつらなる意識が日本にだけ存続可能なのでしょうか。

たとえば歴史家の家永三郎さんが、ずっと前に「日本思想史における否定の契機」という論文を発表したことがあります。そこで家永さんは、日本には古事記、日本書紀以来明治まで、自己自身にたいする絶対否定の契機を思想史のなかで一般化した例が極めて少ない、といわれました。全然ないわけではない、たとえば末世といわれている乱世の時代に、法然や親鸞、道元という人たちが出て、絶対否定の思想を表現しました。その絶対否定の思想は、普遍的な宗教にもう一歩というところまで迫り、日本人の心に大きな哲学的深みを与えたのです。

しかし、それはやがて蓮如の時代になり、さらに江戸時代になると、いつの間にか念仏仏教にかわり、葬式仏教になり、かんじんの絶対否定の歴史的伝統は消えてしまった。そして再び大多数の人びとは相対的な多神教的な世界観のようなものの中に生きている。固有信仰の世界観がよくなかった、というのではなくて、日本人以外の、ほとんどの人種が、歴史的経験として持っている自己自身にたいする絶対否定の歴史的経験を欠如しているというところに根本の問題がある。このことは、日本人がこれから国際的な人類社会のなかで生きていく上で、不利な条件になっていると私は考えます。

このことは、日本人の思索の不徹底性、あいまい性、連綿性、そしてその連綿性（たとえば「天皇制」）から生まれた古いものに価値をおく事大主義的な感覚——そういう、世界から孤立した個性を養ってきてしまったということなのです。

日本は一九四五年の敗戦によって、初めて徹底的な敗戦を経験しました。しかし空襲による被害、——たとえば東京では一晩で十万人もの人が空襲で無差別に殺されたのですが、これを経験として、心の中に残している人は少ない。あれは関東大震災の被害に匹敵するものであったのに。いまの東京に、十万人もの市民を焼き殺した米軍に対して歯ぎしりするほどの憎しみを持ちつづけている戦災者がどれ程いるでしょうか。大地震のときと同じで、「仕方がなかった」と思っているのでしょうか。

そのような日本人の精神史の中で、絶対的な拒否をしたのは沖縄だけです。沖縄こそがその痛烈な戦争体験によって、日本の二千年の歴史のなかで一度も経験しなかったことを、最もひどい形でなめつくしたわけです。このことを本土の人たちに与えてやらなければ、本土人は二一世紀の後まで生き続けられるか疑問です。いつまでもエコノミック・アニマルか、閉鎖的で空虚な「天皇崇拝国民」として終わるだろうと思います。しかし、沖縄にはこれを質的に変える歴史的な抵抗の経験があると私は信じるのです。

マイナスの経験をプラスに転化

かつて中国では、魯迅が日本帝国主義に虐（しいた）げられた民衆の悲しみを幾つもの作品に書き、そのマイナスの経験をプラスのエネルギーに転化して、（その中で自民族の恥部ともいうべき精神の奴隷性に対する徹底的なたたかいをおこない）精神革命を遂げて新しい「人民中国」を樹立しました。そういう経験は、残念ながら本土の日本人には感じられません。それをなし得るのはこの地域（沖縄）の百万の人びとだと思います。その百万の人びとが、もしも本土人がくり返した失敗を、ここで再現して、共同体を喪失し、マイホームにもぐり込み、珊瑚礁が赤土でふさがれるように、コンクリートでふたをして、沖縄の民衆が持ってきた歴史的伝統から遊離した、砂粒のような民に転落していったなら、私たち本土の日本人は、いったいどこを原基点として自分を復元する力を見出すことができるでしょうか。

そういう点で沖縄の持っている戦争と抵抗の歴史、被抑圧の経験というのは、いまこそ大きな声で、言葉として、運動として、あるいは思想の表現として、本土の欠陥人間である私たちに伝えてくれなければならないし、ぜひ伝えて欲しいと願うのです。民衆史というのは、そういうところに生かされてはじめて、閉鎖性を打破るものになるでしょう。

いまやこの地球上の人類が一つに生きる時代であり、地方主義的閉鎖性に居直ることは、決して人類が生き残る道ではないと思います。しかし、その土地の持ってきた歴史が日本民族の二千年の歴史に貴重な宝として寄与できると考えるならば、沖縄の地方史はもっとも普遍性のあるものに発展するはずだと思うのです。

海洋性の自然と共同体的な関係

沖縄が日本に与え得るものの第二番目のものは、沖縄はこのように破壊がすすんでいるにもかかわらず、なおかつ、われわれが昭和の初めごろまでは持っていた民族文化を形成した母体である海洋性の自然生態系、（海に囲まれたやさしい自然や風土）を保持している、ということです。そしてその自然の中に抱かれて育ってきた暖かいさまざまな共同体的な人間関係が、沖縄にはまだ生きているということです。こういうものは本土ではすでに喪失しつつありますが、日本文化の復元力の大きな酵母になり、バネになりうるものと私は確信しています。

だからといって、その美しい自然をそのまま、一つも手を加えずに残せという、無理なことを言っているのではありません。また、その共同体的なものや伝統を、昔のままに維持してほしいというのでもありません。そういうことはナンセンスで、自然に古い共同体が滅びるのは当然であります。ただ、私たちは古い共同体は滅びるにまかせても、その知恵はひきついで新しい共同体をつくっていかなくてはならないのです。それは都市においてつくられるでしょうし、町においてつくられるでしょう。

その時にはすでに、地主支配とか、いわゆる階級支配とかいうものを払いのけたところで、本当にメンバーが互いに対等で平等であり、同時にそこに生きている地縁性による協力関係や愛情によって結ばれ、祖先の霊から子孫に至る生命の連鎖への責任感を持つコミュニティーに、町や、村がつくりなおされなければならないと思います。いまは、変化の激しい過密な情報化社会ですから、柳田国男が夢に描いた「常民」などというものが残り得るはずはありませんが、しかし、その新しい地域的な共同社会は、いままで持ってきた歴史的な経験と、その美風、その知恵を汲みあげ、これからも作られてゆくでしょう（たとえば、現代、「コロナ禍」で苦しんでいる世界や日本が、そのまん延を喰いとめようと努力しているとき、その努力を持続することに、もし失敗したならば、東京や大阪の二の舞いになるだけで、こういうものを那覇やコザや名護など沖縄の都市でも再現させたら、沖縄が持ってきた、いままでの悲惨な経験を、生かさなかったことになると思うのです)。

風化の状況に歯止めを

世界史的に比べてみて、日本民族の非常な欠点、島国根性、閉鎖性、そして相対的な思考方法の弱さ、そういう民族的弱点を考えてみますと、日本はいま非常に大きな試練の時に立っているように思われます。

たとえば、摩文仁（まぶに）の丘にある各都道府県の〝縄張り根性まる出し〟の慰霊塔を思い浮べる時、あれは全部沖縄に返上して、日本でもっとも貴重な戦跡の霊場にすればよい。日本人は一生に一度は、お伊勢参りには行かなくても、摩文仁にはお詣りに来るという霊場として整備してほしいと願うのです。各県の塔は解体して、その石材――日本全国から集めたというその石材で戦争記念館をつくり、そこに完璧に資料を収集、保存して、一度そこに入った人は、出口ではもう考えが変わるというくらい徹底した陳列にするべきだと私は思うのです。人民が人民みずからの歴史の史跡を、人民みずからの手で「民衆史跡」として指定し、人民みずからが自分の思想の改善に役立つような陳列の方法をとる。そういう形の戦跡博物館を、私はぜひつくってほしいと思います。

それから、いま汚染が進行している海は、かけがえのないものです。この汚染を即時ストップさせる運動もをぜひおこしてほしいと思うし、よびかけたいとも思います。そのためには、屋良知事はじめ、いまは選挙で走り回っていますが、この選挙に注(そそ)ぎこむエネルギーの半分でもよいですから、沖縄の全市町村をかけ回って、実際自分の目で見て、各市町村と膝づめて協議して、これ以上の海の汚染、珊瑚礁の破壊はくいとめるべきだと思います。そうしないと、沖縄といっても本土と変らない、なんの魅力もないところになってしまうと私は思います。

海岸それ自体の景色としては、沖縄の海岸は決して日本で最もすぐれた所ではありません。伊豆の東海岸、岩手県の陸中海岸、紀州志摩の海岸、九州の五島など多くの離島の海岸などが、はるかに美しいかも知れません。だから海岸それ自体の〝美〟を誇るならば、とくに魅力があるとはいえません。

珊瑚礁があり、熱帯魚が泳ぎ、日本ではめったに見られないルリ色の空と海があり、そして沖縄の伝統的な神々が眠る御嶽(ウタキ)や森があって、独自な伝統文化と生活様式が見られればこそ、人びとはひきつけられ、この島を訪ねて来るのです。もしもいまのような開発をそのままにして、自然を破壊し、民俗文化を野ざらしにしておいたら、いったいどうなってしまうでしょう。

しかもその開発が、沖縄経済の自立構想をもった土着産業によるものではなくて、日本の独占資本が東南アジアや西南アジアに進出する一つの足場として沖縄を利用している以上、そこで生み出される生産価値も大半は東京や首都圏に吸い上げられてゆくでしょう。そういうことがあってはよくないし、そういうことをいつまでも許しておく沖縄の人々ではないと私は信じたいのです。

そのためには、自分たちの歴史の経験を、本土からくるおびただしい情報のまえに、みすみす風化させることなく、きびしく見直し、今日の状況に歯止めができない沖縄の文化とは一体なんであったのかを見つめ、内部の弱さをみずからえぐり、分析する。そして、沖縄をもういっぺん日本から切離したところで捉え直してみる以外に、方法はないように私には思われるのです。

（本稿は一九七四年六月、那覇市民に向けての沖縄タイムス社ホールでの講演を新川明氏がテープからおこし、要約したものである）

なお、今回の掲載にあたり、色川氏による加筆のあることをお断りしておきたい。（編者・三木）

「琉球共和国」の詩と真実（基本構想）

中学生のころ、ゲーテの『ファウスト』を読んで感動した幕切れのところの、詩の一節が浮んでくる。改めて仙台の第二高等学校に入り、ドイツ人の外国語教授から、名調子の朗読を聞いた、そのドイツ語教授の声が耳を離れない。いつの日か、そのような「地上の楽園」を仰ぎたい。その夢がいま「琉球共和国」構想のそれと重なってくる。

そとでは怒濤が岩壁のふちを噛んでも、
内は天国のような楽園になっている。
海水が無理に侵入しようと、どこかに穴
　をあけようとしても、
人びとは一致協同して、
すぐさまそれを塞(ふさ)ぎに駆けつける。

そうだ、その貴重な一致協同の精神に、
おれはすべてを捧げる。
人間人智の最後の言葉は、こうだ――
「自由と生命をかちえんとするものは、
日々、新しく、
これを戦いとらねばならぬ」
だから、ここでは、子どもも、大人も年寄りも、
それぞれ危険とたたかって、すこやかな
歳月を送るのだ。
おれはそのような人間の、みごとな共同
　社会をながめながら、
自由の民と自由な土地に住みたい。
おれはかかる瞬間にむかって、
「しばし、待て、汝はそんなに美しいから」
　と叫びたい。

この最後の言葉、「Verweile（フェルバイレ） doch（ドッホ）, du（ドゥ） bist（ビスー） so schön（ゾーシェーン）!」がファウスト博士の命とひきかえになった言葉だ。

ファウストが生涯をかけて探しつづけたものは、自由な土地に自由な民が住む「小国寡民」のコミューンであったのだ。

ほんとうの民主主義は大きな国では実現しづらい。それを実現するのに沖縄はもっとも適正な規模の国である。ここで私が「くに」（国）というのは、そこに住む民の協同社会を意味するのであって、いわゆる権力機構としての国家を意味しない。それを越えた永い生命を持つものを指す。「琉球共和国」が独立してほしいという思想は、百年前の日本の自由民権家植木枝盛の著作の中にもあった。それが今ようやく実現の時を迎えて、私は心から喜びたい。

「琉球共和国」よ、古い諸国家のあやまちをくり返すな！　縦横無尽、奔放自在な民の創意性を発揮し、真に自由な土地に自由な共同社会をつくることを願う。ひろく外に向って国を開いて、この地上のにぎわいの中心になってほしい。いざという時は、われらのような政治亡命者をも受けいれ、挫折した夢物語にも耳を傾けてほしい。

琉球共和国憲法が採択されるという。それには少なくとも次の十項目はいれてほしい。

一、常備軍の廃止、その徹底としての軍備撤廃。世界に向っての平和生存権の宣言。
二、土地の共有、近い将来の国境および国家の廃止の予告。
三、一切の位階勲等、序列標示の廃止、封建的遺制の根絶。
四、各級議会、委員会の完全普通選挙。
五、基本的人権の無条件の保障、一切の差別の禁止。

六、一切の官吏の公選、人民による任免制の保障、人民の不服従権の承認。
七、裁判官の公選、検事公訴権の制限、陪審制の採用。
八、人民の学習権の保障、教育費の無償、試験入学制の廃止。
九、死刑の廃止、拷問その他残酷な刑罰の廃止。
十、言論出版集会結社の自由、表現の自由の保障。

琉球共和国はいったん土地の公有化宣言をするが、それは日本人資本家などの私有地を没収するためであって、その手続きが終り次第、その土地は公有、私有をおりまぜた各自治県の独自の利用に委せることが望ましい。中央政府には国連参加などの外交権を認めても、警察権、教育権、行財政権、司法権などは、すべて島ごとの各自治県や自治区に移管されよう。むしろ、議会は設けない方が望ましい。その代りに直接民主制の機能をはたす市民会議や市民委員会を設置して、人民の政治参加を容易にする。つまり、政治を日常化してゆくことである。

琉球共和国は教育文化立国を建前とするため、子弟の義務教育は十年とし、それが終り次第、二年間は公的な社会活動（生産や奉仕や建設事業など）に参加させる。その後、希望にしたがって各種の高等専門学校や大学への進学を認めるが、入試は行わず、一年ごとの進級試験を厳正にして学習への意欲を高めよう。教師も小学校から大学まで、三年ごとに業績審査をして怠け者は選別、除外する。

専門的な教育・研究機関の中に、とくに民族芸術大学、民俗研究所、東アジア技芸学院、および海洋総合大学と国際海洋学研究所を設置する。これは琉球弧の自然条件と歴史的特徴を活用するためのものである。国際海洋学研究所には世界中から専門の海洋学者を招く。そして海の資源の開発のために総合的な調査と研究を行なう。深海には海上都市を、浅海には海底都市を創設するため、全世界からの資本参加や技術参加を求めるのもよい。

サンゴ礁のすばらしい海を破壊することなく、ゆたかな太陽エネルギーと潮汐（ちょうせき）発電所の電力によって動かされるこれらの海洋都市は、二一世紀の〝竜宮城〟のロマンを実現するだろう。そして、その中の一つには、たとえば、人びとが全裸で暮せる原始生活空間も造り出されるし、一夫一婦制や「性」管理社会に絶望した人びとのオアシス自治区も設けられるであろう。さらに女だけの町、若者だけの都市、老人だけの村が分立されるかもしれない。琉球共和国は人類のあらゆる欲望を解放する。

日米帝国主義の巨大な軍事基地跡には、世界の科学の粋をあつめた国際難病医療センター（国際医療基地）が建設される。それは研究部門と治療部門と保健部門とに分れ、国連保健機構と連絡をとって、地球上の各分院とたえず往復できる航空機やヘリコプター基地網を設ける。たとえ、アフリカの奥地の患者であろうと、直ちにこのセンターに運ばれ、最高の治療をうけ、健康の恢復まで静養を許されるだろう。

この琉球共和国の医療基地に、各国は正規の協約をむすんで治療供託をすることもできる。また、その医療研究所は人類の要（かなめ）たる脳や難病の総合的な研究陣の中枢ともなる。これらに要する巨額な資金は、のちに述べる補償金によって十分まかなうことができる。

沖縄本島の南部戦跡は、日本国の各府県が残していった石塔群におおわれているので、これを一箇所に集め、その石材を再生して「アジア戦争博物館」の大殿堂に変えることが望ましい。これは人間の悲しい愚行と惨劇とを後世に教訓として残す資料館の役割をはたすであろう。あとは人工を加えぬ一大自然園として残すことを望みたい。これらの戦跡や史跡を俗化させている土産物店や、営利観光施設や野立看板はいっさい撤去されなくてはならない。

琉球共和国ぜんたいを一個の完璧な美術品のような「くに」たらしめよ。スイスはおろか、スウェーデンはおろか、この地上にならぶものなき最高に美しい「くに」たらしめよ。世界中の芸術家が憧れて、この「くに」に移り住みたがるような場所たらしめよ。

そのためには、まず沖縄本島の乱雑きわまりない都市の美化運動から着手しなくてはなるまい。まず、乱雑と公害の元凶たる有害なガソリンによって走る自動車交通を根本的に改める。ガソリン車の台数を大幅に制限し、さらに無炭素自動車専用道路を地下に移す。公共輸送機関としては地下鉄やモノレール・システムを利用し、今の地上道路には植樹し、花園とし、プロムナードや広場としてよみがえらせる。道ばかりではない。町並、各家のベランダ、橋、商店のウインドーなどにはすべて外に向けて花を飾らせ、都市全体を一大花園のようにする必要がある。それは沖縄なら気候的に十分可能であろう。

さらに丘や高空からの熱も消え、鉄筋ビルの屋上にはすべて琉球伝来の赤い棒瓦を葺くことを義務づける。エメラルドの海と緑の田園と都市全体の色の調和をたえず考えて計画を立て、建築や開発を指導する国土デザイン省と、その下に権限をあたえられた各都市の建築デザイン委員会が設けられなくてはならない。パリが町ごと美術館のような美しさを保っていられるのは、市民一人々々の美への関心の高さと誇りによるのみではなく、都市デザイン委員会の権限と活動にも負っているのである。

こうした総合的な美的配慮は、琉球国の国土全体にわたって求められる。それは大人に対してばかりではない。子供にも幼稚園の時代からこうした環境教育や公共の美を大切にするしつけが必要である。オランダやデンマークはこの点、一歩も二歩も進んでいる。

こういう夢を完全に実現しようとすると、最底一〇年計画の事業と大金を必要とする。私の研究所の試算によると約一、〇〇〇億ドル、日本円で約二〇兆円ほどの巨額になる。これをどうして調達するか。くわしい計算はここでは省くが、次のような方法がある。

①　日本国と米国の戦争によって犠牲にされた三〇万人の琉球人民に対する弔慰補償金四兆八〇〇〇億円。②　国土、財産破壊分の損害賠償金（資源収奪分含む）八兆四〇〇〇億円。③　軍事基地としての国土使用料総額五兆七〇〇〇億円。④　重軽傷者傷害補償並に年金給付相当に二兆円。⑤　その他諸経費約一兆円。総計二一兆九、〇〇〇万円。

前記事項に関して日本国よりすでに供与された全額一兆九、〇〇〇万円。差引琉球共和国受取権利分約二〇兆円。

これを日米両大国に請求する。日米両大国のＧＮＰの高にしてみれば、十分支払可能な額であり、道義上も支払い義務のある金額である。これがための交渉には国連や非同盟諸国などの仲介者団が必要であろうが、そのことの構想についてはまたの話にしたい。

（一九八一年）

新しい社会システムの追求を

世界史の激流の中で

ご紹介いただきました色川大吉です。皆さんのお手元に基調報告のレジュメが配布されていると思いますが、このレジュメにそって、ここに書かなかったわたしの意見などを申し上げていきたいと思います。

『新沖縄文学』のことを論ずるのに、なぜこんな世界史の枠組みの問題を持ち出すのかということですが、沖縄における民族の自立の問題、あるいは民族文化の問題というようなことは、世界の大きな流れの中で考えないと方向を誤るのではないかと思いましたので、現在の世界の状況、あるいは日本がおかれている状況についての基本的な考え方から述べさせていただき、そのあとで本誌への問題提起をしてみたいと思います。

現在、わたしたちは大きな混乱状態の中にあります。とくに一九八九年以降、世界史の大枠が非常に急激に変わりまして、今、どんな状態にあるのかについて一致した意見がない状態だと思います。なぜ、わたしたちの考え方が混乱するのか。これは大きく言って三つぐらいの歴史的な波が同時に重なりあって押し寄せてきたからではないかと思うのです。

その一つの波は、近代が終焉していくということです。近代というのは、もっと具体的にいえばフランス革命以降、地球上をおおったいわゆる「国民国家」といわれるものの時代です。これは資本主義的国民国家、社会主義的国民国家いろいろありますが、とにかく国家を中心にして人々が生活する、国家を中心にして地球上がある秩序を保つ、という時代が終わりにさしかかった。そのための国家の機能が基本的に疑われ、力が失われていくというときの、その波と重なり合うように、ちょうどまた二〇世紀が終わりにさしかかっているということです。

その二〇世紀がもたらした一番大きな問題というのは二度の世界戦争と社会主義、帝国主義といった体制の出現であったと思います。社会主義国家が二〇世紀初頭に生まれ、資本の移出に伴う帝国主義支配が二〇世紀になって地球上をおおいます。この時代の正当性がまた疑われ、体制として総崩れになる。それはソ連の解体という劇的なかたちで目の前にあらわれました。

そういった波と、さらに二〇世紀後半、わたしたちは地球の持っている受容能力（キャパシティ）をはるかに超えてしまうほどの巨大生産力を実現しました。これは新しいテクノロジーや後発諸国の経済の高度化に伴っておこってきた現象です。そういった二〇世紀後半の非常に大きな社会現象によって環境や資源の問題、難民問題などが噴き出してきたのですが、それとあわせて戦後の国際秩序を善くも悪くも維持してきた冷戦構造が解消してしまう。それにかわって国際秩序を維持するシステムが、まだ、できていない。

ですから、国民国家という国家の枠組み自体に大きな転換が迫られるという大きな波に重ねあわせて、今まで世界を二分してきた二大体制の均衡が崩れてしまい、さらにそれを支えていた正統性の観念、一般の人々が深い懐疑を持つというような時代にさしかかったわけです。しかも、地球のキャパシティをはるかに超えるような巨大生産力が実現されてしまい、それを独り占めにしている国々が、なおそれを追求し続けている反面、難民が溢れ出してしまったというのが現状です。そのトップランナーの中に、最近の日本があると思うのです。

一九六〇年、ローマで国際的な生態学者や資源学者、経済学者たちが集まり、地球全体のことをいろいろ議論して報告書にまとめました。有名なローマレポートです。そこでは、すでに人類が作りあげた近代的な生産力は地球の限度いっぱいにきていて、このまま放っておけば自分で自分の首をしめるようになるという警告がなされました。しかし、世界はその後、本格的な「高度経済成長の段階」に入っていった。日本も六〇年代以降に高度経済成長に入り、七、八〇年代には東南アジアの国々、そして現在は中国などが高度経済成長の段階に入っている。欧米諸国はもちろん以前からであります。ですから、地球全体では、一九六〇年代の数倍の生産力を持ってしまうということが、今、現実の問題となっているのです。

「国民国家」というものを、わたしがどういう意味で使っているか。国家の概念はずっと古くからありましたが、なぜ国民国家なのか。いま問題になっているフセインなどの体制も国民国家です。非常に専制的な独裁大統領制のもとですけれど、一応立憲制のたてまえを持った国家です。イラクも国民国家といわれ、基本的条件をほとんど揃えています。またスターリンの時代のソ連も形を変えた国民国家でしょう。ですから第二次世界大戦の時には、プロレタリア・インタナショナリズムの立場に立って戦争をしたのではなく、大祖国戦争つまり愛国的なソ連国家の、一国共産主義を守るというかたちで戦ったわけでしょう。またフランス、アメリカのように典型的な自由主義的な国民国家もあります。日本は変則的で、天皇制というようなものによって国民国家を形成するということを試みた国としてあるわけです。ですから、これにもいろんなパターンがあるので。今までは資本主義的な国家と社会主義的な国家というふうに非常に単純化してしか捉えておりませんでしたが、ここにきて論壇や学会などで国民国家論が急浮上してまいりました。それにはおそらく次のような意味があろうかと思うのです。

国民国家が形成されたフランス革命やアメリカ独立革命の頃は、国民という概念はきわめて解放的、進歩的なものでした。封建的な分断された制約のもとにあった人々や、有力民族の抑圧下にあった人々を解放し、そのエネルギーを引き出した概念を持っていたわけです。そういった時代を経て二百年経ち、今では国民国家というものが機能低下という麻痺をおこしている。これは国家の中に抱え込まれていたマイノリティのグループ、たとえば社会的弱者、女、子供、老人、障害者、さらに国籍を持たないエイリアンすなわち外国人や少数民族の人たちが、国家の中で現実に差別されつづけてきたにもかかわらず、これらの構成員をすべて国民であるということでまとめて一定のイデオロギー装置と国家統治装置の色とに一体化させてきたからです。それが辛くも百年、二百年の期間続いてきたというふうに考えてよいのではないか。

だいたい、国民などという概念は一八世紀以前にはなかった。これは新しく創られた概念です。たとえば国民の概念の基本的な要項は四つほどあります。一つは、法の前に国民は皆、平等だということです。あるいは国家の法というものは国民がつくるもので、国民には法を改訂する権利があるというようなことです。しかし、よく考えてみると、法の前の平等というのは、まったくの虚構であって、女性やマイノリティや社会的弱者は少しも平等な扱いを受けていない。法の主体であると言われている国民の多くは、実は支配の道具としての「法」のもとで客体化され、統治されてきた。逆立ちしているのです。社会主義の体制でも資本主義の体制でも同じようなかたちで虚構性があらわれています。ですから、こんにち国民国家の終焉をいちばん劇的に表現しているのは、抑圧されてきたエスニックグループ、民族、部族ですね。国民国家という締めつけのたががはずれたことによって、反乱をおこし、内戦を展開し、終わりなき殺し合いをやっているという状況になりました。

また国民概念には、歴史的な伝統があるから、国民だとよく言われるわけですが、伝統といっても、たとえばこの日本に古くからある歴史的伝統といわれるものは、ほとんど明治以降につくられたものです。いまの天皇制も国家儀礼も、ほとんど明治以降の産物で、江戸時代にはなかったものです。古代に似たようなものもありましたが、そこには長い長い歴史の断絶があったのです。ですから、これはほとんど近代になって、しかも天皇制国家によって、つくりだされたものでしょう。それと同じようなことが諸国民の伝統とか国民史の中に隠されていた。こういうことも今日明らかにされてきました。

また国境というのが国家の基本的な条件になっているわけですが、国境によって区画された領土というものは、すべて歴史的に分断されたり、奪われたりしたものです。日本政府が「日本民族固有の領土」といいますが、もともと固有の領土などというものはどこにも存在しないのです。長い人類史からみれば、すべての人間は移動しながら生活してきたからです。だいいち領土という観念が成立したのは中世以降です。今さら固有の領土なんていうのはナンセンスな話です。しかし、そうした議論が今までまかり通ってきた。国境を防衛するために若者が命を捧げるということが平然と行なわれていたわけです。しかし今こういったイデオロギーは崩壊に瀕しています。

また宗教的、心理的には愛国心とか、その国のカリスマを崇拝するということで国民の団結を維持しようとしてきましたが、こういったものも、通用しない状況になってきました。こうした愛国心、国家伝統、国旗、国歌、国家教育などのイデオロギー装置と、もう一方では中央集権的な国家装置、刑務所、警察、軍隊、議会、中央官僚機構や地方制度といった国家の必需品とされてきたいろんなメカニズムが、本当に国民のためのものかが、この数年間の経験でいやというほど暴露されてきたのです。まさに国民国家観によって統御されていた世界史の枠組が変わろうとしている時代になりました。

こういうことを改めてなぜ言うかというと、沖縄の自立構想などの問題を考えるときに矛盾が出てくるからです。沖縄の自立構想、独立ということがかつて言われ、今でも議論はくすぶっているのですが、沖縄が自立するとか、あるいはヤマトから独立するかという時にどういうイメージの独立や自立を考えるのかです。沖縄が国家をつくるのか、その国家というのは何なのか。すでに歴史的使命を終えた国民国家をまた、つくるつもりなのか、そこに何の意味があるのだろうか。もしそうでない、今までの国家を卒業したポスト近代の、国家の新しい組織をつくるというのであれば、いったいその中身は何かというようなことを、大きな枠組の変化との兼ね合いで問題にせざるを得ないからです。

わたしたちは資源の問題や環境、公害の問題、経済や難民の問題などもよく取り上げますが、その時にも現在おかれている状況を無視しては問題がたてられない。なぜなら、この地球のキャパシティをこえた巨大な生産力が、南北の深刻な対立を生み出していると考えているからです。経済格差だけでなく資源配分の問題や人口問題、いろいろな問題を全部含めて先進国、または中進諸国と後発諸国との間の、これ以上ひろげることはできないほどの大きな差をつくってしまっている。先進国のわずか一一、二カ国の一一億人ぐらいの人びとが、世界の富の八二％を占有しているという現状だからです。あと大部分の四〇億の人々が残されたほんのちょっぴりの富にしがみついて暮らしている。

しかもこの格差は狭まっているどころか、広がっていく一方です。そして先進国入りするということが中進国全体の目標になっている。

日本はその中で突出した国であります。経済大国といわれ非常に豊かな生活を築いた、そう世界中から羨ましがられています。その日本が今掲げている目標が、生活大国というものです。これ以上生活をどういうふうにするというのか。下水道をつくるとか道路をつくるということだけでは生活大国とはならない。結局、生活大国というのは、軍事大国にならないというための弁解ですが、それだけではなく依然としてアメリカン・ドリームといわれ富（とみ）（リッチな生活）を目標に掲げて、その社会基盤を整備するというイメージであります。

去年のブラジル会議、例の環境サミット会議でイタリアの代表が、地球をこんなに悪くしてしまったのはアメリカン・ドリームであると指摘しています。大きな家に広い庭を造って、一家に二台も三台もの車を持ち、冷暖房完備の部屋に水洗トイレ、しかもプールにテニスコート、ヨットに別荘、ゆったりとしたテラスで美人の妻とおいしい紅茶を飲む、なんてこんな生活様式をもし人類がみな要求したら、地球は一〇個あっても二〇個あっても足りないのです。ところが、ごく少数の国家は依然としてそういう生活スタイルを望み、それを目標に掲げた政策をとっている。そういう国々が環境問題などと大きな声で騒いでいるわけですが、その矛盾をブラジル会議が指摘しました。

国民国家が終焉する、あるいは国民国家の擬制というか、虚構が崩れだした。誰の目にも明らかなように。それが虚構であったということが明らかになっているというとき、もしそれがそのままの自然なかたちで進行すれば、国家は世界的に解体していくはずなのです。ところが今申したような南北の経済格差の構造、それから地球における富の配分の構造が、図Ⅰに示したように厳然と存在している限りは、たとえば難民や労働移民の流入を食い止めるための武力がどうしても必要だ。そのためには古びた国家であっても、時代逆行であっても、とりあえずこの国家を楯にとって、先進国中心の秩序を維持しようとしている現実があります。

後進国と言われている国々、今三四億人という数字があがっていますが、実際には四〇億人近いでしょうけど、人口爆発をおこしているのはこの三四億の方なんです。先進国の方は人口がどんどん減っていますから、このバランスがますます悪くなっていくでしょう。中国に対して、わたしたちは人権侵害がひどいというような批判をよくします。わたしが中国に行ったときにその話をしたら、幹部の人が「話はよくわかった。では学生やジャーナリスト、リベラリストの要求を全部受け入れて、資本主義的な解放をしてみましょう。そうしたらどういうことになるか。中国の経済力はまだ非常に低い。人口は一三億に近づいている。これを全部解放すると、貧富の格差は天文学的数字になる。そして食えなくなった難民は、四億や五億を超えるだろう。一億人くらいは、十万隻くらいのボートや筏に乗って日本に流れつくかもしれない。そうなった場合あなたたちの国は引き受けてくれますか」というわけです。

冗談でそういうことを言ったのでしょうが、それが凄味のある話として聞こえるほど、この構造の危機は深刻であるように思います。そういう構造の中に位置している日本であり、沖縄である。そして今

図Ⅰ.

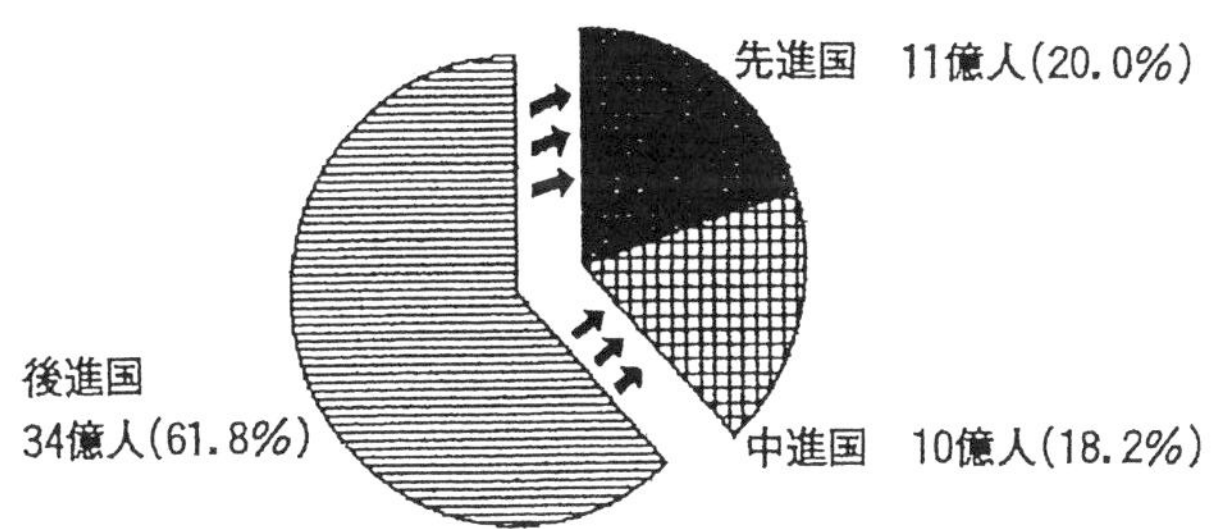

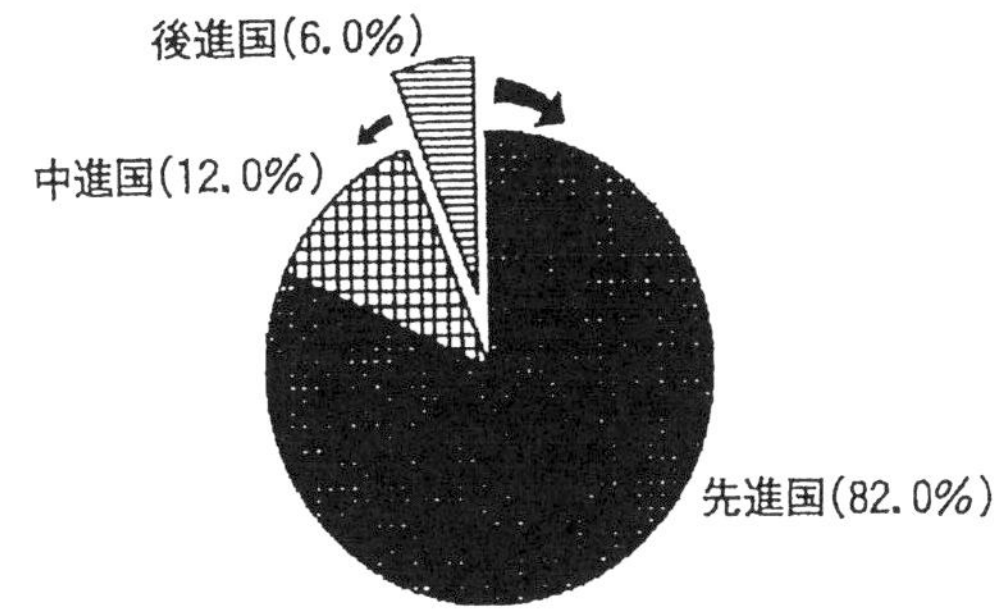

ブラジルでの地球サミット(1992年)におけるカナダ及びイタリア代表の指摘

わたしたちが目標にしている豊かな生活の実現ということが、そういう構造の状況下にあるということを基本に据えないと、枝葉の細かい議論に足もとをさらわれてしまうのではないかと考えているわけです。

『新沖縄文学』への提言

さて『新沖縄文学』は、わたしたちが言うまでもなく先駆的な業績を残し、すばらしい問題提起をし続けてきたわけですが、本土に住んでいて日本近代史あるいは沖縄の歴史に関心を持っているわたしの目から、どういう疑問や違和感を感じるかを次に申しあげてみたいと思います。

まず去年の一一月から一二月にかけて、日本本土においては沖縄ブームと言われるものがおこりつつあります。とくに『琉球の風』という大河ドラマが始まって、ますます沖縄に対して観光的な関心、文化、風俗的な関心が高まってきました。『琉球新報』や『沖縄タイムス』の紙面に、復元された首里城のイベントが一面全部どころか、数日間ぶっ続けで連載されているのを見てびっくりしました。いったい沖縄の人たちのこのフィーバーは本物なのだろうか、中国の紫禁城をまねた首里城を復元することが沖縄の人々のどんなアイデンティティを示すことなのだろうか、と。

わたしたちは天皇制とずっと闘ってきたのですが、たとえば皇居が丸焼けになったからといってどうってことはない。今さら復元する必要もないというでしょう。たとえば韓国がかつて李王朝によって日本に売りとばされましたが、その時以来、植民地下の民衆は李王朝を朝鮮民族の統一体とは考えなくなっています。では尚氏の王朝というのはいったい何だったのか。復元された首里城は確かにきらびやかだし沖縄的な美しいものがあるわけですが、基本的には中華文明の沖縄的表現ではないのか。そういうものを沖縄のアイデンティティとしてみて、慶祝の行事で自己陶酔するというのは、おかしいのではないか。ちょっと激しい言葉で言いますけれども、第二尚氏であろうと何であろうと、あの権力者たちが沖縄の民衆に何をしたのか、決定的な時に何をし、何をしなかったのか。こういったことは、たとえば沖縄が当時はヤマトに従属的な状況にあったというのを計算に入れても、甘く評価すべきではないのではないかと思います。こういう問題については、ぜひ琉球王朝と明や清の帝国との関係、ヤマトとの権力との関係を踏まえて、議論を深めていただきたい。具体的には首里城の問題をめぐってやっていただきたいと思います。

それから次に、沖縄自立論という問題に対する根深い願望があります。わたしなどもそう望んでいます。わたしは沖縄は独立した方がいいと思っていたし、自立すればいいと思っていたのですが、今度の『新沖縄文学』に対する定期購読者や執筆者のアンケートを見たら、抜群に評価の高い点が入っているのは、「琉球共和国へのかけ橋」（四八号）という特集号だったと思います。わたしもあの号を見たときに、これはずいぶん昔の話ですけれども、強い刺激を受けました。この中で二つの憲法草案が提起されています。「琉球共和社会憲法私（試）案」では、既存の権力装置ではない新しいシステムをつくるのだ、そのシステムは次のような原則に立つべきだとして、驚くべき提案をしていました。その私案前文には、新憲法を持った日本には一時幻想を持ったけれども、やはり絶望した、いまヤマトとは、はっきりと決別する、というところから始まっているのです。そして掲げられている新しい社会システムの国家にかわる原理というのは、あの頃、目のさめるような問題提起でした。

それはヤマトの知識人にも衝撃を与えたと思います。その後しばらくしてから、そんなことは架空の議論だ、幻想だというような雰囲気も出てきましたが、しかし、あの問題提起は、「全世界的に国民国家の時代が終わる」という、今、歴史の枠組が大きく変換する時代だからこそ、新しい課題として再論できると思いました。その後「沖縄自治体構想」というのも発表されました。これは地域主義の立場から玉野井芳郎さんなどが提起されましたが、そういうものも含めて、人類はどういう新しい社会システムをこれから求めていくのか、求めなくてはいけないのか、ということに対する問題提起だと思います。それもないと思想的な方向を見失って、あのユーゴの内戦のような、とめどない民族紛争になってゆくと思いました。

民族主義が、歴史的な遺産であって既に後退したものであるということは明らかですけれども、現実には抑圧されてきた人たちは一度は自分たち自身の社会をつくりたいのです。その社会をどのようにつくったらいいのかわからないので、古い国民国家のような形のものを真似てみる。そうするとまたその国を構成している少数民族を、今まで差別されてきた当人たちが逆差別する。抑圧がたえまなしに再生産されるという悪循環を感じます。実際にユーゴが今示しているような。そういうことに対して、新しいエスニックグループはどういうシステムを持つことがもっとも賢明なのか、という提案を沖縄あたりからなされていいし、またなしうる力を持っているのではないかと思ったのです。

それから日本は江戸時代、封建制の時代、天皇制国家の時代を通して非常に強力な父系社会、男性原理を中心にした社会であったわけですが、それに対して沖縄は違うという言い方があります。これは日本の民俗学者、言語学者の間に多い意見ですが、一部沖縄の方にもそういうことを強調される人がいます。

しかし今、この七〇年代から始まった世界的なフェミニズムの流れの中で、そういった考え方に対する洗い直しが行われています。沖縄でもフェミニズムの流れがあらわれてきた。この時いろんな難問にぶつかっている。外からきた女性史研究者とか民俗学者が、外側の基準で沖縄における女性問題、民衆の女性観を切っていくのは簡単です。近代の原理で人権がどうだというのは簡単だが、沖縄には沖縄の長い信仰体系があり共同体生活があり独自の家組織がある。そういうものを生み出した過程の中で、民衆がどのようにしてあのような女性観を持つようになったかの解析がどうしても必要だとわたしは思います。本土から来たいろいろな人びとの提案、これはラフなものから厳しい批判まで出ているわけですから、そういうものを本誌でも受けとめて論戦を張ってみたらどうかと思います。

それから沖縄文化のアイデンティティを言う場合、もう言語的にはほとんどヤマトの言葉を使うようになってしまって、境をたてにくい状態だ思うのです。そこで、消去法で消していくと、残るものは沖縄の祝祭である〝音楽〟とか〝舞踊〟、〝美術〟だということになっていく。実際はそうでもないとわたしは思うのだけれども、現象面でいうとそういうことになる。その沖縄の芸能文化を位置づける、これまではヤマトとの関係、中国との関係というふうに極限された視点からなされてきていたわけですが、それをもっと広くアジア文化圏の中で見直してみてはどうか。その場合、今まで権威であるところの伊波普猷(いはふゆう)、折口信夫や柳田国男などの学説やそれを継承した学者たちの権威に、大胆な疑いの念を提起して挑戦することが必要なのではないか。日琉同祖論という議論が一時はやった。それに反論するアカデミックな研究は当然でてくるわけですし、そういったものについても、徹底的に再検討する必要があるだろうと思うのです。

わたしは一昨年、久高島のイザイホーの直後に、久高島に渡って古老たちから話を聞いたりしました。久高島のイザイホーは、沖縄が今までもっとも古代の神事として誇りにしていたものの一つですが、それがまったく実施できないという現状はどういうことか。村の過疎化現象によってナンチュがいなくなった、ただそれだけのことか、と思っていたらそんな単純なことではないのですね。久高島全体が開発庁の振興計画とか、あるいは県庁を通してなされている離島振興政策によって、構造的に神祭りができないように変えられつつある。もうほとんど神祭りなどができないだろうと思われるくらい生活構造や経済関係や神域までがおし潰されかかっている、そういう現状です。その一つの象徴として神人（かみんちゅ）の不在がある。そういう状況がおきてきているので、兼ね合わせて検討すべきではないのかと思います。

第二にどうしても本島中心の文化論になりがちです。この琉球弧には二百いくつかの島々があるのですから、その島々で暮らしている人々、またその島々が継承してきた民俗的な記録を、社会問題論、文化論としても、もっと積極的に雑誌で取り上げていったらどうだろうか。今あちこちの島を回って、その土地の古老や博物館に勤めている人や漁をしている人から話を聞きますと、これまで全く知らないようなすばらしい話が口承伝承（くしょうでんしょう）として存在しています。その口承伝承を持っている人々はだいたい高齢の方ですから、ここ十年くらいで亡くなってゆくだろう。それは非常に残念なことです。そういう話をぜひ聞き書きというかたちででも残しておいてもらいたい。そしてそれを通して、知識人の目では捉えられない沖縄の底辺民衆の文化意識や歴史感覚、貴重な体験の蓄積を、雑誌の誌面に反映して貰えないかと思います。

もちろん糸満を特集した号もありました。しかしあれは論が多かったですね。糸満の漁民が実際どこまで、どういうふうにして出かけていけたのか、その技術は何だったのか、その時の生き残りの古い漁民はどんなことを語っていたのか、などの具体的な話がほとんど出てこない。論も非常に大切だと思いますが、そういう事実がもっとほしいのです。

沖縄の現場で実際に暮らしている人たち、基地の周辺のホステスさんの叫びなども掬(すく)いあげられないだろうか。あるいは基地労働者だけでなく、沖縄の主要な現場である建設労働者、最近でしたらリゾート関係の下働きをしている人たちも多勢いるわけですから、そういった人たちの意識、ナマの声というものも何らかの形で取り上げられないものか。そうしたことによって沖縄の文化の上層におられる方々、専門的な芸術家、作家、理論家の足元を固めるというか豊かにする、そういうことも雑誌に期待したいと思うのです。

時間がもう二分ぐらいしかないので最後に言いますが、わたしは激動の時代を生きた方々に自分のライフ・ヒストリーを書いてほしいと問題提起した人間です。実際、それにこたえてわたしの手元には、本当に鉛筆も握ったことのないような方々の自分史(ライフ・ヒストリー)がたくさん寄せられてきました。沖縄はそういう意味では、めったに経験できない苦しい歴史をこの一世紀近くの間、味わってきました。だからそこに住んでおられる方々、これは何も年寄りだけでなく四、五〇代の方々も、いろいろな経験をしているはずです。それがごく少数の論文のような形でしか残らずに消えていくのはいかにも残念です。

ぜひ本誌で呼びかけをして、そういった自分史的なドキュメントがどういう意味を持つか、そういう動きがすでにどこにあらわれているのか、その場合の方法や理論はどのようなものであるのかを特集していただきたい。幸いここには上間常道さんという自分史の理論家がいるので、ぜひそれをやって貰いたい。

その他たくさん提案したいことがありますが、もう時間がないので、このあとのシンポジウムの中で指摘させていただきたいと思います。非常に乱暴な発言でしたが、わたしの問題提起は、これで終わらせていただきます。

（一九九二年）

相対化の哲学を生きる——中野好夫と沖縄——

対談　色川大吉
新川　明

＊＊　中野好夫と沖縄をめぐって　＊＊

この対談は『新沖縄文学』（一九八五年六月号）に載った「中野好夫と沖縄」追悼の一部である。当時、新川明さんは沖縄タイムスの東京支社長であったので、私とは東京でしばしば会ったと思う。彼とのつきあいは、沖縄復帰が実現した一九七二年から始まる。私が沖縄を訪問し、当時、沖縄タイムス社の編集局におられた新川さんに歓待された。そのときは南部の戦跡まで案内していただいた。

また一九七八年一二月、久高島でイザイホウの祭祀が行われたとき、石牟礼道子さんを同伴していた私たちのために舟を用意し、島まで送り迎えしてくれたのも新川さんであった。実はこの年、彼が八重山諸島の支局長をしていたときの見聞記を一冊にまとめた『新南島風土記』（一九七八年、大和書房）を毎日出版文化賞に私が推薦したゆえんである。

その受賞祝いの会が東京の料亭で開かれたとき、中野好夫さんも出席された。私は敗戦直後の学生時代から中野さんを知っていたし、教室で直接講義を聞いたこともある。どこかに彼のことを書いたこともある。中野さんは私を見るなり「君が色川クンか」と言われた（このときと同じそっくりの言葉を桑原武夫さんからも言われた、妙な感じがした）。

新川さんは琉球大学の国文科を中退して沖縄タイムス社に入社したが、その言説に過激なところがあるとして、八重山支局に「島流しにされた」という伝聞もある。なるほど、新川明には『反国家の兇区』（一九七一年）とか『異族と天皇の国家』（一九七三年）などという痛烈な著書がある。琉球民族独立論を発起した一人でもある。

この人が後にこの新聞社（沖縄タイムス社）の社長、会長にまでなるのだから、沖縄というのは面白い所だ。

歴史家としての側面

新川　色川さんが最初に中野好夫さんとお会いになったのはいつ頃ですか。

色川　私が東京大学の文学部に入ったのが戦争中の昭和一八年で、その時に中野さんは英文学の先生でした。たまに教室に出ると、例の辛辣な口調で、ポーやモーム、シェークスピアの話などをしていましたね。

文学部は当時、日本史が平泉澄教授の影響で皇国主義史観のすごい所でしたね。ただ、中野さんに直接話を聞いたことはありませんが、戦争にたいしては肯定的なことを、かけらも言わない人でした。「これから軍隊へ行ってきます」、と挨拶に行った時、一生懸命やってこいとか、いう教授もいましたが、中野さんは何もおっしゃらなかったですね。復員して帰ってきてから『はるかなる山河に』という東大戦没学生の手記が編集され、その出版祝賀会が大教室で行われました。中野さんやフランス文学の渡辺一夫さんも登壇して、復員した学生の前で自己批判めいた話をされました。

私はあの時、中野さんが突然テーブルに手をついて、「自分は戦争中、何もしないでいて、皆に申し訳ない」と真剣に謝罪したように記憶していたのですが、それが渡辺一夫さんだったのか、今では確かめようもありません。その時は、教授陣の戦犯追究がひとまず終わった後で、中野さんは「自分の後半生を平和と人権のために捧げる」ことを誓う、と言われて去ったのです。私は、その直後中野さんが大学を辞め、余生をアカデミズムじゃなく市民運動で活躍なさっているということを見て、あの時学生に約束したことを実行しているのだなと思いました。

新川　色川さんも市民運動との関わりはいろいろあったわけですが、そのあたりで中野さんとの接触はなかったんですか。

色川　直接、身近で指導されたことはありません。だが、美濃部都知事三選の時や、無党派連合を作られた時など、タレント議員がねじくれてどうにもならない場合には、中野さんのところに皆が駆け込みました。するとその場では、プンプン怒るんですが、会議の席上では、寛容になられて、キチッと双方をまとめてしまうんですね。そういう力量を敬意をこめて私は見ていました。

ところで、「安保」のころ、なぜ中野さんは「沖縄資料センター」を作ろうと考えたのでしょう？

当時、沖縄問題のデータがほとんどなかったことや、ジャーナリスティックな報道しかなかったからですか。

新川　直接のきっかけは、一九五九年に沖縄で米軍の法律、刑法改正問題があり、その改正反対運動が起きたんです。東京の沖縄県人会の人たちがそれの反対運動に取り組んで、中野さんに署名を頂きに行ったらしいです。そこでいろいろ質問されたら、ただ改悪されるんだとしか相手は説明できない。「そういうことじゃ説得力がない。今後、沖縄の問題はいろいろ起きてくるだろうし、そういう形では取り組みができない」からということで、東京にも、そういう場合、すぐ適切な資料を調べられるような場所が欲しいと、力説されたんですが、なかなかできない。しかたない、それならということで私財を投じて「沖縄資料センター」を作られた、と聞いています。

色川　その根底には中野さんの実証主義があるんでしょうね。常々おれは野人だといいながら、普通のアカデミズムの学者より厳密性をあらゆる面で通した人ですよね。普通、アカデミズムの学者は自分の専門は厳密なんですが後は極めていい加減ですから（笑）。

新川　久野収さんの書いたものを読んでいると、中野さんの場合、「事実をして歴史を語らしめる」ところがあって、そういう作業を緻密にやっていた。そういった資質は、本当の意味での歴史家だと書いていました。そういった中野さんの資質が、市民運動に関わるときの言動にも表れていると言っているんですが、色川さんも市民運動に深く関わりがあって、共通するところがあるなと感じていたんです。

専門の立場から言えば中野さんは英文学者ですが、歴史学者としての色川さんから見て、「歴史家としての中野好夫の側面」は、感じられますか。

色川　非常に強く感じましたね。中野さんのは文芸評論的な英文学じゃないんですね。人物の出自から始まって性格形成や作品の背景を克明に分析しながらかなり辛辣な批判をしたり、また時代と関連づけて、よくもこう読みとったものだという評価をする。その辺の作法を見て、この人は西洋史も相当やった人だなという印象を受けました。

たとえば、西洋史の古典中の古典、ギボンの『ローマ帝国衰亡史』だとか、ブルクハルトの『ルネッサンスの文化』とか、古典的大著を読んでいらっしゃるのですね。シェークスピアにしても一五、六世紀のイギリスの時代背景の歴史を実によくつかんでおられた。その辺が他の人の追随を許さなかった強みだったのではないかと思います。英文学者がそういうものを訳すというのは、歴史家の資質ですね。厖大な資料を駆使した大著ですからね。それに取り組もうという意気込みは単なる文学者のものじゃない。『徳富蘆花』を書くにしても、何のためにやるかということをきちんと把握しておられましたね。

新川　沖縄の問題でも歴史時間を非常に長い射程で考えるんですね。もちろん現実の目の前の細かいいろんな矛盾やイカサマ性についても仮借しないし、自身に対しても厳しい。一方、瑣末なところでガチャガチャしているものについては、もう一つ高いところから全部のみこんだ上で、調停に当たるという、ふところの深さみたいなものがあったような気がしますね。

色川　その辺が学者を超えた世界でしょうね。それは東京都知事選の例にも見られましたね。中野さんには哲学があったと思うのです。それが市民運動のリーダーとしてのバックボーンだったんじゃないですか。

その哲学とは、はっきり言ってしまえば、次のようにまとめられようか。思想、信念、信仰などは、すべてそれぞれの立場にたった人間ならびに人間集団が、自己精神の救済のために作りだした一つの幻想体系で、それはすべて相対的なものなのだと考える。なるほど自分は資本主義社会というものを必ず滅びると思ってはいる。歴史上にいつまでも続くものなどなに一つありはしない、やがて社会主義的なものに変わるだろう。しかし、今の社会主義も相対的なもので、必ず修正されていく。マルクスが言うような無階級社会とかすべてが人間らしくなる社会というのは、幻想だろう。それは人間の持っている業の深さが二千年や五千年で変わるものではないということを、自分は長いこと人間を研究してきて知っているからだ。だからそういう考え方に自分は従わない。

　理想を大上段にふりかざして、現実はこうあらねばならないという生き方には同調しない。そういう意味では、無神論的相対主義者かもしれない、と言うんですね。

　さらに、しかし、人間の歴史は共通した相互理解を持っていて、つまらん対立や誤解を超えて、大きな一致の方向へ向かって進んでいるんだ。究極的にそれが「地上天国」になりはしないが、進んでいることを信じよう。そのためには、みんなが共同の力を振るわなくてはならない。その時にいちばん大事なのは、自分が尊重されたいなら、他者をも尊重しなければならない。人間は所詮、そういう存在だ。最高の美徳というのは、寛容じゃないか、というようなことをおっしゃっていたんですよ。

　その寛容というのを、政策的な寛容なんじゃなくて哲学的信念として持っていたんでしょうね。そういうものをどこで身につけられたのか。中野さんのご家庭は確かクリスチャンでしたね。一時、入信していたからか、お母さんが儒教道徳の厳しい人で、その感化からか、それとも中野さんが大学を出た頃は非常に就職難で、希望するところに就職できなかった。大失業時代、昭和恐慌、大陸侵略の中でさんざん人間不信を味わって、その上で、自分に問いつめて打ち立てた哲学だったのか。その経緯は中野さんの口からは直接語られなかったと思うんですけれど。あの人の思想や行動の芯になっていたんでしょうね。こういう人は、失ってみてはじめて大きさが分かる。ああいう誠実さをもって、対立するものを説得する力を持った人材は、日本ではいなくなってしまったし……。

新川　そうですね。

復帰後に自己批判

色川　沖縄問題にもずいぶん関わり一般の人とか本土のマスコミに対して大きな影響力を持ったんじゃないかと思うんですけどね。

新川　『沖縄問題二十年』（岩波書店）の序文に書いてあるように、中野さんが沖縄問題に直接的に関わるのは一九五四年、東京の沖縄学生会が『祖国なき沖縄』という沖縄の実情を訴える本を作る時に、乞われてその序文を書いたのが最初なんです。

色川　ちょうど大学を辞められた次の年ですね。

新川　そうです。また、『沖縄問題二十年』のあとがきでも、沖縄人が復帰を望む気持ちがある以上は、本土にいる人間として、なんとしてもお手伝いしなければいけないという形で、ずっと関わりを持ってこられたんですね。

そういう形で本も書いたし、主席公選問題でも具体的に沖縄まで来て、選挙の応援までしているし、また新聞雑誌等々を通じて、沖縄問題を訴えている。それは中野さんの人間的な誠実さみたいなものですね。戦争への責任と反省みたいなものがその原点にあると思います。

色川　中野さんは一九五三年に東京大学の教授を辞めてから五六年ぐらいまで、雑誌『平和』の編集長をやっていて、その中で沖縄問題を取り上げているんですね。五六年に、確か島ぐるみの高揚した土地闘争が起こるでしょう。

「沖縄資料センター」の設置は、唐突なことではなくて、かなり前からのそういうものがあったんでしょうね。

新川　ええ。また、取り組む以上はちゃんとした裏づけをひとつひとつ確かめながら取り組まなければいけない、という考え方に立って、そのための資料の整備を自分で実践されたんですね。

色川　『新沖縄文学』（臨時増刊号、総特集70年沖縄の潮流、一九六九年）で新川さんや川満信一さんらの「安保と沖縄」という対談に、祖国とはなにかとか復帰とは何かという復帰に対する懐疑が出されていますが、その復帰の問題もかなり中野さんがとりあげているんですが……。

新川　その前から中野さんは私たちの主張に理解を持っておられたんですが、しかし、考え方は違っていました。私たちの場合は、返還がすでに沖縄の望む方向でない以上、拒否すべきだと主張してきたんですが、中野さんは、取れるべき物は全部取っておいていいんじゃないかという立場でしたからね。

でも、復帰の後に、中野さんはそれについて一種の自己批判をしています。日本政府は沖縄に一定の自治権を与える形のものを準備するんじゃないかという一種の期待感があったけれども、この点甘かった、というような形で。しかし、「反復帰論」の主張や運動に非常に関心を寄せていただき、個人的にも励ましをずっといただいていたんです。

色川　そうでしょうね。その頃（六八年頃）私たちも沖縄問題を意識していて、雑誌『世界』なんかにもたびたび特集号が出たりしていましたが、今言われたような発想は本土のジャーナリズムにはほとんど出ていなかったですからね。

『沖縄七〇年前後』の結びに書いてあるあたりは大変重要なところで、展望を述べられているんですが、それを見て改めて感銘しました。復帰を二年後に控えて流動していた当時の沖縄の、その複雑な状況の中で、自分と違う意見をもかなりリアルに紹介しているんです。

たとえば、本土なみ復帰ということに対して、漠然とした不安が広範囲に起こっている。「安保」を持った復帰は絶対阻止するという復帰反対の意見も強く出ている。これは「自立」の方向を目指しているものだとそのいくつもの流れを整理しているんです。

しかし、自分はどれを取るなんていわない。ただ、これらの問題、非常に鋭い問題は実は本土の革新の運動や本土でやられている対沖縄運動の根本的な弱点を衝いているものだった。そのことに本土では誰も気がついていないと。だから、問題は沖縄におけるこういった諸論点と本土で行われている沖縄返還運動の間の大きなズレ（差異）をきちんと認識することが先決だと、本土の読者に向けて呼びかけていたんですね。

そういう筆法を取って、中野さんは日本本土革新の中にある構造的な認識の欠点を剔出（てきしゅつ）していった。つまり差別を言っても、それはいわれなき差別というような言い方であって、すこしも原構造的な差別の問題だと捉えていない。そういうことが根底にあるから、例えば二・四ゼネストの場合に総評の連中が、ああいう思いあがったことをやったんだ、と書いているんですね。これは極めて運動論的な行き方なんですよね。

こういった識見は、中野さんの〝大局を捉えて小局を押さえる〟という弁証法によるものなんだろうと思うのです。非常に的確にその時の状況を押さえている。目配りが周到だということを感じさせますね。なまなかの打ち込み方ではなかったと思うんです。

われわれが水俣の問題や韓国問題を発言するにしても目配りの利いた的確な全体状況の抑え方ができるかというと、難しい。それと同じように沖縄の問題を創造的な方向へ転回させるというのは非常に難しかっただろうと思うんですよ。

中野さんの文章には読んでいて、当時の本土の運動家たちが持っていた沖縄に対するコンプレックスも、へんな謙虚さや傲慢さもない。対等に言うべきことはビシビシ言っている。それは今まで調査してきたことによる信念に立っていたからだろうと思います。

新川　そうですね。それに復帰の後、自分の甘さを率直に自己批判され、更にそれを書くのはなかなか出来ることではないと思いましたね。それには感銘も受けました。

色川　それはいつごろなんですか。

新川　一九八〇年です。「不満ながらせめて沖縄側が日本国憲法下に入るよう、むしろこの際はある点を忍んでも実現させるべきじゃないのかと申しました。〝奪(と)れるものなら何でも奪っておけ〟ということです。そしてそれにはこんな考え方も背景にありました。つまり、これまでは終始トカゲの尻尾切りばかりしてきた本土日本ではありますが、せめて今度こそは罪障消滅とでもいうか、ある程度沖縄に対し特別の自治権、自主権を認める配慮ぐらいはするのではないかという、まことに甘い考えがあったのです。が、さて帰ってみると、結果は完全に私の見当違い。完全に私の負けでした」（『新沖縄文学』四四号、一九八〇年）という言い方をしています。

似たようなことは別な場所でも確か書かれたことがあったと思いますけどね。当時の復帰運動は、心情論的なものが非常にアピールされ、運動にもそれが大きな比重を占めていました。中野さんは一貫してそのことを警告していましたね。ただ、中野さんは自分から、沖縄は日本に帰るべきだということは言いませんでした。

中野さんにとってみれば、沖縄は歴史的にも日本から随分いじめられてきたので、よもや日本に帰ろうなんて沖縄の人たちが考えるとは夢にも思わなかったと言っています。ところが沖縄の人たちが、熱烈に帰りたいというのを知ってびっくりし、もし沖縄の人たちがそれほどの気持ちであるならば、本土の人間として、なんとしてでもお手伝いしよう、ということで関わってきたわけでしょう。

そういう立場で沖縄と関わってきたことが、しかし、もう一方で復帰でもなく現状肯定でもない、いわゆる沖縄の独立的な方向を探る動きにもなったのでしょうが、中野さん自身はそれには何もおっしゃらなかったですね。そういう動きが、沖縄人の声として出てこなかった点もあって、中野さんの発言は当然、復帰を前提にした発言にほぼ限定されていたんですね。

色川　その辺が本土の人間としての節度みたいなものだったかもしれませんね。

新川　ええ、それを非常に守っていましたね。だから自分の方から、ああしろ、こうしろというようなことは一切言わない。それは沖縄の人たちが、自ら考え、決めることであるし、自分はそれに手伝いができれば、それが自分の分限だという形の節度がありました。

見事な戦闘的市民

色川　米軍の重爆撃機B52に対する抗議闘争のときに、総評の連中がオルグを出して二・四ストを途中で分裂させたことに対する批判は痛烈でしたね。

ところで、屋良（やら）主席についてはどうだったんですか。選挙応援にも一生懸命でしたが、屋良さんはすぐ問題にぶつかったわけですね。六八年に当選すると全軍労のストが始まるし二・四ストもあるしで。そういう時の屋良さんの態度に批判めいたことは言わなかったですか。

新川　いえ、直接的に屋良さんについて批判したということは聞かないですね。

色川　間に入って大変、苦悩されたというのは分かるわけですけど……。

新川　中野さんの考えでは、主席公選は沖縄の大きな前進であるという形で捉えられていたわけですから、積極的に応援したわけです。その後、二・四ゼネストの中止、CTSの誘致とか開発問題といろんな難問が出てくる。それで屋良政権の革新性についての幻想がだんだん薄れていく。その辺を私たちは指摘して批判をつよめていたんですが、中野さんにとっては、革新知事をあの状況の中で守るのは大切なことだという考えがあったようです。

二・四ゼネストの挫折は、沖縄闘争の大きな敗北で、そこから闘争が大きく転換していくんですね。その辺の状況認識も中野さんとは捉え方が違っていました。

色川　中野さんと沖縄の関係を追っていくと七二、三年ぐらいまでに沖縄問題のある波頭があらわれ、本土との接点の問題が両方から出てくるという歴史的な意味があったと思うんです。そういうことを成し得た文化人が日本にどれだけいたかと考えてみたんです。明治の場合はまだ文化人として分離していませんから大正期以降を見ますと、吉野作造がそれに該当する。

吉野作造は、東大教授の現職のまま世論をリードしてデモクラシー運動をやり、右翼とも対決していった人ですが、六〇代になると閉じ籠もって「明治文化研究会」や自由民権運動の掘り起こしの方へしぼんでいくんですね。ところが中野さんはどっちかというと六〇代に馬力をかけた人ですよね。五〇代は国内で発言し、六〇代には非常にスケールが大きくなって、憲法問題から韓国問題、沖縄問題それから核の問題というふうに大きなスケールでがんばってゆくわけです。

また、河上肇みたいに晩年を運動に賭けた人もいますが、中野さんのように関心をアジア全体の問題に拡げて、自分の生命を燃焼しきるというふうなことはできなかった。

戦後で該当する人がいたかというと、清水幾太郎は途中で転向したし、羽仁(はに)五郎もがんばったけど、彼はひとりのアリストクラート（貴族）の論客で、ひとつの現実問題に執念深く関わり合うということはなかった。問題の解決のために終始一貫して世論を動かすところまで持っていくということを羽仁さんはやっていない。

一世代若いところでは、日高六郎とか加藤周一さんがいますけど、まあ日高六郎さんなんかはこれからでしょうね。大きな意味でいって保守と革新、中道と革新、そういったまったく処置に困るような対立する異物を、一つの運動の方向に調整しながらまとめていく。そういう大きな影響力を及ぼして、しかも十年ぐらいの単位で持続させる力を持ったいわゆる文化人は、ちょっと中野さんを措いて今まではいませんね。

　こういう人物は、日本の近現代史の、特に戦後の自由度をあらわしていると思うのです。こういう人間は、明治には出にくかったし、大正期はいやおうなしに弾圧されていますし。その意味で中野さんは、見事な戦後的市民だったという感じを持つんですけどね。

　終りには中野さんのところは、「駆け込み寺」みたいになった。革新運動が分裂しそうになるといつも中野さんのところへ駆け込む。他に駆け込むところはなかったのかとずいぶん捜したけど、ないんですね（笑）。

　そういう意味では、本土と沖縄の鎹（かすがい）だけでなく、本土の中での市民運動のかすがいだった人を亡くした、大きな損失だと思います。

新川　中野さんが亡くなったことを聞いて、なにか「一つの時代が終わった」という感じをもったんですがね。

色川　話は変わりますが、「小国寡民」の思想というのは、いつ頃からおっしゃっていたんですか。

新川　七九年に沖縄で平和学会が開かれ、そこで中野さんが特別講演をしたんです。それが『新沖縄文学』（四四号、一九八〇年）に掲載してある「小国主義の系譜」です。

　この小国主義の系譜は別に書いたものがあるというんです。それは沖縄問題と直接関わるものではなかったようですが、平和学会であらためて話し、後半の方では、沖縄問題に関連づけながら問題提起されました。その中で、世界には沖縄より少ない人口の小さな独立国はいくらでもある。しかし、言葉で独立というのは至極簡単だが肝心なのはそこにいたる道程であることをはっきりおっしゃっています。
　そしてアイルランドの独立へいたる八百年の歴史などに触れ、とにかく大変な問題で、子や孫ぐらいの時間でそういったものができるようなもんじゃないと言いながら、沖縄の中にそういったものを地道に掘り下げていくグループなり研究会なものをまず作って、そこでじっくり取り組んで欲しいと、述べているんです。

色川　大変現実的なことを言われたのですね。私はまた、抽象的な「小国寡民論」を述べられたのかと思ったら、そうじゃないんですね。
　沖縄には、ある意味では自然地理的にいえば太平洋諸国家群の中の一つの国として、おそらく経済関係でも、文化や社会的な人間的な交流関係でも生きていける余地があるんじゃないかと思う。日本との関係だけをかんがえると沖縄自立構想というのは非常に困難だろうと思うのですけどね。もっとその枠を外して、それこそミクロネシア構想の中へ置いて考えると、遠い先に展望が出てこないかという気がしますけどね。

新川　そうですね。

色川　もちろんいま第三世界やアジア自体がものすごく地獄みたいなところにいますから、今はそういう状況じゃないと思いますけど。ただ、「沖縄自立」と言うと夢みたいなことになりがちですが、そうではない方向にですね。中野さんの場合には、アイルランド問題なんか出してくれれば、ある一つの射程が描けるわけですから、その中で住民がどう造っていくかという、そこの過程を力説するところにリアリストの目があるんでしょうね。未来問題というとロマンチックな話にとんでいったりしましょうが、そういう幻想的なことを中野さんはあまりおっしゃらなかったですね。

新川　そうなんですね。ええ。

色川　中野さんはロマンチストのように見えながら、実はきわめてリアリスティックな考え方をしていたんですね。バーチェットの『十七度線の北』やトムソンの『現代の世界——歴史の流れ』みたいなシビアな本の訳書もかなりある。中野さんは非常にグローバルな視野を現代史に対して持っていた。だからベトナム・韓国・沖縄、そしてヨーロッパからアメリカと世界をたえず気にしていたんじゃないですか。ほんとに珍しい人だと思いますよ。それがモームだの、アラビアのロレンスなどを訳す中野さんとどう結びつくのか、ちょっと分からないですね（笑）。

それから一九五三年からの中野さんの新聞や雑誌に発表した、ずけずけ物を言う時事エッセー、時事評論が大変な量になりますね。

新川　そうなんですね。

色川　ああいうのを集めたらある意味で日本の戦後政治の外郭史みたいなものが出来ると思うぐらいなんですが。

新川　数年前でしたか、新聞の論壇時評をやっておられましたが、大変ユニークな論評でしたね。本来の研究や著作活動、そして市民運動と、お忙しい体で、月刊時評などというわずらわしいお仕事までこなされるエネルギーにはおどろきました。

色川　ええ。感心するのは、私たちでも六〇歳近くになってくると、そろそろめんどくさくなってきて、どこか雑音の聞こえないところで本でも読んでいたい気が起こってくるのですが、中野さんは六〇、七〇もますます盛んで八〇代になってなお、ギラギラするような連中とつきあっていたんですからね（笑）。あのエネルギーはどこから来たんでしょうかね。
　欲が深いといえば欲が深いんでしょうし、情熱家といえば情熱家、頑固といえば頑固なんでしょうけど……。
新川　よく言われるように人間に対する好奇心が旺盛でしたね。
色川　でも、晩年ちょっとかわいそうだなと思いました。物分かりの悪い石頭みたいな運動家たちがいちいち駆け込んで中野さんを悩ましたでしょう。なんとも苦虫かみしめた顔に腕組みしている姿を見ていて、気の毒だなあって（笑）思いましたね。それに、薬を飲ませてよくなれば別ですが、そうじゃないことが多かったですからね。
新川　先ほどの時事批評に関連することなんですが、中野さんは一般大衆の人たちが十分理解のできるような言葉で話し、文章もそういう形で書くことに努めていましたね。私たちの議論は、ついつい小難しい言葉で観念的な言葉をもてあそぶようなところに陥りがちで、中野さんにはずいぶん冷やかされました（笑）。
色川　そうそう、中野さんの時事評論というのは、話し言葉ですもんね。語り口の言葉の文体ですから、説得力ありましたよね。そういう意味では中野重治さんもああいう時事エッセーは非常に上手だった。まあ、中野好夫さんというのはどっちかというとソフィスト的で、中野重治さんの方は硬質で相手をギリギリと壁際に追い詰めていくような（笑）文章でしたけどね。いずれにしても庶民が読める文章だし、さすがだと思いますよ。

新川　ご存知のように鹿野政直さんに『近代日本の民間学』という著作がありますが、色川さんが中野さんのことを、「民間学者とよぶにふさわしい」というような話をされたことがありますが……。

色川　そういう意味では、民間学者の系譜の現代版みたいな人でしょうか（笑）。自分の専門領域にとらわれず、しかも専門領域の手法の手堅さを活かしながら、同時にその辺の床屋のおっさんや八百屋のかみさんにまで話しかけるような調子で、時事問題、現代問題を少しも厭わず取り上げて、全体としては大きな社会的役割を果たした。それは民間学の特徴だと思うんですよ。そういった面では、山路愛山とか、南方熊楠や柳田国男なんかもそうだろうと思いますけど。鹿野史学は在野で作り上げた民間学だと思いますよ。

中野さんのは東大で作られたんじゃないかという人もいるかもしれないけど、僕はそうじゃないと思いますね。東大にきた時は、もう基礎ができあがったような感じでしたね。東大に来られたのは三〇代半ばぐらいでしたからね。それまでに独学で勉強していたと思いますよ。

新川　そのような中野好夫さんの学問領域におけるお仕事の偉大さや市民運動でみせる人間的スケールの大きさなどをよく承知していたのですが、現実にお会いすると、ついつい親父に甘えるような気分で生意気なことを申し上げたりしたものです。

沖大の新崎盛暉さんが告別式の弔辞で、中野さんが亡くなられたことで、もっとも衝撃をうけたのは沖縄の人ではなかろうか、という意味のことをのべましたが、ますます多事多難な問題をかかえている沖縄の将来を考えると、決してオーバーな表現ではないと実感します。中野さんが理解してくれている、中野さんならわかってもらえる、ということで、どれだけ私たちの心の支えになっていたことか、はかり知れないほどでした。

結局、沖縄のことは沖縄の人が考え、自分で決めることだよ、とくりかえしいわれたわけですが、「沖縄の人も少しは骨のあることをやっているな」と天国の中野さんをして言わしめるようにしたいと考えますね。

本当に、沖縄にとってかけがえのない人をうしなった、という思いです。

（一九八五年四月二九日採録）

苦渋に満ちた過去と現実
――中野好夫・新崎盛暉『沖縄戦後史』（岩波書店）――

すでに戦後の沖縄問題についての著書を数冊上梓している著者たちが、戦後の沖縄の政治運動を中心としてまとめた通史である。復帰後の沖縄の苦渋にみちた現実を理解するためにも、これからの展望を切り開くためにも、戦後史の検討が必要不可欠であるという気持からこの本を書いたという。

そのため具体的事実を尊重し、小著ながら豊富な内容をよく整理している。

現代史を公平に記すということは至難のわざだが、著者たちはできるかぎり公平に記述しようと努力し、全体として成功している。だが、戦後のわずか三〇年の歴史を二段階、九期の時代区分に整理し、そのワク組みにしたがって歴史叙述を進めたやり方は、あまりにも正統的な方法で、沖縄史に暗い本土の読者にはいく分押しつけがましく感じられるかもしれない。それよりむしろ復帰後四年の惨澹たる沖縄の現実から問題を提起し、遡行（そこう）的に叙述を進めた方が迫力をましたかもしれないのである。

二、三印象的な点をあげておきたい。

沖縄人民党が敗戦後数年の間、米軍を「解放軍」と規定し「沖縄人を解放したアメリカ軍に感謝し」

協力したということが、沖縄決戦を体験し、住民の三分の一を殺され、占領下の惨苦をなめていた一般民衆と、感覚的にどんなにズレていたか、そのことへの自己批判がどんな風に行われたか、記されていないが、これは些細なことであろうか。概して人民党や共産党、総評などへの評価が甘いように感じられる。

本書の感動的な所は次のような部分である。

本土の六〇年安保闘争以上の意味をもったという一九五六年六月の〝島ぐるみの反軍土地闘争〟や、六六年二月の教育公務員二法阻止闘争などに示された沖縄民衆の目のさめるような姿と行動力である。それが「六九年のＢ52戦略爆撃機撤去」、「いのちを守る全県民の二・四ゼネスト」にと高まった時、米軍支配を根底から揺るがす決定的な力となった。そして、それはベトナム反戦運動への何よりも強い支援となっている。しかし、それも総評、同盟など本土の革新指導部に裏切られて挫折したが、その過程での苦渋の深さは格別である。

いったい本土は沖縄のために何をしてくれたか、「祖国復帰」とは「第三の琉球処分」だったのか、そうした叫びは、ジョンソン＝佐藤ら米日両政府ペースで強行された「沖縄返還」の真の政略的意図を見抜けなかった、不明な日本人の胸に鋭い矢となって突き刺さっている。

（一九七六年）

〈5、随想〉

酔いては創る天下の縁・英信居士讃

旅先の高知の旅館で偶然テレビを見ていて、上野英信死去のニュースを聞く。暗然たる想いだ。また一人、すぐれた日本人が消えてしまった。稀有の人格が消えてしまった。終生、底辺にあって裏切らなかった人、有名性を笑いとばしていた人、だが、その人の死はＮＨＫテレビでその日に報道された。死んではじめて報道されるに値する人だと世間は知った。

彼のピークはやはり一九六〇年、三井三池や安保闘争の敗北につづく暗転の時代であった。谷川雁、上野英信、吉本隆明、三人とも一九二三、二四年生まれの同世代である。こう三人ならべるとき、その華やかさにおいて、谷川、吉本と較ぶべくもないが、脱兎と遅鈍な亀に似て、結局上野が〝労働者の真の友〟として残っている。その生涯をみごとに一貫していたのだ。

谷川雁は『原点は存在する』（一九五八）でまず戦後思想界に屹立し、その「サークル村」の活動と『谷川雁詩集』（一九六〇）によって、日本共産党にあきたらない多くの革新青年の心を捉えた。吉本は安保闘争をにらみつつ『擬制の終焉』（一九六〇）を発表して既成左翼に痛撃をあたえた。上野英信はこの二人とは全く違う。マニフェストすることなく、京大卒の超エリートといわれながら進んで炭坑に入り『追われゆく坑夫たち』（一九六〇）でその後のおのれの生き方をさし示した。いずれも、それは左右の近代主義者のはびこる弛緩しきったこの国の思想界に鮮烈なかがやきを炸裂（さくれつ）させるものであった。先駆した谷川雁は、一九六五年に筑豊を見限って上京した。その後の彼の世捨人風の足跡に私は興味はない。吉本は、文芸の枠のなかで善戦をつづけていたが、晩年、若年層にすりよる、見苦しい自己顕示慾をさらした。所詮、彼はジャーナリズムから離れられる人ではなかった。結局、三人のうち、もっとも地味だった上野英信が、現在のところ、もっとも光る存在となった。その意味で、惜しむべき歴史的人物を失ったものである。だが、彼としてはやるべきことをやり終えての死なのである。

私などの目からは、上野英信は女運にめぐまれたしあわせな男だった。多くの賢女、美女に慕（した）われ、またとない聡明な優しい夫人に保護され、自由を享受した。森崎和江や石牟礼道子は終生つづいた彼の良き友となった。

彼の人徳の賜物であろう。筑豊をはじめ各地の鉱山労働者や元坑夫家族に彼は慕われ、とくに沖縄の心優しい人びとから深い尊敬と信頼を受けつづけた。それが中断されることなく続いて生涯を終えられたところに、上野の幸福があったといえよう。

沖縄はこれで三人、もっともよき理解者、同情者、心の友をうしなった。中野好夫、島尾敏雄、そして上野英信である。『眉屋私記（まゆやしき）』はその沖縄での最後の遺業となった。たしかにその戦後篇が未完に終ったのは惜しまれる。しかし、筑豊に蟠居（ばんきょ）すること四〇年、沖縄に通うこと十余年、ついに坑夫たちを見捨てることはなかったという一事だけでも、偉とするに足る。あらゆる饒舌能文（じょうぜつのうぶん）の才子より数十等勝るのである。私は上野が身を以て示した古風な美学にひかれる。筑豊に居つづけて〃地底〃の民の心を掘りつづけていた彼の存在を、思想の一つの座標軸として遠望していた時期もあった。

上野と私とは親友でもなんでもない。心と心が通じあう同志の一人にすぎない。初めて彼を鞍手（くらて）の家に訪ねたとき、私を案内したのは森崎和江で、私が彼女の『奈落の神々』を書評したのがきっかけであった。一九七四年の夏、その時、私は九州を一周すべく、「どさ号」（ユーラシア大陸四万キロを走ったドイツ製のキャンピングカー「どさ回り号」）の中で夜をあかしていた。英信は不在で、晴子夫人が筑豊文庫で私たちをもてなしてくれた。

その翌年、私は五月に福岡に飛び、木村栄文、森崎和江と日田の河びらきの縁日に行った。そして五月、上野家にまわり、こんどは英信と大いに飲み、泊めてもらった。上野は私をも、他の来客同様、近くのボタ山や廃鉱跡に案内し、蟻がぞろぞろそのへりを歩いていた風呂に入れてくれた。

その夜、山野炭鉱の炭塵爆発の犠牲者たちの写真をテーブルいっぱいにひろげ、これを何とかしなくては納まらぬとポツリと漏らした。それが十年後に『写真万葉録・筑豊』一〇冊に結実したのであろう。

翌日、昼から酒を飲んでいた彼は、とつぜん私と一緒に水俣にゆくと言いだした。そのころ私は『ある昭和史』の執筆で行きづまり、彼は何かの著作でゆき悩んでいた。晴子夫人は水俣に行くといいはる英信に困ったという表情をして、「ご迷惑でしょうが、連れていって下さい。この人は、こういう時には、思った通りにするのがいちばんいいのですから」と謎めいたことを言った。すべてをお見透しで、女房からダダッ子のように扱われている英信を見て、私は嫉妬のようなものを感じた。

彼はタクシーをよび、そのまま博多駅まで走らせ、特急列車にとびのった。その車中でも酒を飲みつづけ、ご機嫌で、笑いを絶やさなかった。水俣に着き、石牟礼家をたずねたとき、彼は風呂敷からジョニ黒の大ビンをとりだし、道子の夫・石牟礼弘に献上していた。私は石牟礼道子に八幡プールにつれてゆかれ、また茂道（もどう）の栄子食堂にもつれてゆかれて杉本栄子と対面した。

チッソ工場の周囲をひとまわりして帰ると、上野は弘先生とウイスキーの酒盛りをしていた。その夜、三人で三時ごろまで喋り、石牟礼道子のバラック建ての仕事部屋で枕をならべて眠った。そのとき何を話したかおぼえていないが、彼女が後に『椿の海の記』にとりあげる栄町の遊女屋末廣（すえひろ）のことをしきりに懐かしんでいたのは記憶にある。

翌日、水俣駅のプラットホームまで見送りにきた彼女に上野は諄々と諭していた。「あなたは自分にできることだけやればいいんですよ」。彼女は列車が動きだしても尚、長い間、頭を下げていた。

このときの水俣行のことを後から考えると、私と石牟礼、私と水俣をつないだものが上野英信であったことが分る。私が「不知火海総合学術調査団」というたいへんな事業に手をつけるのは、このときの訪問がきっかけとなったからである。そして、この年の秋から私と石牟礼道子は東京と水俣を何度も往復し、翌一九七六年（昭和五一年）三月からの調査団の結成、水俣入りとなるのである。

上野英信にはこうした特技があった。何気なく人と人とを逢わせ、縁をつくり、その人同士を結びつける。なんとなく自然にめぐりあったかのように。そのために彼は酔っているようにふるまった。三木健さんのときもそうであった。そういうことに私は長いあいだ気づかなかったのだ。そういえば『苦海浄土』の出版をお膳立てし、石牟礼道子を世に送りだしたのも上野英信だったのである。

沖縄での上野英信とも何度か出逢っている。

私が沖縄に最初に行ったのは、復帰二年後の一九七四年のことで、太平洋戦争の戦跡を南海の島めぐりをして探っているときであった。沖縄で『ある昭和史』の叙述のために南部戦跡を回ったのだが、その時から歓迎してくれた新川明、我部政男、比屋根照夫、川満信一、新崎盛暉、仲程昌徳らとの交友が始まった。島尾敏雄とも那覇で逢い、いっしょに伊江島に行った楽しい想い出がある。

一九七八年一二月、久高島で一二年に一度のイザイホウがあると聞いて、自著『柳田国男』を出した直後の私は石牟礼道子を誘って久高島へ行った。その送り迎えを新川明さんにしていただいたのだが、那覇に戻ると上野英信が待っていた。私たち四人は那覇の日本料亭で久々の再会を祝し、大いに宴を楽しんだ。この時の上野英信はまことに上機嫌で、石牟礼道子はからかわれっ放しであった。彼女は珍しく一人で歩けないほど酔って部屋にかつぎこまれるほどであったが、幼女のように一人泣きじゃくっていた。上野はこのころ『眉屋私記』の仕事に没頭していたのだと思う。

一九七九年二月、こんどは琉大の集中講義に私が招かれて、十日間ほど沖縄に滞在することになった。二月九日、那覇に着いた夜、上野英信は仲程昌徳と二人でホテルに私を訪ねてくれて会食したあと、三木健氏の末吉マンションに押しかけた。三木さんは私に『西表炭坑（いりおもてたんこう）概史』をくれ、三味線をひき、八重山琉歌をうたって慰めてくれた。それからまた飲み直しに町に出る。上野は大いに酔う。こうして三木に私を結びつけた。私は宿に帰って『概史』を読んで感動する。そして集中講義が終るや、石垣島に飛び、教え子の内原英和に案内してもらって西表島に渡り、問題の廃坑の跡をたずねたのである。八重山から那覇に戻ると島尾敏雄がいて、二人でイザイホウの映像を見、翌日、新川明の司会で対談して別れている。

それから何年後のことだろう。珍しく上野から電話があって、今、東京にいるから沖縄の諸君と「サミット」をやろうじゃないかと言ってきた。そして都心の沖縄料理屋の一室で、六、七人「首脳」が集まり、会飲したのをおぼえている。そのときの彼はひどく疲れているように思えた。あるいは『写真万葉録・筑豊』の仕事で精力を使い果たしていたのかもしれない。ひょっとすると、これが最後だったかもしれない。最近の日記が手元にないのでたしかめられないが、私はこの後二年ほど海外にいることが多くて、彼と逢う機会がなかったからである。

こんな程度の彼との交友など、一年に五回も一〇回も逢い、四〇回も五〇回も酒席を共にした上野の親友たち、飲み仲間たちとくらべれば、水のように淡い関係だといえよう。だが、私は英信を愛していたし、彼がこの世に在るということを同世代の人間として誇りにしていた。私が苦境におちこんで生きる自信を失ったりしたときなど、「筑豊にはまだ英信さんがいるぞ」という声が私を何度もふるいたたせてくれた。私にとって彼はただ存在しているだけで価値のある人間だった。

上野英信が死んで、一宿一飯の恩義にあずかった人びとが何百人と上野家を弔問に訪れていることであろう。その来客の応接に晴子夫人はさぞかし忙しい思いをしているであろう。私は今は亡き晴子夫人には、「もう、これからはゆっくり休んで下さい。こんどは一人気ままにご自分の人生を楽しんで下さい」とねがうのみだ。英信の遺稿の整理や出版など余計な仕事を彼女におしつけて妨げないようにしてほしい。

このとき沖縄の人びとが、上野英信への純粋な敬愛から一書を編んで下さるという、こんなありがたいことはない。その中心となった三木健さんの労を多とし、喜んで私も小文を捧げたい。（文中・敬称略）

（一九八八年）

折にふれて

一声、関東に不平あり

「昭和」が「明治」という年号のもつ史上最長記録を更新する日も近づいた。時の流れほど恐ろしいものはない。この一〇年、安保闘争を押し流し、戦争の傷あとや民主化の初心を風化させ、昭和元禄の衣装の中にすべての抵抗の追憶をすらつつみこんだようにみえる。空前の高度経済成長の高原景気下〝万歳!〟を唱える人も多い。

だが、不平の声を放つ人もある。木下尚江著『田中正造之生涯』にふれた鹿野政直氏さんはその一人だ。「田中正造が世を去ってから半世紀以上たった。しかし文明が人間をむしばむことますます苛烈なる昨今、かれの生涯は、いよいよ鋭く現代社会を射つつあるようにみえる。文明ゆえの人間疎外、民主主義の名のもとの独裁、深刻化する一方の公害等をきっかけとして、この予言者はいま復活しつつあ

る」（『創文』七〇年六月、創文社発行）

鹿野さんはその例証として三里塚を撮りつづける小川プロが、そのポスターに「一声、関東に不平あり」という田中正造のことばを大きく白抜きで入れている事実をあげている。

ところで、正造らが血の涙をそそいだ谷中村遊水池の方はどうなっているだろうか。国や自治体の計画では、この池を国民のレジャーランドとして開発するとか。だが、これまでのこうした計画に多く見られたように、低俗な観光地と化してしまうようなことがあっては、あの水底に沈んだ谷中村の住民も、その非道な政治への抵抗に生涯をかけた正造らの亡魂もよみがえることはできまい。真に恐ろしいのは、ものみなをこうして風化させてゆく時の流れというものであろうか。

（一九七〇年六月）

公害と私害

前川さんは三井三池の三川鉱の仕上工だ。親父も三川鉱の掘進夫だったが、けい肺病で死に、伯父と叔父の二人はガス爆発でいずれも三川鉱の坑底で死んでいる。その前川さんが〝春闘を語る〟座談会でこういっている。

「労働災害補償を、これまでの二五〇円から三〇〇万円にするといっても、交通事故による死亡補償は、ただ道ば歩きよって死んでさえ五〇〇万円。それに比べるとわれわれの場合は、会社の中で仕事をしながら殺されていくとでしょうが」（『みいけ』五月一日号＝大牟田市不知火町二、三池炭鉱労組刊）

これを三池の悲劇に象徴される私企業の労働災害だとするなら、水俣病やイタイイタイ病の犠牲者、安中や黒部のカドミウム汚染、牛込柳町の鉛（なまり）の害などは、その害が第三者に及んだものとして公害と一括されている。しかし、これらの災害ははたして「公害」と呼んでよいものか。公的な災害なのか。実情をみれば、その大半は私企業の故意か不心得による「私害」、つまり企業犯罪ではないのか。

こんどの水俣病補償問題にしても、政府委嘱の処理委員会は「公害」という名で企業側の肩を持つような低額な補償案を示したが、なぜもっときびしく「私害」の本質を追及しようとしないのか。大阪ガス爆発事故による遺族には、平均一、一五〇円が関係三者から支払われるというではないか。

柳町の住民の叫びはわれわれの肺腑にひびく。それは三池の坑底から不知火海や黒部の河岸まで、いや日本全国の都市や村に怒りの波紋となってひろがってゆく。

（一九七〇年六月）

庶民と嫡民

評論家の菊池章一氏が、「庶民の流行」という文芸時評を書いている。小田実（まこと）、深沢七郎、小沢信男氏の近作などをめぐって、菊池氏は「庶民」という言葉の使われ方に不満を表明していた。（『新日本文学』四月号、新日本文学会刊）

思えば、日本の民衆はじつに様々な呼び名をもっている。江戸時代は人民で通っていたものが、明治以降、平民、臣民などと呼ばれ、それが消えた現代では人民、庶民、市民、民衆、大衆、常民などの呼称がある。人民は対権力を意識した強い言葉、庶民は非政治的な気やすい言葉、市民は近代市民社会の都市的な言葉、大衆は没個性的な量概念という風に、それぞれに少しずつ意味やニュアンスが違い、外国人などにはまことに理解しにくい。

戦後一時期の流行語は「人民」、最近の花形は「市民」である。しかし、羽仁五郎著『都市の論理』のブームが終り、べ平連（〝ベトナムに平和を〟市民連合）や学生闘争が下火になると、この言葉も急速に後光を失い、「庶民」がはやりだした。

もともと複雑な性格をもつ民衆が多くの名前をもつのは当然だが、日本での使われ方を見ていると、背後にある歴史や思潮の動きが余りにも敏感に反応している。「庶民」が、菊池氏もいうように嫡民ではなく庶民であり、被治者としての「分を心得た」者であった以上、この言葉の流行には、居直りなどという仕方ではなく、はっきりと声をあげて抵抗したい。そして作家には、これまでのどの呼称でもとらえられない眼前の民衆を、ピタリとおさえる新しい言葉を早く創ってほしいものだ。

（一九七〇年三月）

大朝鮮・小日本

これは戦前の話である。評論家の青地晨氏が横浜の警察に一年ほど留置されていたある日、一三、四歳の少女がつかまえられてきた。なんでもトンネルの入口に「大朝鮮・小日本」と落書したためだという。

巡査らはよほど憎かったとみえ、ささいなことで少女を房から引きだしては、竹刀やロープでなぐりつけていた。だが、この朝鮮の少女はただの一度も悲鳴も泣き声もあげなかった。当時はグレン隊の若い者もよくつかまって房内で反則をやり、竹刀やロープでなぐられたが、このごろの少女はすぐに悲鳴をあげ、泣きだすやつもあったという。

青地晨氏は述懐している。「あれから二十数年たった。あの少女がまだ日本に在住しているとしても……互いに相手を見分けることはできないにちがいない。だが朝鮮の少女の雄々しい非妥協の姿勢だけは、決して私は忘れないだろう。それは私に欠けていたものだったからである」(『アジア女性交流史研究』六号、東京都目黒区柿の木坂二ノ五ノ三山崎朋子方)

ことは青地氏だけの問題ではないようだ。日本人にはその朝鮮の少女のようなシンの強さが民族的に欠けているのではないのか。日本人は集団でいれば強く、個人ではもろいという。しかも他国民の不幸に同情する心、はなはだ乏しいとは、外国の友人からたびたび聞かされる苦言である。こうなった原因を、島国での孤立生活のせいにしたり、明治以後の侵略政策のせいにしたりする前に、今の日本人一人一人の主体性の欠如の問題として自覚すべきではないだろうか。そうでなくてアジアの指導的大国民だと誇るなら、滑稽を通りこして危険でさえある。

（一九七〇年一月）

第三世代

最近、私の研究室を訪れる外国人研究者の質が変わってきたことに気がついた。数年前までは大体日本の有名な政治家、知識人――原敬とか賀川豊彦とか徳富蘇峰とか中江兆民とかの伝記的研究をしたいという人が大部分だったものだが、近ごろは日本の民衆史、地方史に関心をよせる人がめだってふえてきた。

外国人の日本史研究というのは、言葉の壁があってたいへん困難なものなので、博士論文のテーマにはどうしても既刊資料が豊富に使える著名人の研究が選ばれがちになる。ところが最近は、外から日本をながめ、日本人の思想や社会を欧米と比較してとらえるというだけでは満足せず、いきなり日本社会の深部に入ろうとする。たとえば、昨年アメリカから来日して柳田国男研究をすすめたロナルド・モース君（プリンストン大学の日本史研究の大学院生）は、日本人以上に離島や村を歩きまわったし、明治の農村地帯での民権運動を調査したステフェン・ブラストス君は、福島地方にしばらく定住していた。先ごろニューヨークに帰ったキャロル・グラック教授は、天皇制下の民衆思想のデータ集めに執心して私を困らせたし、西ドイツから来たマーグレット・ノイス嬢は、底辺の日本女性の意識に深い関心を示していった。

こうした風潮は外国人日本研究の第三世代の出現を物語っている。日本への関心が浮世絵などへの異国趣味ではなく、西欧化日本人の外国文化摂取度を測る研究でもなくなり、日本人自身の発想や内在的な論理の発見に向かっているように私は思う。結構なことだ。

（一九七四年七月）

来世

私も時々、来世が信じられたらいいなと思うことがある。インドにいたときのこと、来世はごく身近に感じられた。ガンジス河畔ではもちろんだが、カルカッタでも世話になったお礼に、「日本にいらっしゃいませんか」と言ったら、「来世にまいります」とまじめに答えた商社員の顔が懐かしい。

人は死んでも、その後に美しい人生の夢を構想する。それは動物にはないすぐれた能力だといえよう。今の日本のようなカサカサした社会に生きていると、深い森にあこがれたり、来世を懐かしいと感じたりするのは自然であろう。もともと日本人には死んだらあの世にゆくという観念があった。七夕や盆には祖先の霊がわが家に帰ってきて、子孫と共に喜び合うという行事があった。私なども少年のころの、迎え火をたく盆の夕暮れどきのあのかおりが忘れられない。

沖縄諸島にはそうした観念が純粋に残っていて、死んだ祖先はニライ・カナイの世界にゆき、親類、縁者といっしょに満ちたりた生活を送っていると信じられていた。その来世は、紺青の空と海とが一つになったはるかな海上の彼岸の世界で、古代沖縄人はその理想郷にあこがれて、島から島を発見して住んだという。

人が現実だけしか思わず、物だけにしか頼らず、今だけしか信じなくなった現代とくらべて、なんとこれは人間らしい豊かな感情ではないだろうか。私は来世の親類に持ってゆく手土産を、せっせと幸福そうに作っていた沖縄の老婆の横顔をながめていて、つくづくそう感じた。（一九七四年七月）

戦国の森

書斎から戦国時代の山城が見える。天正一八年に火をふいて落城した八王子城だ。いつか庭土を起こしていたら古い鉄砲玉が出てきた。元気だったころの考古学者甲野勇（こうのいさむ）先生に差しあげたら手にとって喜ばれた。

この城山が開発されかかったとき、私は立ち上がって阻止した。城好きの研究者に私の家に集まってもらい、都や国へ要望をくり返し、奔走し、運動は成功した。文化庁も民有地の全域買い取りをきめてくれ、私たちはここを都民の憩いの場にしようと、「戦国の森」構想を発表した。私の考えでは、この城山から高尾山の「明治の森」まで、深い樹林がつづき、その中を戦国古道が細々と通るというつもりであった。都心からわずか一時間半、ムササビや仏法僧の鳴く幽谷の散歩を夢みていた。

ところが、そのルート調べに山々を歩き回ってみて驚いた。森があると見えたのは参道口の表側だけで、城山の背面も南北の谷側も、営林署によって徹底的に伐りつくされていた。上から見ると体の半分、毛をむしられた鶏のようだ。「戦国の森」どころではない。私はがっかりしてすわりこんでしまった。

「営林署よ！　よくもやってくれたなア。私は歴史家だから、ここだけではない、日本の全土に対して犯した君らの罪悪と功績とを記録して、永く子孫に伝えよう。第一級の『国史跡』であるこの山城の御守殿の石ガキを、ブルドーザーで破壊したまま逃げたのも君たちなのだ」と。

「皆さん、山を大切にし美しい国土を守りましょう」

そう書いてある林野庁の浮辺だけの立て看板をけとばして、私は山を下った。

（一九七四年七月）

海洋博

永い間訪ねたいと思っていた沖縄へ行った。私にとって沖縄は他人事ではない。今から二九年前、沖縄が「鉄の暴風」にさらされ全滅してゆく過程を、私は本土の海辺で無線電信を聞く一海軍航空隊員として、刻一刻、身を切られるような悲しみと焦燥感で体験していたからだ。そのころの私の戦中日記には毎日沖縄戦のことばかりが書かれている。

その沖縄が飛行機の翼の下に見えたとき、私はサンゴ礁のネックレスに縁どられた緑の島の瑠璃色の海景に息をのんだ。さすが海洋博覧会を開催して世界に誇ろうとするだけある、と。ところが、数分後にはその夢想を破られ、私は自分で自分の眼を疑った。沖縄が赤い血を流している。陸地のいたる所からほとんど血のようなおびただしい赤いものが海に流れこんで、汚している。いったい何が起こっているのか。

私は到着翌日から沖縄本島を重い気持ちで歩きはじめる。本土から進攻してきた大型ブルドーザーの大群が、きゃしゃな沖縄の体に襲いかかり、赤土をむきだしている。さらに、海洋博の会場からわずか一〇キロしか離れていない海べりの山を徹底的に破壊している。山を崩し砕石し、その場で海水で洗い、土建業者に売り渡している。その大規模なこと、乱暴なやり方など、とうてい本土だったら許されることではない。復帰後二年、沖縄の自然は第二次世界大戦下にも劣らぬ荒廃を深めつつある。海洋博は何のためのものだったのか。いったいだれのためのものか。私はつくづく絶望する。（一九七四年七月）

沖縄の心

今日もレンタカーを運転して北の岬に向かう。那覇市をはじめ沖縄中部の車の混雑は東京以上。それもそのはず、狭い島なのに車密度は世界一だという。
私は十数カ所で海の中に入ってみる。サンゴ礁の突端までいって調べてみる。目もさめるような原色の熱帯魚が遊泳している華麗な西海岸のサンゴ礁も、三分の一ほどが赤土で汚され、一部分は死骸と化している。それに海岸道路から投げ捨てたのであろう、アキカンやゴミ類が黒々と続いている。
これが世界一美しいはずの沖縄の海なのか。二、三年前からはじまった本土資本による狂気の土地買い占めと札ビラ洪水は、たしかに一部の沖縄人のふところを豊かにしたろう。しかし、その代償として失ったものはあまりに大きい。人びとは祖霊の住む産土の森まで手放し、土地を追われ、ふるさとの心を失って荒廃しつつあるかに見える。

浦々の深さ　名護浦の深さ
名護のみやらびの　思い深さ

そう歌碑に詠まれた白砂青松の名護の七曲りも高速道路の工事のために埋め立てられた。こうして資本攻勢があまりに激しいので、今沖縄の住民は対応できず、ぼうぜんとしているのかもしれない。だが、あのすさまじい戦争体験と抵抗の歴史を持ってきた人びとが、このまま押し流されてしまうとは私には到底信じられない。今年になって爆発した石油基地への反対運動や仲泊（なかどまり）貝塚を守れとの広範な住民の立ち上がりは、私には沖縄反乱の予兆として感じられる。

（一九七四年七月）

藩籍（石）奉還

南の岬に行った。そこは沖縄戦の末期に日本軍の将兵と住民が追いつめられ、この世の地獄の様相を呈した一帯で、今は戦跡国立公園に指定されている。

その丘に立って眼をとじれば、海上には三方に米軍の大艦隊、陸上は戦車を先頭に火炎放射機と機銃掃射で迫る米兵。空からは銃爆撃の悪夢がよみがえる。袋のネズミのように岬の一角に追いつめられた沖縄人が、そこでどんな悲惨を体験をしたか。

戦闘がやんだとき、その一帯は重傷者の呻きと死臭のただよう白骨の荒野に化していた。この時、生き残った住民が、散乱する数万の骨を集めて「魂魄」の塚に合葬したという。ひめゆりの塔も健児の塔(けんじのとう)も近くにある。私は集団自決したそれらの洞穴の前に立って幾度も嗚咽(おえつ)をこらえかねた。

ギンネムの群生する丘に赤いハイビスカスが無心に咲いている。キャン岬から摩文仁(マブニ)の丘にかけて、各府県が建てた戦死者供養の巨大な塔が乱立していた。周囲の美しい風景の中でそれはあまりにも醜い。造形そのものだけでなく、それを競う性根が醜い。

日本兵が沖縄住民を差別し、この地で虐殺事件を起こしたことを忘れているのか。祖国復帰した今日、それら各県の塔は全部撤去して、ただ一つの魂魄の丘に合葬すればよい。東京、大阪、埼玉の革新知事は率先して屋良知事に藩籍（石）奉還を申し出てほしい。そしてそこに平和公園を造り、それら全国の石で世界一の戦争否定博物館を設立してほしい。

（一九七四年七月）

忘れる

東京に帰ってきてから、六月二三日の主な全国紙を調べてみた。どこにもそのことの記事は出ていない。日本人は忘れている。

その日正午、沖縄では厳粛な一分間の祈りが行われていた。人びとは涙を浮べながら南の霊場にと向かっていた。全住民の三分の一が殺され、生き残った人はすべて米軍の捕虜収容所に連行され、しかもその後二七年間、異民族の直接支配下におかれ、日本に復帰しても、膨大な米軍基地から解放されていない沖縄県。私の友人たちは「祖国復帰」後、深い挫折感におちこみ、もう何をする気持ちも起こらないとつぶやいていた。

沖縄のテレビはその前日、生き証人をよんで、日本兵による住民の虐殺事件を放送していた。偶然私はある村の民家でこれを見ていて、顔をあげることができなかった。追いつめられた日本兵が、壕の中に身をかくしていた女、子供を追い立てようと、二度も手りゅう弾を投げこむ。穴から出てきた住民を次々と斬り殺す。そうした証言が、今さら沖縄で問題にもならないということに改めて驚いた。これが本土だったら、どんな騒ぎになることであろう。

私たちは沖縄人に特別の負債を負っている。私たちは沖縄と広島、長崎などを犠牲にして、本土決戦を回避しえたことを忘れてはなるまい。しかし、戦後も沖縄を米軍の戦争基地に提供しておいて、本土だけが平和に経済成長したことも、私たちは決して忘れられないであろう。もし、このことすら忘れたら、どうしてアジアの人民の心を理解することができよう。

（一九七四年七月）

仲宗根先生の一面「美しい人」

重いバルビゾン色の空の下、所々クバの森がうっそうとした丘をなし、その枯れた下枝の葉がカラカラと音を立てている。いかにも南洋風なアダンの樹々が密生し、ソテツが強い硬質の光を放っている。浜ビワの葉、大ハギの群落、まさに照葉樹林の密生態である。そんな久高島の潮風に洗われた小さな浜辺の民家に仲宗根政善先生はおられた。

一九七八年、昭和五三年一二月一五日、イザイホウの神事のときである。後にも先にも私が仲宗根先生を訪ねたのは、そのときだけで、それ以外は那覇での岩波講演会の折、楽屋に来られた先生とひとこと挨拶を交わしただけである。そんな程度の人間が先生の記念文集に思い出を書く資格など無いのだが、一つだけ久高島でのことを私の日録から拾い出して記しておきたい。

それは久高島に渡って三日目のこと、午前中に神殿の庭で「カシラ垂(た)れ遊(あし)び」という円舞があった。ノロを先頭に神アシャギの後方のイザイ山から、いっさい白装束の根神(にいがみ)、掟神(うっちがみ)、ナンチユの順であらわれ、ナンチユを内側に包むようにして円陣をつくり、嫋々(じょうじょう)たる神歌(かみうた)を唱しながら優美に舞っていた。

私は多勢の人垣の肩ごしにそれを見ていたのだが、先生もその中に居られたようだ。

夜になって、同宿の琉大の関根賢司さんが、私と石牟礼道子さんを仲宗根さんの宿につれていって下さった。先生は学生たちと泊まっていて、私たちにカレーライスをごちそうしてくれた。

私と石牟礼さんは初対面の仲宗根先生の人柄の美しさに圧倒された。まさに「玲瓏玉のごとき方」（石牟礼さんの言葉）で、この人がひめゆり学徒隊を率いていた生残りの御一人で、手記『沖縄の悲劇』の編者だったことを私は忘れていたのである。

私はうかつにも、「沖縄戦のころ、先生は？」と問いかけて、一瞬笑いが凝固したのに、ハッと気づき、衝撃をうけた。石牟礼さんも同様だったらしい。彼女は宿に帰ってから涙を浮べて、戦時中の水俣での自分たちの仕打を語った。水俣に疎開してきた沖縄の人びとに冷たくしたということを、仲宗根先生とひめゆりの生徒のことにからめて懺悔した。

「そんなことは、あなた方の感傷にすぎませんよ」と、傍の若い沖縄の研究者からきつい言葉を投げつけられたが、石牟礼さんはひるまないで、いさめるように説いていた。そして、その後も私に、「なんと美しい方でしょう。なんと美しい方でしょう」とくり返すのだった。「私もああいう人間になりたい」と。

仲宗根先生は別れぎわに、優しい笑顔で、こういう話をされた。

「形になってあらわれたものを大切にするのではなく、それを生みだしたもとになるものを感じとって、それを大切にしてゆくことが大事でしょう。こんどのイザイホウでも、この神事や歌舞をつくりだしたもとのものに注目してみたいのです」

先生を中心とした「おもろ研究会」はそのころで、通算四百回以上もつづけられていたという。改めて沖縄学の深さを思い知った。仲宗根先生は伊波普猷に学び、沖縄の言語研究への志を立て、戦後は琉球大学で大きな仕事をはたされた功労者であった。だが、それだけではない。「沖縄戦記録フイルム一フィート運動」の会長をされ、私などにまでメッセージを下さった。「ひめゆり平和記念館」の館長として、敗戦時の痛恨の一念をつらぬかれている。

そうした先生の温顔と、そのかげに秘められた苦しそうなお顔に、一瞬でも接し得た私は幸運であった。石牟礼道子さんもそうであるが、「美しい人」とはつらい人なのだと、しみじみおもう。

（一九九六年）

第Ⅱ部　沖縄からの視座

新川明
川満信一
比屋根照夫
我部政男
三木健
仲程昌徳
上間常道
下嶋哲朗
増田弘邦
仲松昌次

精神の挑発者 ——「色川大吉著作集」刊行によせて——

新川　明

「色川大吉」という歴史家とのはじめての出会いは、著書『明治の精神』（筑摩書房）においてであったと思う。一九六〇年代の末期のことである。

この著者にはさらに『明治精神史』（黄河書房）があることを知って、ぜひ読みたいと思ったが、すでに絶版になっているらしい同書を沖縄で手に入れるすべはなかった。その後、たまたま書店で鹿野政直著『資本主義形成期の秩序意識』（筑摩書房）をみつけ、勇躍買い求めてページをめくっていると、冒頭の部分につぎの一節を目にして、何としても『明治精神史』を手に入れたい、と願った。鹿野さんは書いていた。

「これまで思想史では、民衆の登場させられることは少なかったし、また登場させられた場合でも、特定のいわゆる思想家がいかなる影響をおよぼしたかという視点からのものが多かった。（略）民衆は、思想のうけとめ手であったばかりでなく、思想のうえでも生産者であり起案者であった。その点の確認が第一であって、色川大吉の『明治精神史』（一九六四年）はくみつくせぬ示唆をあたえてくれる労作である」。

私は東京の友人に、絶対に、しかも緊急に入手してくれるよう強引に頼み込んだ。その甲斐があって、古書店をかけ回った友人が、間もなく高円寺あたりの古本屋でみつけて送ってくれた。あの時のうれしさは今に忘れることができない。

私がこれほどまでに『明治精神史』を欲し、緊急に入手したかったのには理由がある。そのころ私は、志を同じくする友人たちと共に、沖縄の日本国への「無条件全面返還」をスローガンに過熱する「祖国復帰」運動の思想に真っ向うから異議を唱え、所説を新聞や雑誌で発言するだけでなく、ついには「復帰」を前提にした「国政参加選挙」（一九七〇年実施）に対抗して、「選挙拒否闘争」という具体的な実践活動にまでかかわっていくほどに沖縄の「復帰」に拒絶の姿勢を鮮明にしていた。

こうした私たちに対して、とりわけ日本共産党に属する人たちは、政党人だけでなく大学人や作家の肩書をもつ人もふくめてヒステリックな攻撃をつづけていた。なかでも私などは、その党の機関誌『前衛』（一九七一年七月）が上田耕一郎、榊利夫、新里恵二その他、所属する大幹部や歴史家のお歴々の顔を並べた大特集を組むなかで、相当のスペースを割いて非難攻撃を受けるという〝光栄〟に浴するほどであった。

とにかくこの党の人たちは、いわゆる「民族統一戦線」という単一規格の物差し一本を振りかざして、沖縄と日本国との同一化＝「復帰」にいささかでも疑念をさしはさむもの、あるいは民衆に疑念をおこさせるおそれのある言動をする人に対しては、見境いがない有様だった。かつて彼らの先輩たちをいじめた「特高」のように、「復帰」論に疑義を示すものを摘発し、「検察官」になって声高に非難中傷することに余念がなかった。

たとえば、沖縄においてもっとも中道を歩み、リベラルな作家と衆目がみとめる大城立裕さえも、沖縄と日本との文化的な異質性に触れたエッセイを書いたことで、彼らから的はずれの批判を受けるという具合であった。

そういう政治的な風潮のなかで「復帰」へ向う潮流はとどまるところを知らず、この潮流をつくり出している民衆のエネルギーに呆然としながらも、このエネルギーを生み出している民衆の意識構造、精神の動態に私の関心は集中していった。個々の日常の暮しや会話のなかには日本との異質感を根強くみせながら、政治的、社会的現象としては「復帰」至上主義の大きな潮流となって表面化する民衆の姿をどのように理解すればよいのか。これを理解するには、眼前の現象ではなく、少くとも沖縄近代百年の歴史過程を俯瞰しながら民衆像を把握する以外にないことを身に沁みて感じさるを得なかったのである。

一八七九年（明治一二）の琉球処分のあと沖縄の民衆が丸ごと天皇の国家・日本国に取り込まれていく過程に遡って民衆の姿をみていくとき、おのずから「復帰」運動を支える民衆思想の骨組みが視えてくるし、琉球処分以降の沖縄近代化＝皇民化の過程を問い直すことは、とりもなおさず「復帰」運動を問い、「復帰」運動を支える民衆の思想を問うことになると考えて、私なりの沖縄近代史における民衆像を求めて暗中模索する毎日であった。

その頃すでに、大田昌秀著『沖縄の民衆意識』（一九六七年、弘文堂新社）が、この分野における先駆的な研究として私たちの前にあり、私自身も限りない示唆や恩恵を同書から受けていたが、そこから「復帰」運動につながる民衆の思想の水脈を、体系的、論理的に掘りすすめて私たちに示してくれる研究成果は皆無であった。そして、そのような研究はいまなお皆無といってよい。「復帰」運動という、あの狂熱の運動は、沖縄近現代を通しての思想上の大事件であったと私は考えるところだが、「復帰」から二三年を経てなお、運動それ自体の総括はおろか、思想史的の研究すらみえないことに、私は沖縄の研究者たちの大いなる怠慢をみないわけにはいかない。そして近年では、そういう総括もしないいまま、かつて「復帰」運動のリーダーだった人の口から「沖縄の自立」とか、時によっては「独立を考えよう」などという言葉が出てきたりして苦笑させられるご時勢である。もちろんかつて「特高」や「検察官」を演じて魔女狩りをしていた党派人間たちも、いまやそういう発言に何の反発もしないいし、告発もしない。まさに天下太平なのである。

さて、背景説明の饒舌はこのくらいにして本題に戻るが、さきに述べたように六〇年代末期から七〇年代初期にかけての私は、「復帰」をめぐる民衆の思想を沖縄近代百年の歴史過程のなかで問い直すべく暗中模索を重ねていた。そのような私にとって、はじめに触れた鹿野さんと色川さんの著作は、一つは偶然のたまものであり、一つは熱烈に求めて手に入れたものという違いはあるにせよ、ともに暗夜の海を航行していて見つけた灯台のごときものであった。

その灯台は、思想史または精神史にアプローチする時の視点や方法について多くの示唆を光芒のように放ちながら航路を照らして点滅していた。沖縄の民衆意識の構造と精神動態に関心を深めていた私は、この灯台の光芒に触発され、沖縄近代百年の歴史過程における民衆の運動と思想の特質を、私なりに掘りおこし、描きあげてみたいというはげしい欲求につきあげられ、一つの構想を練りあげた。それは、明治の琉球処分から大正期を経て昭和一〇年代に至る戦前の沖縄における反体制的な民衆運動の諸相を、勤め先の新聞の連載企画として執筆することであった。これによって「復帰」運動につらなる沖縄の民衆運動の思想の正と負の両面を描き出したいと考えた。

「叛逆の系譜——沖縄闘争物語」と題した企画は実現し、一九七一年二月から「復帰」直前の翌七二年四月までの一年余、二四五回の長期連載を何んとか果して、航路を照らしてくれた灯台の光に、少しばかり報いることができたのだった。

点滅する灯台の光のなかで、最初に私を突き刺したのは、色川さんが『明治精神史』の「まえがき」で述べるつぎの言葉であった。

「私は本書の読者を現代日本の青年たちに期待している。現代の困難な状況に直面しているかれらに、三代まえの、おなじ歴史の激動期を生きぬいた明治の青年たちの生き方を見てもらいたいのである。」

ここでとくに傍点を付して強調している読者としての「青年」という言葉は、すでに青年期をすぎているにもかかわらず、私をめがけて発せられているように私には響いてきた。それはまた、単に同書の読者であることに自足することなく、三代まえの先人たちの生き方にならって、歴史の激動の起爆者となることを求めるメッセージでもあると受け取れた。それは一種のアジテーションであり、私はその挑発を受けて前述の企画を構想し、一年余の苦闘をみずからに課したことでもあった。そして、そのメッセージは色川さんのすべての著作に一貫して流れ、生きつづけているところだ。その点からすれば、「色川大吉」という歴史家は、みずからもさまざまの市民運動、住民運動にかかわる行動する歴史家であると同時に人の精神を挑発し、煽動する精神の挑発者、知的アジテーターでもあるわけだが、当時の私にとっては遥かに光芒を放って存在する灯台でしかなかった。

その色川さんがはじめて沖縄にみえたのは一九七四年。琉球大学の比屋根照夫さんのはからいで講演をしてもらったのを機に、身近かな人になった。以来たびたび沖縄に来られ、来られると沖縄の現状と将来の課題について私たちに提言し、私たちを挑発する。一九七八年にみえた時には、たまたま石牟礼道子さんや今は亡き上野英信さんも沖縄にみえていて、思いがけない那覇での会食に時を忘れて歓談したこともあった。

もう一つの灯台、鹿野さんも一九七七年にはじめて沖縄にみえて以来、たびたび来沖して沖縄研究の著作も出された。奥さんの堀場清子さんともども沖縄に知友は多い。思えば七〇年前後の私の航路を照らしてくれた二つの灯台が、相前後してともに沖縄とかかわりを持ち、私自身も直接のおつき合いをすることになろうとは、二十数年前、それぞれの著作と出会って心躍らせた時には夢想だにしなかったことである。めぐり合せの不思議を感じずにはおれない。

（一九九五年一〇月）

色川大吉さんと私

川満信一

1

人懐っこい微笑をイメージしながら、さて、何から語りかけようかと戸惑い、アルカイックスマイルで黙している。色川先生というと肘に力を入れて、ぐっと押しやる感じだし、色川さんと呼びかけると、明治の精神史、自由民権運動、民衆憲法草案などの膨大な学問的フィールドを、いい加減にまたぎ越したような、失礼な感じがする。迷いながらも、やはり私にとっては、色川さんである。それは何度かの出会いで、印象に残った人柄もさることながら、その文体の持つ肌合いの柔らかさがそう感じさせるのだと思う。

対比して思い浮かべているのは、吉本隆明氏である。晩年まで庶民の生活思想に立ち位置をとると言明していた吉本氏だが、吉本さんとは気安く呼べない。吉本先生でもなくやはり吉本氏である。氏とは封建時代の家制度にまつわる貴族・士族の呼称だとすれば、庶民に足場を置く吉本氏が貴族・士族の尊称の名残で呼ばれるのは、さぞかし不満であろう。しかし、氏の文体はやはり氏と呼ぶしかない印象である。

文学とは何か、思想とは何か、と一度に課題を負わされた一九五〇年代から六〇年代にかけて、私の精神的放浪は、野に放たれた十牛図の牛だった。何しろ、釘を打つハンマーも石、魚網の重しも石という石器時代の島の神話から、シュールレアリスムや核物理の時代へとワープしたのだから仕方ないことだ。

五〇年代には、ソ連アカデミーの経済学教科書でマルクスとかエンゲルスという大変な人たちがいたことを知り、また、プロレタリア文学の小林多喜二の『蟹工船』に度肝を抜かれたり、『詩学』や『現代詩手帖』『新日本文学』などを球陽堂で注文することに、貧乏を逆立ちさせたプライドを秘かに抱いたりしていた。

思想が何であるか、にやっと気づくのは六〇年代に入ってからである。しかし、いまは思想が世の中を変えるのか、「思想のつもり」が社会を変動させるのか、頭をかしげている。というのは、新聞社に入社して一年目には労組結成に参加し、二年目には島流し、支局から本社へ戻って、労組の立て直しをして、六三年には労組委員長。委員長を退いた途端にまた鹿児島支局へ島流しという経歴になっているからである。六三年までは、「思想のつもり」で行動し、その行動が会社の運営や、当時の社会闘争に少なからず波紋を及ぼしていたと思う。反基地闘争と労組運動、それに復帰運動がかぶさって、思想的脈絡もつけられないまま行動が先にたち、権力の暴力に体当たりしていた。

鹿児島へ行って、かつての支配者――島津藩の膝元で頭を冷やし、距離を置いて自分の足跡や沖縄を見つめると、下層民衆の愚かな行為があからさまに見えた。理念の射程距離を間違えると、民衆の反抗は敵に塩を贈ることになる。アメリカの世界戦略という視点から、沖縄の復帰運動という事態をみると、自ら罠へ飛び込む愚策だったことが分かる。

2

復帰運動のパラドキシカルな結末は、沖縄の第二次近代化へのプロセスとして、国家とは何か、天皇制（国体）とは、民族とは、共同体とはなど、思想的に整理をつけなければならない課題を、一時に負わせた。しかも、第一次近代化の明治維新から大正時代かけて、処理されていなければならない課題が、沖縄では大方未処理のままだった。伊波普猷の同化論や、理念の指標が不明確な謝花昇の民権論など、頭を抱えるような問題が山積みだった。

本土（呼び方が定まらない）へ留学して帰った新里恵二らが『沖縄の歴史』で問題提起し、我部政男や比屋根照夫らが、丸山真男や橋川文三、色川さんの学績を追って「沖縄近代史」に新たな照明を当てているころ、沖縄で唯一の文化と思想の総合誌『新沖縄文学』も、近代史に重点をおいた特集を組んでいる。そのころ、すなわち一九六〇年代末から七〇年代にかけて、私の場合は吉本隆明著作を追いかけながら、自分なりの立ち位置を模索していた。そして谷川健一の企画による木耳社の『沖縄叢書』シリーズで、「沖縄における天皇制思想」という田舎相撲のような駄文を書くことになる。

丁度、筑摩書房から『現代日本思想体系』が刊行されており、第四巻『ナショナリズム』と、第五巻『国家の思想』の編集・解説を吉本氏が負っていた。その中の山路愛山や、杉本五郎の国体・大義論などを読みながら、日本の天皇制（とくに明治維新後、近代以降における国体という天皇制思想）が、背負い投げの一本勝負で型の付くものではないと痛感した。いまでも「反天皇制」という標語に接すると、民衆論は潜ったか、共同体論は処理したか、民族論は型ついたか、国体という思想の化け物は克服したかなどの問いかけが立ち上がってくる。

吉本氏のナショナリズムや国家の思想についての解説、竹内好氏の近代の超克やアジア論など、読む程に沖縄における概念の位相のずれに思い至り、知るほどに飢餓感が深まった。その飢餓感の網にかかってきた獲物が、色川さんのフィールドワークで掘り出された北村透谷ほか、一連の明治精神史の群像であり、『民衆憲法の創造』を支えた一揆の農民たちであった。色川さんはとても優れた彫刻師だと思う。

一九七五年ごろに出された朝日ジャーナル編の新版『日本の思想家』（上）に収録されている「北村透谷——自由民権精神をつぐもの」や、評論社刊『民衆憲法の創造』にまとめられた五日市憲法草案の起草者・千葉卓三郎、その千葉を援け、彼の草案を蔵に保管していた深沢権八という豪農、さらに日本の名著の『岡倉天心』の解説、その他、色川さんの文章で彫刻された人物像は、一度接すると忘れがたい魅力を残す。雑誌『環』に私が天心のアジア主義について書いたときも、色川さんの岡倉天心像のキャプションを引用させてもらった。

ところで、民権運動といえば、沖縄では偶像化された謝花昇だが、その背後の民衆運動の像が焦点を結ばず、謝花は一人で民権運動に突き進んだような印象であった。対して色川さんたちが発掘した多摩地方をはじめ、日本各地で展開された自由民権運動は、民衆のダイレクトな運動としてリアリティーをもっている。それも色川さんをリーダーとする、当時若かった学徒たちの主題に魅せられたフィールドワークの成果であった。その色川研究所は沖縄の民権運動について、調査したのか、しなかったのか、と疑問をもって著作にあったが言及がない、と思っていたら『沖縄史を記録する会』の講演記録「沖縄の自由民権運動を考える――謝花昇の活動を中心にして――森田俊男」の資料集にあった。一九七〇年一月三日の朝日新聞に「謝花昇の目――沖縄の矛盾をみつめる生涯」という見出しで、色川大吉や木下順二らが書いているという。しかし生来の怠け者で、いまだにその文章を読んでいない。

3

自分のジグザグの足跡を振り返ってみると、色川さんの問題意識の周辺をぐるぐるめぐりながら、情況に対処してきたような感がする。たとえば「沖縄における天皇制思想」の問題意識は、異なる宗教観をもちながら、同化政策を受け入れていった過程には何があるか、ということであった。大田昌秀氏の『沖縄の民衆意識』では、政教分離の琉球王府下では、民衆の天皇についての意識は、聞え大君ではなく、王さまにつながっていたという。対して千葉卓三郎の憲法草案では、国体思想として天皇は肯定的に位置付けられ、ルソーの天与人権論をも孔孟の革命論の思想で解釈し、人民の権利の保障、立憲による議会政治の確立などを盛り込んで「天命―革命」を掲げていたという。

孔孟の革命論は、中国古代の思想ではなく、アジア普遍の思想として、日本の明治という急進近代化でも活かされた、というのが色川さんの肯定的論評である。そのアジア的普遍性に沖縄も含めると、沖縄の民衆も土着的神観念としては違和感をもちながらも、国体思想の内包する、宗教性と王権としての天皇制に同化していったのだ、と考えた。民衆意識と天命を超倫理として想定し、大王──すなわち天皇という現実の権力をも追放する、という易姓革命の思想は高高度の民主主義ではないのか、と私もアジア帰りしたのである。「民衆論」を『中央公論』に書いたり、『新沖縄文学』に「共同体論」を書いたり、それらの主題は、色川さんたちが発掘した明治の自由民権運動の思想に対し、沖縄の場合はどうなんだという問題意識で通底していると思う。

一九八一年に『新沖縄文学』の編集責任に回ったとき、同誌の編集委員たちは「琉球共和国へのかけ橋」という四八号の特集を決めていた。編集責任者として、その案を再度審議したときに、私は国家のフレームを越えなければ、琉球のような少数民の未来に希望は見いだせない、と共和国憲法草案ではなく共和社会憲法案にすべきだと異見をだした。それならば二つの憲法草案を併載すればよい、とたしか岡本恵徳委員が発言し、それで決まり、となった。ところがそこへ前編集責任の新川明委員がやってきて、修正案はダメだとやり直すことになった。今度は新川委員が議長役になって、再度一項から審議し直したが、結局は草案二つの併載も承認することになり、元の修正案通りとなった。

その四八号の特集には色川大吉、中野好夫、森崎和江、岡部伊都子、平恒次、木崎甲子郎といった錚々たる方々が執筆している。現実の情況的制約を無視した夢の羽搏きは、出口のない琉球の情況に、発想の窓口を開く貴重な提案になっている。とくに色川さんの「琉球共和国の詩と真実（基本構想）」

や、中野好夫氏の「ビヴァ・小国寡民」は、琉球が海中小国として未来を夢見る大事な手がかりを与えてくれる。

小国寡民、そのイメージの根拠は易姓革命である。そして革命は常に禅譲でなければならない。その禅譲の実例は琉球王朝史にも幾度かあった。いまの、戦争を好む日本なんかといっしょに、未来を思い描くことは出来ない。アジアの偉大な先哲たちが、天、宇、宙、如来の基本倫理として据えた「慈悲」が、世界の隅々まで浸み込むときを夢見て、常に理念の指標を見誤らないように心がけたいものである。そのとき、すべての民衆は「贈与」という社会生活の関係しか知らないようになるだろう、といった思いを下敷きにして、「琉球共和社会憲法私案」をまとめた。弥勒の顕現はまだ先、天寿の果てはまだ遠い。色川さん、おいしい夢をもっとたくさんみましょう。

（二〇二一年四月三日）

（校ゲラの目次を見て、こんなにたくさん沖縄に関して書かれているのに、勉強不足だったと頭を掻いた。色川さん、改めて勉強し直します。）

沖縄・アジアと色川史学

比屋根照夫

昨年から本年にかけてアジア諸国を歩き廻る旅を続けている。昨年の暮れは、中国福建を起点として廈門までの沿海地方を走破し、〝改革開放〟の荒々しい現代中国の鼓動を直に実感した。本年は三月に、十年前客員教授として教壇に立ったインドネシア大学を訪問し、インドネシアに於ける日本研究の隆盛ぶりに目を見張った。

そしてこの夏、友人の上里賢一さん（琉大教授、中国文学専攻）と共に行った台湾旅行はことのほかに感銘深いものがあった。台湾に着いた日、暮れなずむ台北の街へと散策に出た。途中、重慶南路の一角にある書店に入った時、我々は思わず驚嘆の声を挙げた。書棚に「歴史與現場——台湾民衆史」と銘打った叢書がズラリと並んでいるではないか。優に五〇冊を越える民衆史叢書は我々にかつての強権的支配から離脱し、自由化への道を歩み始めた台湾の思想動向を生々しく語りかけているかのように見えた。

叢書の内容も台湾人論であったり、国民党支配下で起った大弾圧事件、二・二八事件の証言、記録、と実に多様多岐にわたっていた。そこに流れているのはまぎれもなく台湾民主化への志向と民衆史の結合であり、日本植民地支配以来今日までの台湾の苦闘の歴史を台湾民衆の側から照射する試みでもあった。

台湾史研究のすさまじいばかりの活況にふれたその夜、我々は台湾料理をかこみながら興奮さめやらぬままに遅くまで語り合った。戒厳令下の台湾に留学した経験をもつ上里さんの「歴史の主人公としての台湾民衆が民衆自身を語り始めた」との言葉を聞きながら、私自身は六〇年代の初頭に鮮烈な印象を我々に刻みつつ登場した色川さんの民衆史研究に思いをはせていたのであった。

とりわけ、黄河書房版『明治精神史』との出会いは、日本復帰を求めて高揚する沖縄現地の民衆運動を背景に思想史研究を志した私にとって忘れ得ぬ出会いの一つであった。時代は外にベトナム戦争の激化、内に安保・沖縄問題、公害問題の噴出、大学紛争とまさに疾風怒濤の様相を呈していた。そんな中で出会った『明治精神史』は時代の高みから歴史を見るのではなく、底辺から歴史を把握するという色川さんの史的方法が鮮烈な形で打ち出されていた。明治時代の陰影と苦渋を生々しく浮き彫りにした三多摩の民権家群像は、そうした色川さんの方法によって結実されたものであったと言えよう。それはこれまでの歴史叙述には見られない人間群像そのものであった。

その意味で『明治精神史』は、これまでともすれば中央に偏重しがちであった思想史のあり方を、地域史全体に押し拡げた所にその記念碑的な意味があったと私なりに思う。六〇年代後半以降、堰を切ったように北は北海道から南は沖縄まで全国各地で興った地域史の発掘と再構築。それを通して日本近代史なり、思想史の裾野を拡大しようとする試みの原点にあったのは、色川さんの一連の民衆史研究であったことは否定できない。

こうした全国的な民衆史運動とも言うべき新しい時代思潮のうねりの中で、七〇年代に入ると全国の様々な歴史の現場に降り立つ色川さんの姿を見かけるようになる。

色川さんが沖縄に初めて足を踏み入れたのもそうした全国行脚の一環であったと思う。私が東京での大学院生活を終え、琉大に赴任した翌年の七四年六月のことであった。当時の沖縄は空前絶後の高揚をみせた復帰運動が巨大な国家権力の前に敗北し去った後の挫折と虚脱感の真只中にあった。押し寄せる本土資本による乱開発と自然破壊。復帰後も変わらぬアメリカ軍事基地の重圧。この現実を前に我々は沖縄の進むべき方向をさがしあぐねていた。そんな我々の前に現われた色川さんは、沖縄タイムス社の新川明さんと私の求めに応じ、一場の講演を行なった。

講演の中で色川さんは、沖縄の歴史がもつ「特殊な被害と被抑圧の経験からくる思想」こそが世界の中の日本、日本の中の沖縄が貢献できる唯一の思想と道破した。そして更に、アメリカ軍政下での被抑圧民族としての沖縄の「民衆的な民族的抵抗」を、普遍的な言葉に置きかえて「沖縄の思想」として日本全国にむけて表現してほしい、と我々に語りかけた。この講演を聞きながら、一思想史研究者として自らの拠点をここに置かねばならないとの決意が私の中からじわじわとせり上がってきたことを、今も鮮やかに思い出す。あれからもう二〇年がたち、本年は戦後五〇年を迎えた。

この年を期して訪れた台湾はまた植民地解放五〇周年の最中にあり、台湾民衆史はその苦難にみちた歴史を鮮やかに描き出していた。そして、そこで私は色川さんが言う沖縄の被抑圧の歴史経験こそ台湾をふくむアジアの被抑圧経験に通ずることを再確認したのであった。時代の思想潮流が空無化し、思想の変転、変節のきわまりない今日、アジアの民衆史の中にこそ、かつて色川さんが提起した時代と向き合う民衆史の精神が生々と脈打っていると思われてならない。

（一九九五年一〇月）

連なる激流

我部政男

戦前、戦後を通じて深く沖縄の歴史と文化に理解を示し、かかわった人物は、それほど多くはない。柳田国男、中野好夫は、その代表的な人物であろう。おそらく、『眉屋私記』の上野英信、『沖縄の淵――伊波普猷とその時代――』の鹿野政直らと同様、色川大吉もその潮流に連なる。

地理的にみた場合、細く南北に連なる日本の一部にすぎない沖縄が、日本国家の行政的な地方性をふきぬけ、歴史的諸要因を媒介にし、広くアジアの諸地域に拡散連動するとき、地域としての独自性と、ある普遍性を獲得する。

「行動」し「思索」する歴史家が、鋭い感覚でかぎとる論理の中に、それを見いだすことができる。「わだつみ」の世代の色川大吉が、琉球・沖縄を意識するようになるのは、昭和二〇年の沖縄戦のころにさかのぼる。

昭和四〇年、沖縄から上京した私は、その色川大吉の名前にすら疎かった。歴研大会で色川大吉の基調報告があるということで、聞きにいき、最後列の席から、その人物に接した。そのかいあって、『明治精神史』を著者の声を聞くように読むことができた。歴史の舞台である八王子、五日市を強い意志を堅持して時代に対峙した人々の息吹に少しく接したいと思い、現場に立つことで、臨場感を求めて訪ね歩いた。

私が、強く色川大吉を意識するのは、著書から受けた感銘もあるが、私が編集した『地方巡察使復命書』上巻の書評に接した時である。私にとって忘れることの出来ない事がらであろう。

色川大吉は復帰二年後の夏はじめて、沖縄の土を踏む。以来、沖縄大学、琉球大学での集中講義、『ある昭和史』執筆取材、久高島調査、新聞社のシンポジウム、記念講演のために何度か沖縄（宮古、八重山）を訪ねている。海洋博開催準備期の「開発」のため山が切り取られ、赤土は、雨とともに海水に流れ込む。珊瑚礁も赤土のために死滅した惨状を目撃して、沖縄島が、自らの体内から鮮血を流していると警告した。この体験を契機として日本近代民衆史における沖縄の歴史的な位相を問い直す新たな課題を自らに課すことになる。

当時、南北アメリカで研修中の色川大吉より、近くマリウス・B・ジャンセン夫妻が沖縄に行く、との連絡を受けた。その時私は、マリウス・ジャンセンを五日市憲法草案発見の土蔵に案内する色川大吉の自信に満ちた勇姿を思い浮かべる。ジャンセン夫妻が那覇空港に降り立った日は、奇しくも、嘉手納飛行場を人の環でかこみこんで「撤去」の意志を示す日とかさなった。マリウス・ジャンセンは、沖縄戦の年の一九四五年、通訳将校として沖縄島北部の小さな集落の瀬嵩（せだけ）に滞在していた。瀬嵩の海岸の波打ち際の白い砂浜の上で拾い上げた貝殻をアメリカの母親の元に送る。ある時は、山に入り避難民を助け出したり、連絡のためジープで、司令本部まで行くこともあった。避難民のなかに画家の山田真山がいて、ベニヤの板を利用して絵を描いてもらったという。その絵が、プリンストン大学の研究室に掲げられているという。首里城、中城城の旧跡、ペリー来航の時にできた外人墓地を見学した。佐藤太圭子の琉球舞踊を見て、琉球士族の古式豊かな正装でカメラにおさまる楽しいひとときをもった。戦後日本の学会とは、『坂本龍馬と明治維新』（時事通信社、一九六五年）の著書を通じて緊密な関係を持ち、頻繁に太平洋を往復しながら、ついぞ沖縄再訪はなかったのだ。

　不思議なことであるが、マリウス・ジャンセンが沖縄に滞在していた一九四五年に、ドナルド・キーン、ロバート・スカラピーノの二人も同様に滞在している。三人が、歴史の一コマを共有するという事実は、戦後のアメリカの「日本学」の出発が、戦闘の地沖縄から始まると解することもできよう。

　今年の夏、ワシントンに滞在し、ナショナル・アーカイブス・カレージ・パークで日本近現代史の写真史料の調査を行った。沖縄戦の写真のなかに、さほど戦闘の激しくなかった今帰仁・本部の山間部をさまよう避難民の姿があり、一瞬、群衆の中に自分が写っているかのような錯覚にとらわれ、五〇年前の過去に引き戻された。

　休日は、地図を片手に、マッカーサーの眠るノーフォーク、ペリー艦隊の出港したアナポリス、リンカーンの演説したゲティスバーグにレンタカーを走らせた。フィラデルフィアの馬場辰猪の墓には二回訪れた。プリンストン大学は、長い橋を渡れば、小一時間ほどで行ける距離の範囲にある。「非戦闘員」救出に働いたマリウス・ジャンセンは、そこに住んでいる。近くまできていながら、訪れることができなかった。

　色川大吉は、断片的でいくらか激しい不明瞭な人々の「連環」を意識的に結びつけ、ある流れをつくるように見える。その人々の織りなす構図は、歴史の研究と社会的活動の行動の場とが相互に移入しあっているようにも見える。私も、それから多くの恩恵を受けている。国立公文書館に所蔵されている文書を基本にして『明治建白書集成』を編集しているが、その刊行は、自由民権期の人々の叫びと思いを永く伝える紙の記念碑だと考えている。ともに編集にかかわることになった不思議な縁を思わずにはいられない。

（一九九六年一月）

色川大吉と南島の民衆史

三木　健

一九八〇年一〇月のことである。沖縄の最も南にある私の郷里・石垣島の職員会館で、戦前西表島にあった炭坑で働いていた佐藤金市さんという八五歳になる方が著した『西表炭坑覚書』の出版祝賀会が開かれた。私はその本の編集に携わり、解説も書いていたので、那覇から帰省して参加した。折から石垣島を訪れていた色川大吉さんをその席にお招きして、スピーチをしていただいた。

色川さんは、東京でこの本を読み、小学校四年までしか出ていない大工の佐藤さんが、八〇歳過ぎてからなぜあのような本を書かれたのか、ひと目会ってそのわけをきいてみたい、とわざわざ石垣島にお出でになっていたのである。

「いったいおじいちゃんは、なぜこれを書いたんですか。今、大学生でもなにか書けといわれると、いやだといって逃げまわるんですよ。それなのに八〇歳になって、小学校四年しか出ていない方が、字引ひきひき延べ一、〇〇〇枚位の原稿をお書きになるというのは、いかなる情熱があったんですか。なにかすごく恨みでもあったんですか。それを晴らすために書いたんですか」

色川さんの質問に、佐藤さんは「そうじゃないんだ。今の若い衆を教育するためだ」という意味のことを答えている。そんな話を披露したあと、色川さんは付け加えた。

「私はあのとき那覇からすぐ東京に戻る予定でしたが、あの佐藤さんの『西表炭坑覚書』という本をよんでから、とにかく三時間でも四時間でも行って、トンボ帰りでもいいから、この著者にひと目会っておきたいと思っていたのです。会ってお顔だけでも見て、日本の庶民のなかにも、こういう人間がいるんだ、ということを胸に刻んでおきたい、という思いでした」

この言葉に、私は民衆史家としての色川さんの歴史に対する姿勢を垣間見る思いがした。色川さんはスピーチのなかで、歴史というものは、いろんな違った立場の人の見方を組み合わせて、初めて全体が見えてくることを、富士山にたとえて話された。吉田口から見る富士山、身延山や河口湖から見る富士山では、同じ富士山でもいろんな形をしている。これらを総合してはじめて富士の全体像がわかる。

「歴史というものは、その方がどういう立場におるかによって、見るものが違ってきます。たとえば西表炭坑の全体像を書こうとするならば、東西南北いろんな視角から見る目を組み合わさなければならない。その組み合わせのお仕事は、実は佐藤さんのお仕事ではなくて、若い方々のお仕事であるわけです。またあとに続く八重山の方々のお仕事であるはずだと思います」

この色川さんのスピーチは「南島の民衆史」と題して、佐藤金市さんの二冊目の著書『南島流転――西表炭坑の生活』に序文として収録された。

祝賀会の夜、石垣島の居酒屋で私たち「あとに続く八重山の者たち」が色川さんを囲んで、いろいろ島に生きる者の歴史体験を語り合った。

実は色川さんは、その前年の一九七九年三月に、西表島の炭坑跡を訪ねている。それは、那覇に来られた折り、たまたま『眉屋私記』の取材で那覇に滞在中だった筑豊の上野英信さんを交えて、私のアパートで泡盛を酌み交わした機会に、拙著『西表炭坑概史』をさしあげたのがきっかけとなった。「私はこの本を那覇で頂戴して、熟読して一夜眠れなかった。日本列島を中にはさむ北限と南限の地において、全く同質の非人間労働・人間侮辱が強制され、本土人が内包していたすべての悪をここに集中して、無数の同胞の遺骸を土中に放棄していたからである」

西表炭坑跡を訪ねたあと、「沖縄タイムス」紙に寄稿された「日本民衆史の北限と南限」の一節だが、同文はその結びで、つぎのように指摘している。

「こうした事態を許したのは、沖縄の世論の弱さに他ならない。極言すれば、地域社会ぐるみの差別意識にもとづいた悪への加担ではなかったか、ときびしく自省するところから、オホーツク民衆史講座の運動は生まれた」

非人間的労働の歴史を、資本の側の責任として糾弾することで、こと足れりとしてきた私の歴史認識の甘さに、この言葉はぐさりと刺すものがあった。歴史に対する自省の念なしに、真の民衆史はありえないのだ。それはなにも過去の歴史に対してばかりではない。今を生きる私たちにとっての警世の言葉でもある。

色川史学が同時代に対する鋭い視点と、その緊張の上に成り立っているのは、そのためである。また、民衆の視座に立つ歴史観と、生き生きとした歴史叙述は、地域史を真に民衆のものによみがえらせた。色川民衆史が「根拠地」とした三多摩の民権運動にしても、それは言うなれば一地域の地方史である。

このような豊潤な地域史なくして、日本史もまたありえないことを示したのが、ほかならぬ色川さんである。私もささやかながら、民衆史のかがり火を南の島で灯し続けたいと思う。

（一九九六年三月）

色川大吉さんのこと

仲程昌徳

　色川さんの著作についてではなく、また東京での色川さんとのこと、例えば東京経済大学図書館の貴重文庫でのこと、五日市憲法草案を発見した場所でのこと、はたまた庭にカバーをかけて置かれていた「どさ号」で踏破したユーラシアの旅の番外編とでもいっていい話で笑い転げたことなどでもなく、沖縄限定といっていい色川さんについて、ほんの少しだけしるしておきたい。

　一つは、ダイビングに関してである。

　琉球大学に、教養部という組織があったころの話である。私はそこに所属していた。当時の教養部は、というよりも当時の琉球大学は、なかなか自由闊達な雰囲気があって、いろいろ企画し、実行できたころの話で、私が、色川さんに、集中講座をお願い出来たのもその一つである。

　詳細は忘れてしまったが、たぶんお手紙で依頼したのではないかと思う。色川さんは、当時、ほぼ毎日どこかで講演会があるといわれていたほどで、難しいのではないかと危惧しながらのことであったが、引き受けて下さった。

そこで、色川さんは、一つだけ、要求なさったのである。沖縄に行くが、ダイビングをしたいので、よろしく、というのである。私は、子供のころから、朝から晩まで、海で泳いでいたが、ダイビングとはとんと縁がなかった。そこで、思いついたのが、学生たちのクラブ活動であった。聞いてみると、ダイビングクラブもあるということで、彼らに色川さんのことをお願いし、一件落着ということになったのである。

あとで、色川さんに聞いたら、学生たちに案内されたのが、遠浅の海岸で、タンクをかついで潜ることのできる地点にたどり着くのがやっとだった、という。笑ってはいけないのだろうが、笑わざるをえない話であった。

色川さんのダイビングについては、あとで知ることになるが、水俣の海に何度も潜っていたのである。ついでなのであと一つだけ、沖縄での色川さんについて書いておきたい。

夜中、色川さんから電話があった。沖縄に来ている、君のところに上野英信がいると聞いたのだが、まだいるか、いたら那覇まで、降りてきて欲しいと、伝えてくれという。

上野さんがことわるはずもないことは知っていた。すぐにかけつけようということになって、色川さんの用意されたところへいくと、なんとそこに、石牟礼道子さんがいらしたのである。上野さんと石牟礼さんとのつながりは、サークル村以来のことで、一緒に東京で座り込みをしていたこと等、深い信頼関係で結ばれていた。色川さんの粋なはからいで、沖縄の夜が、印象深い一夜になったことはいうまでもない。

色川さんも、上野さんもそして石牟礼さんも、その一夜のことについては触れている様子がない。三者三様で心の通い合った大切な宴が、沖縄であったのである。そしてそれは、東京とはちょっと違うものであったのではないかと思うのである。

（二〇二〇年一〇月）

色川大吉さんと「自分史」

上間常道

二〇一四年一一月五日、那覇市内のホテルで、「民衆史五〇年――色川大吉先生を囲む集い――」が山梨学院大学名誉教授の我部政男さんらの呼びかけで開かれた。出席者は約六〇人で、いずれも色川さんとゆかりのある方々だった。

講演会は午前一一時から開かれたが、はじめにジャーナリストの新川明さんが主催者を代表して色川さんから受けた影響に触れられ、「反復帰論」を展開した『琉球処分以後』など自著を執筆するに当たって、苦労して手に入れた色川さんの『明治精神史』から多くのことを学んだことを明らかにされた。

歴史家、思想史家の色川さんは、現在九〇歳だというのにかくしゃくとしていて、講演も明快だった。自著『ある昭和史――自分史の試み』（中央公論社、一九七五年）を書くに当たってその土地の人々の生き様を実感しておきたいと最初に訪れたのが《沖縄》との出合いであったこと、この本の副題に「自分史」という新語を提唱したさい、編集者から造語は使わないでほしいと変更を迫られたが押し通したこと、このことばには歴史は教科書に載っているような偉人や英傑が生み出すのではなく、声なき声を発している民衆が支え動かしているのだという確信、つまり歴史は「民衆史」として描かれるべきであり、民衆一人ひとりが「自分史」を書くことによってそれは紡がれていくのだという確信が反映していることを述べられた。そしてその確信が、みずからの戦中派としての体験、さらにそれにつづく戦後体験に基づいていることにも触れられ、民衆の底力こそ歴史を動かす力であることを力説され、講演を終えられた。

ひきつづき開かれた懇親会では詩人の川満信一さん、沖縄大学名誉教授の新崎盛暉さん、元沖縄県知事の大田昌秀さん、それに前日の琉球新報ホールでの講演に来沖されていた、色川さんと昵懇の東京大学名誉教授で社会学者である上野千鶴子さんらが、それぞれ色川さんとのかかわりなどについて述べられた。

三〇冊以上あっただろうか、会場の片隅に並べられた著作物の数の多さに驚かされるとともに、テーマがいずれも民衆史、自分史で一貫していることに、色川さんらしさを感じた。時間が余ったせいもあり、せっかくだから「民衆の声」も聞かなければならないと思ったに違いない司会の伊佐真一さん(『伊波普猷批判序説』などの著者)の慮りのせいもあったのだろう、私にも一言との声がかかった。

実は学生時代、現代の理論社で雑誌編集のアルバイトをしていたさい、司馬遼太郎かなにかの特集を組み、座談会が企画され、編集委員会で出席者の一人に色川さんの名前が挙がり私が出席要請の事務手続きをしたのが、接触の最初だった。物忘れの激しい年齢に差し掛かった今、その座談会が実際に行われたのかどうかさえあいまいだが、色川さんとの接触を試みたのは確かだった。

沖縄では、『新沖縄文学』四一号(一九七九年)の特集「琉球弧のなかの奄美」で、作家・島尾敏雄さんとの「琉球弧の喚起力――日本文化における南島の位置」を行ったとき、編集長の新川さんのわきで編集者として同席したのが最初だった。お二人の発話はそのままテープを起こしてもきちんと整った文章となり、じつにみごとなものだった。今回以前、最後にお会いしたのは、その『新沖縄文学』終刊号で、「『新沖縄文学』を総括する」という特集を編み、タイムスホールでシンポジウムを企画したさい、色川さんに基調報告をお願いしたときだったから、約二〇年ぶりの再会だった。

私には色川さんから受けた恩が二つある。

ひとつは、奥多摩・秩父の民権運動を研究されるなかで発掘・発見された、明治期の私擬憲法のひとつ五日市憲法である。民衆が憲法を起草するという発想は、「平和憲法である日本国憲法のもとに復帰する」という発想の裏に胡散臭さを感じていた私にとって新鮮な驚きだった。新沖縄文学の編集部を離れ、沖縄大百科事典編集部に移籍してまもなく、新川さんが夜遅く編集部に見えられ、「新沖文向けの何かいい企画はないか」と訊かれたとき、ふと思い浮かんだのが五日市憲法だった。沖縄の民衆が自主憲法を起草する――このイメージは新川さんを中心とする委員会で具体化され、川満信一さんの「琉球共和社会憲法私C(試)案」と仲宗根勇さんの「琉球共和国憲法F私(試)案(部分)」などとして結実した(『新沖縄文学』四八号、特集「琉球共和国へのかけ橋」、一九八一年)。

もうひとつは、YMCA文化教室で「自分史講座」の講師を受け持ち、そのテキストとして『おきなわ版 自分史のすすめ』(一九八七年)を刊行したことだった。刊行後も折に触れ、自著などでこの本に触れていただいた。

そんなことをつらつら話して降壇し、前席に座っておられたご本人に握手を求めたら、ほほえんで応じてくれた。

（二〇一四年一一月）

集団自決と民衆史

下嶋哲朗

序

バイデン氏は米新大統領就任のわずか一月後（二〇二一年二月一九日）、以下のごとく声明した。日米戦争時の日系アメリカ人一二万人余の強制収用は「不道徳で違憲だった」と謝罪した上で、「米国史で最も恥ずべき一時代に、先祖が日本人というだけで、非人道的な収容所に監禁された」それは「根深い人種差別、外国人嫌い、移民排斥の帰結」だと（参・東京新聞二月二一日）。忘却を精神的な支えとする種の日本人には理解が及ばないだろうが、これは歴代大統領（トランプ氏を除く）が踏襲する歴史認識再確認の文脈として読むべき声明である。

声明の背景には公的差別（ヘイト）主義者トランプ前大統領の新型コロナウイルスを「中国ウイルス」と称したことから現在、アジア系アメリカ人に対する潜在してきた差別（ヘイト）が顕在化、殺人を含む三千人以上が暴行された事実がある。しかし中国へイトにどうして「先祖が日本人というだけで」された強制収容という歴史的大事件が引き合いに出されるのか。このことを「先祖の日本人」つまり私たちが考えるのには意味がある。

わたしは長年、日系アメリカ人の強制収容（所）、そして戦時におけるにっぽん人の集団自決に関心を持ちつづけてきた。本小文は一見無関係の二つのテーマを色川民衆史も『明治の文化』（岩波現代文庫版）を（都合よくも）拠りどころに相対化し、なにか意味のある価値を獲得するべく冒険するところにある。これまで二つのテーマをそのように研究した者はない。無茶な冒険だからか？　否、二つのテーマに深い愛情を向けつづける者がいないのだ――〈民衆史はまだ大きな仕事をやり終えないでいる〉（380）（以下〈　〉は同書。（　）は頁）。

〈「日本とは奇妙な國」とは何か〉（380）

基本情報＝日系アメリカ人強制収容所（Internment Camp 一九四二～四五）は全米に一〇カ所以上あった。総人口約一二万人、彼らでも米国籍の二世に忠誠登録（テスト）が行われた。二八問あり二問が問題（トラブル）だった。アメリカ合州国軍に入隊し戦闘任務につくか否か。アメリカ合衆国に忠誠を誓い、天皇への忠誠を破棄するか否か。この二問（概略）にノーは米国への不忠誠表明であり、その者は危険分子とされた。通称「ノー・ノー組」といった。一方は「イエス・イエス組」といった。

強制収容所はバーブドワイアーに囲まれた〝奇妙な島國〟であった。どれもはてしない砂漠の海に浮いていた。中でもことに人口約一万八千人の「ツールレーク」は奇妙であった。その島はカリフォルニア州北部、オレゴン州との境界の荒野に位置した。ほかは「強制収容所」（Internment Camp）だが、そこは危険分子ノー・ノー組（Aとする）を集中したゆえに「隔離所（Segregation Center）」といった。そういったところにイエス・イエス組（Bとする）を混在させたからややこしかった。Aは約一万三千人。Bは約五千人。便宜上A、Bとしたがじつは単純に二分できない。ことにAは複雑である。大掴みにいえばその多くは親日本派だが、中にアメリカ国家は自国市民を「不道徳で違憲」にも隔離し、しかも愛國テストなどをした。この許されざる侮辱を拒否する意志表示において、ノー・ノーとした者が少数ながらいた。彼らをAaとする。あとは天皇忠誠組である。これをAbとする。Bは侮辱に耐えイエス・イエスとした者が知るかぎりでは多い。彼らの中には状況によってはAに同調するにっぽん方式がいた。

Aaは「米国史で最も恥ずべき一時代」に開国を迫る知性派ともいえる。Abは内向する尊王攘夷も激情派である。したがって同じAでありながら敵対した。AbはAaを始終襲った。AbはまたBに「転向」を迫り（逆もあり）小競り合い暴力が絶えなかった。その周りには〝黒船艦隊〟が機関銃をかまえていた。射殺事件も起きている。

ある事故に死者が出た（一九四三年一〇月二六日）。事故への当局の対応の不備にAbが蹶起した。「進軍ラッパが鳴り響いた。四、五〇名の青少年が坊主頭に鉢巻きをして『ワショイ、ワショイ』と〔……〕後に女子団が続いた。（『Beyond Loyalty』Minoru kiyota（清田実）ハワイ大学プレス）以下

（清田）。清田は戦後ＵＣＢ、東京大学に学ぶ。本書原版出版時（一九九〇年）はウイスコンシン大学教授）。Ａａだった清田はＡｂにテロされている。

Ａｂの蹶起にＢも同調したから奇妙な島國は騒乱状態となった。驚愕した〝黒船艦隊〟は戒厳令を発布、戦車六両、重機関銃、九二〇名の兵をくり出し威嚇射撃、反乱は一月間も続いて鎮圧された。拘束者らは四〇〇名、そのだれかが留置所の壁に落書きを残している。「介錯を頼む」「打倒米国」「大日本帝國」の横には「日の丸」旗がある。

蹶起のＡｂを報國青年団、報國女子青年団といった。同系統の各奉仕団もあった。男子は坊主頭、女子は三つ編みが団則である。指導者は西本願寺派遣の開教使と日本語学校教師ら。浄土真宗本願寺派（西本願寺）は一九三一年の満洲事変から四五年の太平洋戦争敗戦までの間、僧侶や門徒に積極的な戦争協力を呼び掛ける大谷光照門主名の通達を六〇通発布。日本語学校教師は文部省の派遣であったり、『生長の家』信者だったりした。いずれも修身教育と教育勅語の推進者、主として國定教科書を使用した。――アメリカでの話である。

〈小学校読本の全体的な思想性はあきらかである。そこには〝封建的忠誠心〟と〝近代的機能主義〟、〝皇室〟と〝國民〟、〝伝統的なもの〟と〝近代的なもの〟とを投合しようという意志がつらぬかれている〉(343)。天皇制〝一系〟は〈民衆の意識世界を気体のように包みこむ怪物的存在として拡充〉(13)。その読本に学んだはずの移民一世は「頑固な人が少なくはなかった。その最たるものは、日本人は日本人だ、決して他人種に混じってはならぬと。その頑迷の者の娘が中国人と恋に落ち結婚、が親は許さず娘は自殺してしまった。私がその家を訪ねたときは丁度初七日。親御さんは、娘の自決を『家系の誇りだ、これでご先祖様に顔向けができる、よく死んでくれた』と満足しておられた」（『ある二世の轍』比嘉太郎）。娘を殺したものは〈気体のように包みこむ怪物的存在〉であった。とはいえ子どもは深い井戸の底から光の中へ飛び出したがる。

「Mam, I don't like Japan. I wan'a back to America. ママ、わたしにっぽんが嫌い。アメリカへ帰りたい」（『サムライとカリフォルニア――異郷の日本画家　小圃千浦』下嶋著）。カリフォルニア州タンフォランの集合所（強制収容前の仮収容所）でのシーンである。つぎはユタ州トパーズ強制収容所でのシーン。

「ママ、わたしアメリカ人だから早く収容所を出て自由の身になりたい」ママの答えは「何を言うんだね。わたしは日本人なのよ。日本軍がサンフランシスコに上陸したら、ママは日章旗を揚げて迎えに行くんだよ」（清田）。このようなにっぽんの母に育てられた子は、にっぽんの子になる。

「わたしは日本のはたですから、日本の兵隊さんたちが私をつれてせんそうに行きます。そしていつも一番、まっさき、てきのなかにすすみ……」（マウイ島カフルイ日本語学校小四・名幸重信）

奇妙な島國はにっぽんの分家と言ってもいいすぎではないように思われる。だが分家を囲むバーブドワイアーは眼に見えるからまだ抵抗のシンボルにもなり得るが、精神の鎖は見えないから厄介が極まる。次にそうした本家を訪ねてみる。

チビチリガマ

「そんなもの無いよ」「聞いたこともない」「あちこち聞き回ってるヤツは、あんたか！」「あんた、だれか！」それがまちがいなく在る村の人たちへの尋ねの回答だった。「そういった記録も資料も全然ありません」というのが村役場の回答だった。事実あるものが「無い」と口をそろえていうのだ。――私は素手で村のタブーに触れたらしい。無いものへたどり着いたときには八年が過ぎていた。調査を始めると意外、村人たちが多数参加してくれた。一月後、沖縄島は読谷村字波平における「チビチリガマ集団自決」の全容が明らかになった。そのときから三八年を経た一九八三年の夏であった。――八三人が自決した。うち四三人は一二歳以下の子供と幼児であった。驚くべきことである――子供が幼児が集団で自決などするわけがない、母親がわが子を殺めたのである。私に素朴な疑問が生じた。それはつぎの素朴な疑問へと連鎖していった。疑問は村人と一緒に考え解いていった。まず生存者たちに質問した。「自分で死んでいったんですか？　集団でですか？」誰でも〝いいね〟をクリックするごとく「教育は恐ろしいさァ！」と答えたもののしかし、〈精神構造としての天皇制〉は〈明治前期に形成され、後期に完成を見て大多数の日本人の目の上の〝梁〟となった〉(9)と深堀りしたものは一人としていなかった。その認識といえば教育の〝せい〟のレベルで止まっているのである。

そこでつぎの疑問となった。「どうしてタブーにしたのですか？」これには誰もまっすぐに答えられなかった。アメリカのにっぽんの分家ツールレーキには少数だが、國家の不当な〝強制〟を見極め認識し、それに抵抗反逆する者（Ａａ）がいた。だがチビチリガマの村人にはそれができない故に〝真犯人〟が探せず、〝自発（＝自決）〟としてしまった。そこに私憤が生じるのは成り行きであろう。そもそも天皇制〝一系〟という〈魂の病〉（12）というものは〝強制〟を〝自発（＝自決）〟に変換する思想の病ともいえるのではないか。その流す〈惨毒〉（9）には背筋が凍る、――集団自決の犯人つくりが始まったのだ〝私憤〟を晴らすために。死者の中に元従軍看護婦（二五歳）がいた。死者八三人のうち一四、五人が、彼女の毒薬注射に亡くなった。彼女の強制ではない。避難民の方から毒の接種を自発したのである。にもかかわらず彼女が犯人とされた。チビチリガマの集団自決はこうしてタブーへの暗い入り口をくぐっていった。彼女の遺族の三八年というあまりにも長い惨苦を直接わたしは聞いている。これに村人が罪悪感を抱えていたことも。それゆえに真実探求の気持ちは抜きがたく底流していただろう。これが私の調査への参加の動機とおもう。

＊

つづいての疑問は「鬼畜米英とは何か？」。これが避難民の意識世界を恐怖で支配した。チビチリガマは浅い谷の底に暗い口を開けている。米軍の沖縄本島初上陸は一九四五年四月一日。地点は読谷村から嘉手納村（当時）にかけて。米兵＝「鬼畜米英」がチビチリガマに現れたのはその朝九時頃である。

「ガマの上には戦車も、アメリカーもびっしり。十メートルぐらい上にいるアメリカーに向かって、竹槍をヤーヤーとつき出したんですよ。そしたら機関銃撃つし、手榴弾を投げたので、前になってる人たちは、その場に倒れて〔……〕一三歳以上は、竹槍持ってみんな出ましたよ」（比嘉トシ証言）。

「デナサイ、デナサイ！　コロサナイ、デナサイ！」アメリカ兵の救済の呼びかけを暗闇に怯える避難民は信じなかった。出たい者はその空気を読まれて「おじい」に叱責された。「支那事変などで戦争をしてきたおじいだから、日本軍が中国人にやったひどいことを、今度は（鬼畜米英に）こっちがやられる番だ、と思いこんでたから……」（比嘉トシ証言）。

鬼畜米英とは、「十七世紀の鎖国後、長崎に来るヨーロッパ人は毛深く『毛唐』と称し、長い航海に放つ悪臭、肉食に獣を連想をさせた」。対するは天皇制〝一系〟である。「日本人の〝単一民族だから純粋〟との感覚が、日本人は自分たちのみが身内、その精神性の鎖国を生じさせ、ことに米英等の非日本人を余所者として区別するものとして、不浄の怪物『鬼畜』を登場させた」（『人種偏見』ジョン・W・ダワー、TBSブリタニカ）のである。これをダワーは「日本と西洋との最初の悲劇的な出会い」という。とはいえほとんどの民衆に『鬼畜』は靄の中に茫漠としていたはずである。それが日本兵の「中国人にやったひどいこと」によって、天皇制〝一系〟を犯すたしかな不浄の怪物、鬼畜米英（ちなみに満洲ではロシア兵を鬼畜米英と教育している。）となった。「今度はこっちがやられる番だ！」

＊

つぎの疑問は「集団自決とは何か？」である。

チビチリガマは民衆に浸潤した〈怪物的な〉天皇制〝一系〟というピュアと、それを汚す鬼畜米英との衝撃的遭遇の場であった。驚愕した民衆はピュアが「やられる前に、天皇陛下バンザイして、死ぬべきではないか！」と〝自発〟したのである。同時にそれは〝生きて虜囚の辱めを受けるなかれ〟（東条英機）であれば、集団自決は明らかに國家の〝強制〟であった。

「お母さん、アメリカーに犯されて死ぬくらいならお母さんの手で、きれいなままで殺してください」「何度もお母さんに、やってくれェ、やってくれェ、と」「お母さん、アメリカーがやってくるよ、早く殺して！」包丁を持つ母の手が素速く動いた。「ザーッと、血しぶきの雨だったよ……」（以上カマド、ウシ、チエの証言）。ふりそそぐ生暖かい雨が合図のように「玉砕」（「集団自決」は戦後の沖縄に生じた言葉とされる）が始まった。毒を注射する元従軍看護婦に列ができた。毒薬がつきて残された者は、倒れて「天皇陛下バンザイ！」をさけぶ者をうらやましがったという。チビチリガマ内部はひょうたんに似ている。中央部のくびれたところに物を積みあげ焼死することに決めた。「火がつくと、奥の部屋にいるおじいやおばあの顔が真っ赤になって、映っていた。もうこれでおしまいと、鬼のように真っ赤な顔してバンザイしている。天皇陛下バンザイと……。真っ赤な人たちが、自分たちのふとんや、着物を火の中に投げこんでいるんだよ。わやわやする炎の向こうに、バンザイ、バンザイと手を上げている人たちが……」（知花信春証言・当時一一歳。以上『チビチリガマの集団自決――「神の国」の果てに』下嶋・凱風社版から）。

避難民一四〇人の八三人が死亡した。生き残った五七人の一人は「じゃあ、あんたたちはそこで死になさい。これから行く道は、別の道」（知花カマド証言）と子の手を引きチビチリガマを出た。こういう自発者が四人（女）いた。残りの五三人は、たまたま助ったにすぎない。

＊

つぎの疑問は、集団自決は〝強制〟か〝自発〟かである。これを用語を含めて考える。

チビチリガマの調査は家永教科書裁判第三次訴訟準備期に重なった。國は「集団自決」も入れよという。これにオヤ？　と思う。頭の良い文部官僚の〝自決＝自己責任〟に帰す企みだろう。そこで沖縄側から「集団自決」を否定するとの一見奇妙な事態となった。「自決」ではなく（軍命等による）「強制死」、「強制集団死」としたのである。そこに軍人はいなかった。数多の集団自決のなかには軍の強制が事実あった。が、問題はチビチリガマである。つまり沖縄に数多起きた集団自決は〝強制〟で串刺しできないし〝自発〟でもできないということなのだ。このボトルネックに沖縄というよりも歴史がはまっている。この隘路を通過するには集団自決を定義することであろう。

集団自決。それは、沖縄の外、広大な領域に無数に起きている。定義という以上はその全域を串刺さすものでなければならない。

と考えた私は、サイパン島、テニアン島、フィリピン、満洲における当該事件関与者の聞き書等に取りかかった。（費用は雑誌『世界』の連載に助けられたことを付しておきたい）。串は前もって幾本か用意できるがそれはじっさいにそれを体験した人びとの証言に得るべきであり、自分の予測・想定・論理の都合に合わせてはならない（色川氏は『水俣の民衆史』にそのよう言われているし、私も同様に意識していた）。そこで私はただ一つだけを訊いた。「どうして自決なんてことをしたんですか？」以下はその回答である。

サイパン島。

「日本兵が捕虜になってるというのに、従姉のヨシ子さんは『鬼畜米英』のデマをまだ信じてる。（鬼畜米英に）強姦されて殺されるから、捕虜にならないといったんです。まだ一八歳ですよ」（上運天研成証言・沖縄）。

テニアン島。

「女は強姦され、男はタンク二台に片方ずつ足を縛られて、股裂きにされる、との恐怖のデマがずいぶん飛んだんです。それをみんな信じていましたから、私は銃口を口にくわえて死のうとしました。すると母親が私をつきとばして『母を先に、殺してくれ』……私を産んでくれた母が、私に、殺してくれ、というんだ。『早く』と父が言った。私は母を撃った」（仁瓶寅吉証言・京都）

フィリピン（パナイ島）。

「現地日本人小学校、栢森功校長が訓示した。『ここで死にましょう。』生きて辱めを受けるよりはと。全員そろい『海ゆかば』を歌い、皇居のほうに向かって次々拳銃や手榴弾で自決した」（『フィリピンの地と泥』熊井敏美・元パナイ島守備部隊副官）

満洲（第九次万金山開拓団高社郷）。

「古幡副団長は、『生きて辱めを受けるよりは、死して護国の礎となろう。』と涙とともに訓示した。副団長以下五〇〇人余〔……〕自決して果てた」（「長野県満州開拓史・各団編」）。

満洲（葛根廟）。

「親が子ども（娘）の未来を悲観して死を選んだ――大人が日本人の血を残さないことが責務と考えたのです」（大島満吉証言・東京）

非業なる証言に耐えてきたわたしだったが、さすがにこの証言には血が凍りついた。そしてほとほとにっぽんがいやになった。鬼畜米英に強姦された女は不浄な〝混血〟を生む。そして代々その血が受けつがれてゆく。天皇制〝一系〟がそんなことは絶対ならない、だから娘を殺した、こういう意味なのである。ここでアメリカにおける「日本人は日本人だ、決して他人種に混じってはならぬ」と中国人と恋に落ちた娘の自殺を「家系の誇りだ、これでご先祖様に顔向けができる、よく死んでくれた」と満足した父親を想起しておきたい。

右証言から集団自決は一系＝ピュアの汚しの申し訳なさに帰結するかのようだが、事実という奴は色々媚びを売るもので、これは美化の媚びである（ある沖縄の集団自決を〝美談〟にした有名な作家がいた）。事件解決の第一義は動機の発見とその確定であろう。集団自決は距離と時間に関係なく各地に無数に起きているが、動機（これが串）は共通している。鬼ヶ島の鬼退治の逆転現象である。架空の鬼畜米英恐怖症は「支那事変などで〔……〕日本軍が中国人にやったひどいことを、今度はこっちがやられる番」（比嘉トシ）だと、やられる中国人をやられる自分に重ね合わせる、そんな錯乱の時、いよいよ本物の鬼畜米英と遭遇したのだ。「弄ばれて殺されるより自分で死んだ方が楽」との証言が多数ある。一系＝ピュアの汚しの申し訳なさなどもはや吹き飛んでいる。想像もできぬ恐怖の解除が、集団自決。目撃した米海兵隊員、米記者らがいみじくも言い得た〝狂信者集団の自殺〟であった。民衆を公教育がそんな狂信者集団に仕立て上げたのである。これが「教育はおそろしいさア！」の意味であった。

ところで自決地における民衆は沖縄以外は開拓移民であれば、自決は教育の程度に関係するだろうか？　答は集団自決〝終点〟の地となるはずだった本土の知識人が語ってくれる。そこにわたしは知性の危うさを認めることになるのだが。

沖縄は陥ちた。本土決戦は目前のとき。

「私は軍国青年ではなかったが、それでも本土決戦となり攻撃命令がでれば、米軍戦車へ突っ込み自爆する決心だった。〔……〕命令に従い死ぬことが内面化されていたのだ。その奥には『生きて虜囚の辱めを受けず』との戦陣訓が骨身に染みついていた。捕虜になれば男は殺され、女は陵辱される。だから自分から進んで死ぬことに意味がある。それが『自爆』であり『自決』であり、それは正しい行動として内面化されていた」（坂本義和・『世界』臨時増刊／沖縄戦と「集団自決」／二〇〇八年）。

「記憶をたどると〔……〕英文法の授業で学んだ助動詞 shall の方法のたった一つの文例がぼくの心に焼き付いている。それは話者の意志を表す未来形の助動詞 shall が、一人称に転じて I will kill you!『殺すぞ！』。碓氷峠の嶮によって竹槍で敵機動部隊を迎えうつとき、突撃の叫びとして、このことばだけ肝に銘じておかねばならないと、英語教師は黒板に板書し〔……〕」（井出孫六『ルポルタージュ　戦後史』上巻・岩波書店）。井出氏は満蒙開拓団員全国最大送出の地、信州において、私のインタビューにこう応えている。

「もしぼくが満州にいたらすすんで、自決しようと言ったでしょう〔……〕ぼくは軍国少年に仕立て上げられていた」（二〇一〇年）。

米戦略空軍は本土上陸作戦において、日本人は集団自決をふくむ三百万人余が死亡と予測していた（その直前、計画よりも早く原爆が完成した）。

集団自決の定義

集団自決は〝強制〟でもあったし〝自発〟でもあった。つまり〝強いられた自発性〟であった。この平然たる矛盾を坂本義和氏は――「日本は『強制』と『自発性』との区別を許さない、その区別の存在を消し去っている国家」「強制が内発化されていた」（同前）と解く。日本人は国家からも自分からも抜け出して、外から自分を見る眼がどんより濁っていたのである。天皇制という〈民衆の意識世界を気体のように包みこむ怪物的存在〉――〈参毒〉のスモッグに包まれていて、その自分を見つめることができなかったのだ。そのあげくの集団自決（玉砕）――にっぽん國は天皇制〝一系〟の護持に自國民絶滅（ホロコースト）を計画作戦し、思惑通り〝自発〟させることに成功したのである。こんな〈惨毒〉（「沖縄には『日毒』という言葉が明治の琉球処分前後のころから確実にささやかれていた」『日毒』八重洋一郎詩集）は有史以来、どこの國も流したことはない、ナチですら。この事実から私は集団自決を【世界に例を見ない、日本人特有の死】と定義した。

ページのめくりかた

〈ヨーロッパ大陸などでの民族抗争の血の歴史とくらべて考えてみると、いかに特殊な環境であったか、いかに特殊な文化感覚と日本型住民社会意識を生みだすものであったか〉（4）

その血を流したことのなかったにっぽんは明治以降〈民族抗争の血の歴史〉を多く刻んだ。民衆は自民族によるホロコーストすら体験した。だがその体験を経験化しえなかった。

ロベール・ギラン（『ル・モンド』紙記者。戦時中軽井沢に軟禁されていた）は書いた。「（敗戦に）七千五百万人の日本人は、最後の一人まで死ぬはずだった。一介の職人に至るまで」（『日本人と戦争』

朝日新聞社）。彼の戦中戦後を通しての、曖昧で無責任なにっぽん人精神（國民性）のつぶさな観察記は以下のようにつづく。天皇のかの放送に絶望的に大泣きした翌朝、村人は豹変していた。「日本人の微笑」を浮かべて昨日までは「鬼畜米英」のギランにおべっかを使い出したのだ。——そして、数十万もの鬼畜米英がやってきた。だが集団自決は一件も起きなかった。ギランという鋭い外の視線が村人を抉って見せたものは、平然と責任を曖昧にするとの欧米人には信じ難い國民性である。ギランはいう。「かつて『鬼畜米軍』とののし」った新聞は「たちまち読者に進駐軍の偉大な魂を説」いた（オリンピックを見よ）。この〈不思議な國〉の民衆にギランはあきれていう。「全国民が〔……〕集団自殺に唯々諾々と引きずられていったこと」は「軽率さであり、真摯さの欠如だったのだ。七千五百万人の日本人が真摯さに欠けていた」と。

ドナルド・キーンはやんわりいった。「それどころか恐怖のあまり死んだ方がましだと思われていた敗戦を、日本人の多くは無事に切りぬけたのだった」（『作家の日記を読む　日本人の戦争』文藝春秋）。米国内のバーブドワイアーの鎖国は〈不思議な国〉の惨敗に解放されたのだった。しかし、〝祖先〟の日本人はギランを引用して言えば、「明かな葛藤を示すことなく真摯さに欠けて」「決定的なページを繰った（一億総懺悔のこと）」、「『新日本』のあの驚くべき誕生（銭ゲバと揶揄された経済成長のこと）」をさせた、金の鎖りに縛られたのである。

こうして民族の血の歴史、集団自決——。〝世界に例を見ない、日本人特有の死〟の体験はただ忘れられたのである。けれどもあの大戦争の〝本質〟自國民のホロコーストを経験化できなかった〝祖先〟はアメリカの〝奇妙な島國〟の人たちに、自分を相対視する観察対象として大いに役に立つことにはなったようである。

清田実（ウイスコンシン大学教授・元Ａａ）は言う。「（日系アメリカ人は）自分たちが代表する民族文化を宣伝する努力をしている。民族的プライドがアメリカナイゼーションに必要になってきたからだ〔……〕皮肉な現象である」。しかしもはや「日系人のアイデンティティなんて言っていられる時代ではない。二、三代もすれば、日系人の社会などありえない」。日系アメリカ人というバーブドワイアーは「アジア系アメリカ人」との広い精神構造がとって替わったのである。が、しかし、と清田はいう。「しかし近代ぶっている日本人の精神構造は極めて閉鎖的である。立派な物理的文化を創り上げた日本人の頭の中は依然として鎖国時代のものだ〔……〕国を挙げての攘夷思想は根深い。子供の頭の中まで滲みこんでいる」。

体験を経験化しえない日本の民衆は、繰り返すが自分を見つめる〝外の眼〟が獲得できない。だがわたしは希望を捨てない。わたしは関東大震災時の朝鮮人虐殺事件を聞き書きした経験を持つ（現「関東大震災時に虐殺された朝鮮人の遺骨を発掘し追悼する会」）。まさに惨毒の海の中で、ある事実に慰められている。朝鮮人の雇い主（ガラス工場など）は鳶をひっつかみ〝鮮人狩り〟する集団から彼らを護った人が少ないけれどもいたのだ。わたしはチビチリガマの「ここから先は別の道」と集団自決を拒否した四人の母親に希望を見い出している。わたしは〈植民地や従属国にされて接触を強いられた国〉(16)（わたしに言わせれば沖縄人）に希望を持っている。台湾のとなり与那国島は琉球国大交易時代の南の玄関口であったように、沖縄人は気持ちを、希望を北から南へ向け変えている。西表島の農民石垣金星はいう。「僕らには日本から学ぶことは何もない。ぼくが日本がアジアから学ぶ場を作ることを考えている」（『沖縄のことだま』森口豁・南山舎）。

〈不思議な國〉を尋ねる者にはこの先も、「そんなもの無いよ。聞いたこともない。あちこち聞き回ってるヤツは、あんたか！　あんた、だれか！」とのアレが谺すだろう。だがそれはかならず在る。八年間あきらめない探索者はそれにたどり着く。

（二〇二一年三月）

色川大吉「民衆精神史＝民衆思想史」開拓の原点

増田弘邦

「私は少年のころから歴史叙述が好きだった」

『色川大吉著作集』第五巻（一九九六年）、著者による解説・解題はこの言葉からはじまる。

色川さんの著作は、どれも研究書というより歴史小説のような書き出しからはじまる。

「ここに十数人の若者たちがいる。北村透谷をのぞけば、ほとんど人に知られたことのない明治時代の青年たちである」（『明治精神史』一九六四年）

「シベリアの曠野を二台の馬車がよこぎっていた」（『近代の出発』中央公論日本の歴史第二一巻、一九六九年）

「日本とは奇妙な国だ。空から見れば、ユーラシア大陸の東のはずれの洋上に、細長い孤形をえがく島々として浮かんでいる」（『明治の文化』岩波日本歴史叢書、一九七〇年）

「晩秋の冷たい風が野分のように枯れ木立を鳴らしてゆくころ、さいはての囚治監跡の囚人墓地は、渺茫たる熊笹の原にざわめいている」（『自由民権』岩波新書、一九八一年）

『明治精神史』の誕生

一九八四年（この年は武相困民党結成と秩父事件百年だった）、『困民党と自由党』（「歴史学研究」二四七号、一九六〇年一一月に発表したが、一九六四年の『明治精神史』には収録しなかった。民衆史研究の画期的出発点となった幻の名論文と言われる）を復刻刊行するにあたって、色川さんはその序文で次のようにのべている。

「一九六〇年六月のことは、八・一五ほどに重く、私には忘れられない。そのころ私はわけあって、一人でくらしていた。ある会社が破産して、私は失業者のようになり、週一度職安にゆく以外には、妙に自由で孤独な体であった。私はそれこそ自分で弁当を作り通勤するように国会に通うか三多摩の山野を透谷を求めて跋渉していた。

思えば四半世紀前になる。歴史の闇深く埋もれていた武相困民党の全貌を私が発掘したのは！

それは五月から八月にかけての暑い夏であり、熱い政治の季節であった。私には痛恨の安保闘争の真最中で、その合間を縫って、この発掘作業は進められていた。当時私は自分の現状認識の正当性と近代主義の清算を賭け、戦いに全心身を投入していた。

現代と過去のはげしい往復運動の中で、しばしば歯噛みするような思いをしつつ、史料の発掘、分析と叙述の仕事に情熱を注いでいた。（中略）

私は予感していたものだ。この論文が私や私たちの世代にとって、これまでの自分自身への訣別であり、新しい研究への出発としての画期的なものになろうということを。私はこれを書き終えたとき、すでに第二作の長篇「自由民権運動の地下水を汲むもの」を準備しており、両者あいまって、安保世代に共鳴する新しい分野「民衆精神史＝民衆思想史」が開拓されるであろうという確信を抱いていた。それなくして「歴史学研究」の一冊の半ばを占めてしまうような長論文の一挙掲載を編集長に要求することなどできなかったであろう。（この論文では）政党に対して民衆がいかに自立的にふるまい、独自の運動を展開したかが述べられている。さらにそれが、一八八〇年代という近代国家と資本主義創生期の民衆の悲劇として描かれている。歴史研究においては、エリート思想家ではなく、無名に近い民衆の思想の深みに内側から迫ろうという試みがなされている。

この論文を発表してから数年、私たち武相の民権研究グループの調査活動は熱狂的なものになっていた。折から高度経済成長の第二段階に入ったところで、農村にも近代化の大波が押し寄せ、旧家の建て直しラッシュがはじまり、文庫蔵、納屋もろとも大量の古文書類が廃棄されるという時代に直面していた。私たちは危機感を抱いて、東奔西走したものである。そのころの私たちの溜まり場発表の舞台は、ほとんど八王子の多摩文化研究会であった。（『多摩の五千年＝市民の歴史発掘』色川大吉編・多摩史研究会著、一九七〇年刊はその活動の成果である。この中で色川さんは、第一部「地域史と市民の歴史学」を執筆し、市町村史ブームと大学など当事者の問題点を指摘している。）

一九六四（昭和三九）年、東京オリンピックの開かれた年、私はこれまでの論文を編集して最初の著書『明治精神史』を黄河書房から上梓した」

このように、『明治精神史』誕生までの経緯において、一九六〇年の安保闘争がいかに重要な挑戦すべき対象だったか明らかにされる。この安保闘争に色川さんがどのように取り組み、どのように闘い、どのように考えていたかを、もっと踏み込んで語っているのが、一九九〇年に「困民党と自由党」と「自由民権の地下水を汲むもの」をはじめて一巻に収録した『自由民権の地下水』（岩波同時代ライブラリー二二）の自著解題である。

「一九五九年、社会党、総評などを中心に安保改定阻止国民会議が結成され、抗議の統一行動が始まった。とくに十一月の第八次統一行動で全学連を中心とする二万人のデモ隊が国会に突入したとき、私は学生たちの体制打破の行動に期待を寄せるようになった。その思想に賛成したのではない。捨て身のたたかいで（おびただしい死者を出して）李承晩独裁体制を打破した韓国学生の姿が二重うつしに見えたからである。社共両党や総評指導部や国民共闘会議にはそうした気魄はなかった。安保条約自然発効の日（一九六〇年六月一九日）が目前に迫っているというのに、彼らは情況打破の決定打も放たず、秩序整然とした同じパターンの「国会お焼香デモ」をくりかえすばかりであった。彼らが意図していたのは大衆の圧力を利用した政治的取りひきと次の総選挙での党勢拡大だったのであろう。

私は当時、文字通りの無産の市民、無産の一労働者だった。社共や総評など既成組織が私たち市民や労働者大衆を動かして国会を包囲させ、岸内閣を退陣に追いこもうとしたとき、私たちは甘んじて同調しながらも醒めていた。そのため私は自由な人間として、彼らの規制から離れ、多くの未組織労働者といっしょに行動した。（ここまでの色川さんの人生については、自分史四部作の前半二作『廃墟に立つ』

『カチューシャの青春』に詳しく語られている。）

六月一五日、全学連が国会に突入して、警官隊と激突し、多くの死傷者をだしたとき、私たちはその通用門前に坐りこんだ。近くにはまだ一〇万人近い労働者がいた。それを共産党や国民共闘会議が「トロッキスト学生の挑発にのるな」とその場にいた人々に流れ解散をよびかけ、むりやり学生と労働者、市民を引き離し、機動隊の前に学生を孤立させて、ぶちのめさせるということをした。私たちは間に立ってはげしくそれに抵抗したが、そのころから安保闘争というのは単に国家権力に対抗する民主・独立・反戦のたたかいといったものではなくて、もっと複雑な〝体制化した戦後民主主義〟、空洞化した自由そのものを問い返す、民衆内部の思想のたたかいでもあると知ったのである。

このことは私に次のような感想を抱かせた。民衆を侮蔑している者は、洋行帰りの官学の教授たちや、大蔵省、通産省などの高級官僚ばかりではない。総評のダラカンや共産党のボス、社会党のエリート幹部など近代主義的主義者たちも同様に民衆を侮蔑し、上からの指導者意識にとらわれているのだ、と。私は『歴史の方法』（一九七七年刊。のち一九九二年に岩波同時代ライブラリー112におさめられる）の「一九六〇年六月―安保体験」のなかにこう書いた。その時から私自身、自分のなかにあるそういうものと意識的に決別して、六〇年の夏に行動を共にした末端の労働者、自発的に参加した未組織大衆の、爆発するエネルギー、潜在的な力、その上に信頼をおいて、自分の思想を作り直してゆかねばならないと考えるにいたったと。

こうした屈折した心情が六〇年一一月の私の論文「困民党と自由党」に反映しているのである。つまり、「困民党と自由党」は明治における〝前衛党〟と民衆との乖離をあらわす悲劇でもあった。旦那衆の豪農民権家たちは「同志」であり、民権運動の指導者だという優越的な誇りを持っていた。ちょうど安保闘争時の日本共産党が、正統の科学的社会主義を独占しているから自分たちこそ「前衛」であり、真の指導者であるとうぬぼれていたように」

ここに、色川さんが民衆史の地平を切り開いていった思いが熱く語られている。国家権力と近代主義社会主義者たちの〝体制化した戦後民主主義〟への怒りは、色川さんが一貫して持ち続けているものである。ここに、色川さんの民衆精神史の熱情の原点がある。

幾多の名著解説や史学史分析も、このような色川さんの心情（突き動かすもの）については、充分に取り上げられてはいないのではないだろうか。

色川さんとともに民衆思想史家といわれる、安丸良夫氏と鹿野政直氏は、それぞれ次のように評価している。

安丸良夫氏は、色川さんの『明治の文化』（二〇〇七年、岩波現代文庫版）の解説「色川大吉――民衆意識と天皇制」で、色川さんの経歴を紹介し「実践活動のなかで色川さんは共産党員となったが、しかしここでも現実の党・党員については違和感をもちつづけた。共産党への違和感はやがて六〇年安保闘争における共産党の指導への反逆となったが、この経緯は「六月には重い霖雨が降る――歴史体験と歴史家」（『色川大吉著作集』第三巻、一九九六年所収。初稿は一九六八年刊の評論集『明治の精神』に所収されている）に印象的な筆致で記されており、そこに記された体験が色川歴史学への決定的跳躍台となった」と評している。

また、戸邉秀明氏は、二〇一六年刊『岩波講座日本歴史第二二巻』所収の「マルクス主義と戦後日本史学」のなかで、「色川大吉氏も、戦後革命運動の失敗に対する憤りから、多摩地域の若者と民衆運動の記憶を掘り起こす共同研究へ潜行していく。色川の『明治精神史』（黄河書房、一九六四年）を評して、鹿野政直が「かつて亡びさったかと思われた国民的歴史学運動が、不死鳥のようによみがえってきたすがたをみる」と喝破したのは、その意味でも的確な位置づけであった」と鹿野氏の評価を紹介している。

二〇一六年の『現代思想』九月臨時増刊号・総特集安丸良夫では、色川さんは、「民衆史の同志――安丸良夫さんの思い出」として、安丸・鹿野・ひろたまさきとの交流を記している。そのなかで「生来理論というものが苦手な「歴史叙述派」の私は（安丸さんの難しい理論的な話に）聞き役にまわるしかなかった」と語っている。歴史叙述派宣言である。

『明治精神史』の歴史的評価について

二〇〇六年刊の『戦後思想の名著50』（岩崎稔・上野千鶴子・成田龍一編）で、名著の一冊に色川大吉著『明治精神史』が取り上げられている。この書については、すでに名著として高い評価が与えられて久しいが、私が注目したのは、「一貫性を欠いた失敗作である」とする花森重行（京都大学特別研究員）の解説である。（花森は、二〇〇八年岩波現代文庫に収められた『明治精神史』の解説も担当している。）

以下、花森の解説を紹介したい。花森は、①「歴史への問い」の書・②六〇年安保体験の思想化としての『明治精神史』・③民衆史の始まりと極限・④歴史叙述の傑作／失敗した傑作という四点にまとめている。

①「歴史への問い」の書

民衆史という領域の可能性を拓くとともにその極限をも体現したテクストであり、歴史の研究書というより「歴史とはなにか？」という問いの書であることによって、「戦後思想」の古典となっているのではないか。それゆえ歴史のあり方を再び問い直されねばならない現在、読み直されるべきだ。

六八年に『増補明治精神史』を出版し、さらに七三年には『新編明治精神史』を出版しこれを決定版とするが、「未発の契機」（歴史に埋もれた可能性）を探ろうとするなら、初版の形式を受け継いだ増補版こそふさわしい。

（色川さんの卒論のタイトルも『明治精神史』であり、その中で四百ページのうち百ページが北村透谷論であった。一九九四年の書き下ろし『北村透谷』（東大出版会）はその完結であった。北村透谷研究の空白を多摩地域の調査で探ろうとしたことが困民党研究、自由民権運動研究、さらに一九六八年の五日市憲法の発見につながることになる。）

②六〇年安保体験の思想化としての『明治精神史』

「北村透谷は自由民権運動に参加した数少ない文学者のひとり」であり、その体験を真に思想として昇華できた数少ない文学者だと色川は述べる。この言葉に倣うなら、色川は六〇年安保闘争を、自らの内的な問題として捉え、思想として昇華できた数少ない歴史学者だと言えよう。『明治精神史』が歴史学会を超えた幅広い領域の人びとの感動をさそう要因は、こうした点に潜在している。

（安保闘争体験が色川さんに与えた衝撃と怒りについては、先にのべたとおりだが、）明治百年が政府によって叫ばれ、高度経済成長へと向かうなかに安保闘争のエネルギーが吸収されていくことに危惧を覚えた人びとにとって、この本は単なる歴史書という以上の重みをもって迫るものだったのである。

③民衆史のはじまりと極限

民衆史という領域を切り開いたと言われる『明治精神史』だが、安保体験のなかから生まれたこの本を「戦後思想」の古典として読もうとすることには違和感がある。この本の根源的な批判性を失わせることになるのではないか。

『明治精神史』の真の可能性を逆説的に明らかにしたのは、（比較文化・フランス研究者。桑原武夫を師とする）西川長夫（一九四三―二〇一三）であった。一九七八年の「歴史研究の方法と文学」、「歴史叙述と文学叙述」（『歴史学研究』四五七号・四六三号、一九七八年六月・一二月）の二論文で、色川の歴史叙述の方法を日本の歴史学における最高の水準をなすものと高く評価すると同時に、そのテクストに密着しつつ、根源的批判を投げかける。色川の演劇＝文学への深い傾倒こそ、その叙述をダイナミックなものにするとともに、最大の弱点（民衆を捉えられるか）ともなってしまうのではないか。（西川長夫については、後述）

④歴史叙述の傑作／失敗した傑作

『明治精神史』は出版当時、歴史叙述の傑作として高い評価を受けた。いっぽう批判で多かったのは支配イデオロギーの考察が欠如しているというものだった。「民衆は不敗だという神話へと色川の観点が横滑りしていないか」と安丸良夫は鋭く批判した。

叙述の失敗とされる、透谷が車引きの喧嘩の仲裁をして丸くおさめた場面で、マルクスの歴史叙述について西川長夫の批判があるが、今読み直すべき『明治精神史』の価値は、この見失われた「未完の契機」にこそある。一貫性を欠いた失敗作である。だが、だからこそそれは、色川の意図を超えて、今なお読み継がれるべき「戦後思想」の古典ではないだろうか。というのが花森の結論である。

色川さんは、一九七七年刊の『歴史の方法』が、一九九二年に岩波同時代ライブラリーに収められた際の「同時代ライブラリー版へのあとがき——西川長夫氏の批判にこたえる——」において、「初版から十五年になるが、私には西川長夫さんからの批判が頭にあって、もう一つ気が進まないでいた。だが、大学の史学概論でテキストに使われていることに元気づけられ、書き直す必要があるが、今はそれだけの余裕がないので、最低限、西川長夫さんからの批判については、ここできちんとこたえなくてはならないと思う」とのべて、西川氏が、『歴史学研究』一九七八年六月と一〇月に発表した二篇の論文を改めて精読し、その論旨の明晰、批判の周到、公平、鋭利さに敬服したとして、西川氏の批判を長文にわたり引用しながら、「完膚なきまでの色川批判である」と全面的に批判を受け入れている。

この色川さんの歴史家としての真摯ないさぎよい対応は感動的である。

西川長夫の国民国家論について

京都大学出身の西川長夫（一九三四―二〇一六）の国民国家論については、二〇一六年刊の『岩波講座日本歴史第二二巻歴史の現在』の『国民国家論と「日本史」』で今西一が説明している。

西川が、日本史研究に大きな影響を与えたのは九〇年代に提唱した国民国家論である。それは、明治維新を「明治革命」として、絶対主義革命かブルジョア革命かという戦後日本史学の論争を、国民国家の成立と見ることで止揚したのである。西川は、一九三四年に朝鮮北部で軍人を父として生まれ、敗戦により「引き揚げ」という地獄のような体験が原点にある。

「彼は「植民地的な情況を感じながらも、他方で天皇制というものを固く信じて」いた。しかし、中学校の女性の国語教師に、「どうして天皇がそんなに大事なの」とつぶやかれ「自分の足元が一瞬にして崩れてゆく」思いがしたと語っている。「私にとっての本当の意味での転機は、一九四五年ではなくこの時に訪れたのだと思います」とも語っている。そして同時代の大江健三郎に触れながら、戦後の「空虚を満たしたのが、戦後民主主義のイデオロギーです。」しかし「私は六八年革命を経験して考えを異にするようになりました。戦後イデオロギーなるものもまた虚偽であり、戦後イデオロギーをその根底から覆して再考しなければならない。」と述べている」

「六八年革命」とは、一九六八年のフランス「パリ五月革命」のことで、西川は六七―六九年に妻とパリ大学に留学し、「パリ五月革命」を体験している。（『パリ五月革命私論』平凡社新書、二〇一一）。

そして、二〇一三年の西川の死後、妻・西川祐子氏によって『[決定版]パリ五月革命私論　転換期としての一九六八年』が二〇一八年に平凡社ライブラリーとして刊行されている。

今西は「私もまた、西川の言うように、近代「知」そのものを懐疑する。フェミニズやエスニック、エコロジーなどの新しい視点が歴史学のなかに持ち込まれたのは、六八年革命の」成果だと考える。何より国民国家や戦後民主主義を相対化する思想が生まれたことは、画期的である。だが、日本の全共闘会議（全共闘）運動は、パリの「五月革命」に比べるとはるかに矮小であり、そこから生まれた「連合赤軍」の浅間山荘事件やよど号ハイジャック事件などは、民衆の「革命への恐怖」を強くし、日本の保守化を促進していった」と書いているが、今西の日本の一九六八年の理解は全く矮小であり、全共闘運動の歴史的意義を理解していない。岩波講座の質を疑わざるを得ない。

色川さんは『若者が主役だったころ　わが六〇年代』（二〇〇八年刊）の終章のなかで、「全共闘の決起」として、次のように一九六八年の情況を的確にまとめている。

「(全国的な学生反乱を) 六〇年安保運動とくらべて、国民的なひろがりを持っていない、学生だけによる象牙の塔での贅沢な反抗だと批判するのは正しくない。この学生の戦いはベトナム反戦運動や三里塚や水俣などの闘争とも連動しており、この時代の社会的活気を象徴していた。……この年、全米の大学に反戦運動が燃え広がり、フランスでは学生たちによるパリの五月革命がおこった。これらは日本の若者を鼓舞している。ベ平連の反戦運動はいちだんと裾野をひろげ、大学での反乱が全国化してゆく。はじめは学園紛争にすぎなかったものが、思想的に深みを増し、ついには日本資本主義にたいする根本的な疑念、近代化や合理化を至上価値とする現代管理社会や反動権力の否定を迫るまでになっていった。」

一九六八年に東大全共闘代表だった山本義隆（一九四一年―）は、『私の一九六〇年代』（二〇一五年、株式会社金曜日）で、東大入学直後の六〇年安保闘争から、六八年の全共闘運動までを語っており、二〇一七年の岩波新書『近代日本一五〇年――科学技術総力戦体制の破綻』では、二〇一一年三月の福島原発事故までの近代一五〇年総体を問い直す問題提起をしている。二〇二一年四月には、『リニア中央新幹線をめぐって　原発事故とコロナ・パンデミックから見直す』（みすず書房）を刊行している。

山本は、「大学入学直後の六〇年安保闘争」で、その当時の全学連主流派は共産党の指導を離れて形成された共産主義者同盟（ブント＝ドイツ語で同盟の意味、敵は岸と日本の資本家階級とする）であり、反主流派は共産党傘下の民主青年同盟（通称「民青」、敵はアメリカ主導の戦争政策で対米従属に対する民主・護憲運動だとする）だったと説明している。

安保闘争の分析をするなら、このような方針対立を踏まえないと、歴史的評価はあいまいなものになってしまう。中村政則の『戦後史』（岩波新書、二〇〇五年戦後六〇年に刊行）は、六〇年安保闘争は「民主・護憲の運動」とし、六八年の全共闘運動は無視して書かれている。その党派性は明らかである。

名著『明治の文化』

色川さんは、『色川大吉著作集第五巻』（一九九六年）の著者による解説・解題のなかで、「月報」に二〇人から寄稿されたなかで、西川長夫から「色川大吉は日本のジュール・ミシュレだと思います」と書かれたことに「驚かされた」と書いている。『フランス革命』の大著を残し、世界的な歴史家「人民史家ミシュレ」と比較され、「日本のミシュレ」たる仕事をしてほしいと言われ、「晩年、〝悠々と余生を楽しもう〟などという私の甘い幻想はふきとばされた」と書いているが、これは西川さんからの友情あふれる讃辞ではないだろうか。

私は、「日本のミシュレ」色川大吉の仕事のベースになるのは『明治の文化』（初版一九七〇年）ではないかと考える。

一九九七年の岩波同時代ライブラリー版のあとがきで、色川さんはつぎのように述べている。

『明治の文化』は、一九七〇年代学生闘争の世代に広く読まれた。だが、日本史学会ではほとんど理解者がなく、一九八〇年代の半ばになると舶来の新思想におされて過去の本とみなされ、消えていった。……私も久々に読み直してみて、この本の生命力が今なお失われていないことを確認した。

「不思議な国」からはじまり、「草の根からの文化の創造」「欧米文化の衝撃」「〝放浪の求道者〟」「漢詩文学と変革思想」「民衆意識の峰と谷」「明治文化の担い手」「非文化的状況と知識人」「精神構造としての天皇制」からなる全体構成は、色川さんにしかできない、近代日本の成立の全体像を描いた歴史叙述として名著と呼ぶにふさわしいと考える。

この『明治の文化』を土台として、「明治革命」としての国民国家から帝国主義国家としてアジア侵略にいたる近代一五〇年の日本国家の全体像を描くことにつなげていくことがこれからの歴史研究者に求められているのではないか。そのことが、色川さんの「自分史」としての『ある昭和史』（一九七五年）での昭和天皇批判を乗り越えて、天皇制廃止＝共和国日本の実現への道筋を示すという具体的課題に応えていくことになるのではないだろうか。

一九六八年の五日市憲法の発見以降の色川さんの仕事にふみこむには、紙数を超えてしまった。一九四四年に生まれた私は、六〇年安保闘争の年に都立高校に入学した。一九六三年東京教育大学日本史学科に入学してから、六七〜六九年までの激動期については、私の思いに重なる色川さんの言葉を、できるだけそのまま紹介したいと考えた。

大学三年の時、五味川純平の昭和天皇の戦争責任を問う長編小説『戦争と人間』の刊行がはじまり、出るとすぐ読むようになったがこの時代を研究する気にはなれず、京都を中心とする中世成立期の新しい研究動向に関心を持つようになった。卒論・修論とも奈良・平安の庄園から日本中世の成立を考えようとするものだったが、六八年の修論は、自主管理して提出せず（二年後に書き直して提出）、六九年は学生証を出してキャンパスに入構するようなことはせず、教官達と学外で院生の希望するゼミを実現するよう交渉を重ね、実現させた。大学院時代の仕事は、マルクス主義日本古代史の開拓者である渡部義通のヒアリングをグループでまとめた『思想と学問の自伝』（一九七四年）だ。出版記念会には、五味川純平・荒畑寒村がみえた。

大学院時代に、沖縄から留学していた我部政男氏と知り合い、半世紀を超える親友となった。二〇一四年五月、色川さんの『明治精神史』刊行五〇年記念集会に我部さんからさそわれ参加したのが、色川さんとの交流の始まりである。高校で日本史を教えてきたが、色川さんの本にはしっかりと取り組んでこなかった。今回、三木健さんから原稿を依頼され、色川さんの仕事の全体像をつかもうとして、その原点にたどり着くことができた。国民国家論の動向を学ぶことで、色川さんの仕事と向き合う視点をつかむことができたと思う。

西川長夫さんの国民国家論については、西川長夫著『増補　国境の越え方　国民国家論序説』（二〇〇一年、平凡社ライブラリー）の解説（「国民国家」論の功と罪――ポスト国民国家の時代に『国境の越え方』を再読する）で、社会学者の上野千鶴子さんが西川さんから感謝される名解説で紹介している。また、戦後歴史学批判ともいえる一九九九年の歴史学研究会大会報告「戦後歴史学と国民国家論」は、西川長夫著『戦争の世紀を超えて――グローバル化時代の国家・歴史・民族』（二〇〇二年、平凡社）にまとめられている。

二〇二五年、色川さんは一〇〇歳を迎えられる。これからもお元気な色川さんと本格的な対話を重ねていけることを期待している。

（二〇二一年七月）

民衆史に触発されて

仲松昌次

はじめての「日本」

生まれてはじめて「日本」に渡ったのは、復帰前一九六八（昭和四三）年だった。大学を出て社会科教師になるはずであったが、思いがけず日本放送協会（ＮＨＫ）にディレクターとして採用された。初任地が徳島だった。内示の時に徳島が四国のどこだったかわからず、人事係に「徳島ってどこですか？」と聞いてしまった。初めての「日本」での暮らしが四国の片隅で始まった。

最初は「農事番組」担当だった。ヤンバルの小さな島のサトーキビ農家だったから、沖縄の農業については体験も知識もあった。しかし、日本農業の根幹にある稲作については、ほとんど知らなかった。当時、日本農業は戦後一貫して推進してきた米の増産を減反へと転換、大きな曲がり角にあった。それさえ知らなかったから、「農政のはざまで翻弄される農民」の姿を描けるわけがない。

番組作りは先輩たちの手を借りないと放送できない、というみじめな日々が続いた。かつての学友たちは教師になり「復帰運動」を闘っていた。一人取り残されている、という思いにかられ「お前は何をしているんだ」との声が聞こえてくるようだった。自信をなくし、辞めて沖縄に帰ろう、と何度思ったか知らない。沖縄返還が話題になっていた頃だから、職場でも取材先でも沖縄のことをよく聞かれた。開拓地の農家で「沖縄人を初めて見た」と、妙な歓待をされたこともある。職場の集会でも指名されて「現地報告」をやらされた。そのたびに「沖縄」を知らない自分を痛感していた。あらためて沖縄関連の本を片っ端から読みあさり、雑誌「中央公論」「潮」「現代の眼」の沖縄特集号は欠かさずに読んでいた。復帰が近づくにつれて「日本は帰るに値する祖国なのか」と発言するようになり、組合執行部の注意を受けたりしていた。

民衆史との出会い

一九六八年は「明治一〇〇年」であった。歴史ブームが続く中で企画したのがローカル番組の「阿波現代史」だった。ディレクターとして、というより単純に、日本の一地方の歴史を知りたい、という気持ちが強かった。三好昭一郎氏ら地元の歴史教師たちとプロジェクトを作り、シリーズで放送した。第一回目は、明治維新「稲田騒動」だった。徳島藩の家老稲田家が起こした分藩独立運動を取り上げた。第二回目が、自由民権の結社「阿波自助社」だった。一八七四（明治七）年に土佐の立志社に呼応して設立されたが、政府が出した詔勅を解説した「通諭書」を県下に配布したため、メンバーが国事犯として逮捕、投獄されるという事件がおき、自助社は設立からわずか四年で解散した。自助社と関係が深かった板垣退助の名前を聞いて、個人的に思い出すことがあった。

確か小学校六年生の時だった。町の「弁論大会」に島の代表として出場したことがあり、なぜかテーマが「板垣死すとも自由は死せず」だった。内容は忘れてしまったが、板垣の名前と「自由は死せず」の名文句だけは、子供心に強烈な記憶として残った。いくら歴史好きだったとはいえ、小学生が自分で選んだテーマとは到底思えない。「日本人教育」に熱心だった担当の教師が考えたのだろう。

板垣と自助社との関係や、その後の板垣の思想と行動を知るにつけ、子供の頃の「民権のヒーロー板垣」は苦い記憶となった。

徳島の歴史シリーズはその後、「ドイツ人俘虜収容所」や「米騒動」などをテーマに五、六回続いた。色川大吉の『明治の精神』と出会ったのは、その頃である。今回、この原稿を書くことになって、久しぶりに開いてみたら、最後のページに「一九六九・二・一六読了・高松雨」と書き込みがあった。休みごとに歴史や文学の舞台を巡っていたから、たぶん屋島の源平古戦場か、「二十四の瞳」の小豆島を訪ねた時だったのかも知れない。

『明治の精神』はサブタイトルの「底辺の視座から」に惹かれ、歴史に埋もれた民衆の思想を掘り起こす、その執念ともいえる徹底ぶりに刺激を受けた。常民、辺境、底辺、ヤポネシア、などの言葉に敏感になっていた時期だった。今まで読んできた歴史書とは全く違う印象で、ダイナミックな歴史ドラマを見ているような新鮮な驚きがあった。それは『明治の文化』や『歴史家の嘘と夢』や『ある昭和史』の一連の著作でも感じていた。自由民権家の土蔵から憲法草案を発見するくだりや、リーダーたちのその後の足取りを徹底して追っていく様子は、優れたドキュメンタリー番組を見る思いがしたものだった。『歴史家の嘘と夢』の冒頭に、木枯し紋次郎を見出した時には、おもわず声をあげた。時代劇ファンだった自分も、中村敦夫のニヒルなヒーローと上條恒彦のテーマ曲「誰かが風の中で」に魅かれて毎回見ていたからである。

手元に、ささやかな読書メモがある。大学時代から読み始めた本の読書リストで、読んだ年月日と短い感想など書き込んでいる。感銘を受けた本の中で紹介されていた本も芋づる式に次々と読んでいた。色川民衆史のあとに、羽仁五郎『都市の論理』、井上幸治『秩父事件』、石母田正『歴史と民族の発見』などが続いていた。『歴史と民族の発見』にあった「マルクブロックの死」の印象的な一節もメモに書き留めてあった。

「……歴史家が死ななければならなかった不幸な時代。歴史家も死ぬことができた幸福な時代、このような時代にわれわれも生きている……」

教養特集「近代日本の足跡・四阪島製錬所」

一九七二（昭和四七）年の復帰の日は、四国山地の農村を取材中だった。農協のテレビが復帰式典を伝えていた。なぜか、みんなの話題が「沖縄」に集中することを避けていた。その年の夏、松山に転勤になった。

教育テレビの「教養特集・近代日本の足跡」は、各地に残る近代遺産にスポットを当てる本格的な歴史番組だった。密かに、いつかは本格的な歴史番組が作れたら、と願っていたが、松山に来て三年後にその機会がやってきた。

瀬戸内海の「四阪島」を見たのは、鯛漁師を取材している時だった。「瀬戸の花嫁」が漁船のスピーカーから流れていた。ひときわ目立つ高い煙突の島。漁師に聞くと「銅の製錬所がある四阪島」と教えてくれた。島全体が住友鉱業の所有だという。別子銅山からはるかに離れた小島になぜ製錬所があるのか。調べていくうちに、その背景には、公害（煙害）をめぐる企業と農民との激しい闘いがあったことがわかってきた。

「東の足尾、西の別子」、日本の公害闘争の原点を象徴する島だった。番組では煙害をめぐる、県、企業、農民の攻防を歴史ドキュメント風に仕上げた。煙害に苦しむ農民たちの怒りに押され、ついに住友は製錬所を新居浜から二〇キロも離れた四阪島に移す。日露戦争が終わった一九〇五（明治三八）年だった。二〇キロも離せば、煙害は解消するものと思われた。しかし、高い煙突からの亜硫酸ガスはむしろ広範囲に及ぶという皮肉な結果となった。再び、農民たちが決起して住友の本拠地、新居浜鉱業所に押しかける。

戦後、愛媛県の農民運動をリードした農民歌人の山上次郎氏の証言。「この闘いには、一人の田中正造もいなければ、佐倉惣五郎もいない。しかし、農民全部が田中正造であり、佐倉惣五郎であった。……その時の農民たちの闘いの経験が、戦後の農民運動の先駆け、となった」と熱っぽく語った。

農商務省で開かれた煙害調停会議では、愛媛県農会技師、岡田温の「煙害調査書」が注目され、会議は企業側に「生産量制限」というきびしい条件を課した。解説した大阪市立大学の宮本憲一教授は「一九七三年現在で全国で七千あまりの公害防止協定があるが、生産制限を勝ち取ったのは戦前の四阪島以外にはない」と語り、四日市裁判で四阪島の歴史的教訓に学ぶべきだ、と訴えた。生産量制限に追い込まれた住友は、最終的には排煙脱硫の技術開発を進めて中和工場を建設、煙害問題は一九三九（昭和一四）年に決着する。その時以来、四阪島の高い煙突から煙が消えた。

番組が放送されたのは、瀬戸内の水質汚染や四日市の大気汚染など日本の公害問題がクローズアップされていた時期だった。

番組制作の過程で参考にしたのは、公害や炭鉱に関するルポだった。荒畑寒村『谷中村滅亡史』、田村紀雄『鉱毒農民物語』、小池喜孝『谷中から来た人たち』、上野英信『出ニッポン記』、森崎和江・川西至『与論島を出た民の歴史』などである。田中正造の闘いを描いた映画「襤褸の旗」の三國連太郎も強烈な印象だった。

色川民衆史との出会いから、小池喜孝らのオホーツク民衆史講座の活動にも大いに関心を持っていた。『鎖塚』や『常紋トンネル』など、同時進行ドキュメントを見ているように次々と明るみになる囚人たちの開拓秘話に驚きを禁じ得なかった。よく見ていた東映の「網走番外地」も単純に楽しめなくなっていた。三木健の『西表炭坑概史』が出て、沖縄にも炭坑があったという事実を初めて知ったのもその頃のことである。

「四阪島製錬所」は直接的には沖縄と関係はなかったが、「沖縄」を企画する手掛かりのようなものをつかんだ番組になった。

「四阪島」を制作した翌年、一九七六年に東京・教養番組部に転勤になった。歴史、美術、文学、宗教などさまざまな文化系番組を扱い、しかもすべて全国放送だった。単純にやっと「沖縄」が企画できるチャンスが巡ってきた、と喜んだ。

やがて「琉球処分一〇〇年」がやってくる。「復帰」「海洋博」「七・三〇」が終わり、民放も含めて「沖縄」はもういいのでは、という雰囲気があった頃だが、それでも私は企画を出し続けていた。今沖縄で起きていること、よりも、沖縄はどのような歴史を歩み現在に至っているか、を描きたかった。そのことを自らに課した、と言えば大げさだが「沖縄」を企画していないと心が落ち着かない、というのが正直なところだった。「琉球処分一〇〇年」で制作したのが「具志堅用高」だった。

NHK特集「わが沖縄〜具志堅用高とその一族」

明治一〇〇年の歴史ブームはさまざまな企画を生んだが、琉球処分一〇〇年は部内でも知る者はほとんどいなかった。琉球処分一〇〇年がなぜ具志堅となったのか。

最初は沖縄学の伊波普猷や「沖縄の民権運動」で知られた謝花昇も考えた。しかし、歴史上の人物は、復帰の議論の過程で、その思想と行動に批判的な主張もあって、自分自身の考えもまとまらなかった。また大上段に「琉球処分」を描いたら、テーマが大きすぎて手に負えないようにも思えた。ドキュメンタリーは「素材」が勝負で「理屈」先行ではいい番組はできないと先輩にも言われていた。活字とは違う映像の世界でどうテーマに迫るか。よく、思いのあふれた企画書を出すと、上司から「学生みたいなリポートに、絵をくっつけりゃいいというもんじゃない！」と皮肉を言われた。手詰まりの状態の中で、たまたま見たのが具志堅の防衛戦だった。その時の実況アナウンスがヒントになった。「父親は八重山で漁船に乗り、母親はその魚を売りさばいている」。

両親とその一族の歴史に見えてくる「沖縄」があるかもしれないと考えた。チャンピオンの背後にいる一族を取材し始め、次々と明るみになる物語に、我ながら興奮したことを思い出す。あの時ほど、取材の醍醐味を味わったことはなかった。具志堅一族（門中）の一二代当主は、沖縄市（コザ）で衣料品店を営む具志堅用吉氏（当時五九歳）。具志堅一族は琉球王国の下級士族であったが、琉球処分で首里からヤンバルへ都落ち、本部の開拓地に移住したという。具志堅門中は二〇〇家族一、五〇〇人で南米移民もいる。

八重山出身と知られたチャンピオンだが、一家のルーツは本島の本部町だった。注目したのはその名前。琉球処分の時が七代目用暉、一二代当主が用吉、チャンピオンの父親が用敬、そして用高。ほとんど名前に「用」の字がつく。これは士族の「名乗り頭」で同じ門中である証しとなっていた。名前に「用」という一字を使うと、その下につく文字が限られてくる。必然的に同姓同名が多い。そして、チャンピオンと同じ名前の長老がいる、と知った。しかもその人は、チャンピオンの父用敬の従兄でその時八八歳、秋には米寿のお祝いをするという。具志堅門中の一〇〇年を「二人の用高」で描く。企画が具体的になった。「わが沖縄～具志堅用高とその一族～」の企画書にこう書いた。

……日本の近代化が「西洋化」であったとすれば、沖縄の近代化とは「日本化」と同義語であった。

処分以後の沖縄はあらゆる面で本土との一体化をめざす歴史を歩む。そのはざまで揺れ動く沖縄人の生き方は複雑に屈折したものだった。いかに学問的に制度的に「沖縄は日本」と証明されたとしても、沖縄人のなかになお「日本」からはみだす何かが存在する。人々はヤマトとの同質性と同時にその異質性の心情を抱き続けてきた。具志堅用高を生んだ一族もこうした庶民の沖縄史を語る代表的な一族である。そしてチャンピオンに寄せる沖縄人の熱いまなざしの中には、ボクシングというスポーツを突き抜けて、沖縄近代の複雑な思いが込められている。この番組は具志堅一族の一〇〇年の歳月を軸に、沖縄と日本とのさまざまな出会いの歴史を絡ませることで、沖縄近代の歩みと沖縄の心をさぐるもの。（以下略）

もう一人の具志堅用高は本部町崎原開拓地に一八九一（明治二四）年に生まれた。琉球処分から一二年後だった。二〇歳の時、徴用され久留米歩兵連隊に入隊、一族で初めて本土に渡った。ヤマトゥグチ（日本語）がわからず厳しい制裁を受けたりしたが、銃剣を持てば連隊随一の腕前だった。連隊にいた時、明治天皇が亡くなった。兵役から戻りリン鉱山の鉱夫として、沖大東（ラサ）島に出稼ぎにでた。弟用松、叔父用正（チャンピオンの祖父）も一緒だった。用高爺らは「帝国最大の富源」といわれたラサ島の過酷な労働に耐え、わずかばかりの金を故郷に送った。一九四三（昭和一八）年、用高爺は五二歳で徴用され北ボルネオに渡り、軍隊の食料調達のカツオ船に乗った。戦後、開拓地に戻った時、三人の息子が戦死していた。

開拓、徴兵、出稼ぎ、そして戦争。時代に翻弄されながらも不屈の魂で生き抜いてきた人生だった。

「がーじゅー（頑固一徹）」と言われてきた用高爺にあやかってチャンピオンの父用敬は、移住先の八重山で生まれた息子に、同じ「用高」と名付けた。その名はやがて日本人のなかで最も知られた「ウチナーンチュ」となる。

私は番組を、単なる「スポーツ根性もの」にはしたくなかった。カメラは一九七九年四月八日から回り始めた。その日はチャンピオンの八度目の防衛戦があり、奇しくも沖縄の門中の清明祭でもあった。清明祭に集まった人々の話題は、その夜の防衛戦でもちきりだった。一連の神行事が終わるといつの間にか三線が鳴り響き、カチャーシーも飛び出した。用高爺が真っ先に踊りだす。ヤンバルの具志堅門中の声援が遥か東京の国技館のリングに届けと言わんばかりの盛り上がりようだった。

番組はその年の秋に放送が予定されていて、敗れたらどうするか、と心配する人もいた。この日の防衛戦は圧倒的な強さで勝ったが、秋までにはあと二度ほど防衛戦をやるだろう、その間に負ける不安もあった。しかし、仮にチャンピオンが敗れても番組は成立する、という確信みたいなものがあった。いやむしろ、番組としては敗れたほうがいい、と不吉なことまで考えたりした。

次の防衛戦が北九州小倉で七月と決まった。六月二三日慰霊の日前後は、具志堅一族の戦争を取材した。彼らは南洋のカツオ漁を中心にした漁業移民が多かった。パラオ、サイパン、テニアン、玉砕した南洋群島のどの島にも一族はいた。一二代当主用吉氏もサイパンで兄一家四人を、沖縄戦で父と弟を亡くした。用高爺の息子三人もサイパン、ロタ、ブーゲンビルで戦死した。

チャンピオンの父用敬は戦時中は岐阜の紡績工場にいた。その兄用義はシベリアに抑留されていた。戦さが終わり生き残った人々が戻ってきたが、開拓地には米軍の基地拡張のための採石場ができて土地接収も始まっていた。落ち着くまもなく彼らは古里を追われた。用敬は八重山に移住しカツオ船に乗った。最後まで残っていた用高爺が村を離れたのは一九六四（昭和三九）年、東京オリンピックの年である。

琉球処分で入植以来八五年、具志堅用暉、用教、そして用高爺と三代にわたって生きてきた崎原開拓地は廃村になった。

小倉での九度目の防衛戦は、壮絶な打ち合いであったがかろうじてタイトルを守った。放送が一〇月二二日と決まり、少なくとも敗れて王座を明け渡す心配はなくなった。

戦さ世の名曲「艦砲ぬ喰(く)ぇー残(ぬく)さー」

二〇〇五年に退職して沖縄に戻ったが、沖縄局の「沖縄の歌と踊り」の制作を依頼された。島に残る伝統芸能を中心に紹介するローカル番組だが、時に出稼ぎや移民、沖縄戦をテーマにした「海を渡った民謡」や「戦さ世を歌い継ぐ」なども企画した。

民謡の名曲「艦砲ぬ喰ぇー残さー」を制作したのもその一つだった。「艦砲ぬ喰ぇー残さー」という言葉で思い出すのは、筑豊の記録作家、上野英信の印象的なルポだった。炭坑離職者を追って南米に渡ってきた上野は、米軍に土地を奪われてボリビアに移住してきた沖縄出身者たちと出会う。一九七七年に出版された『出ニッポン記』のなかにこの言葉が出てくる。

無限の憤りと悲しみにみちた「「艦砲の喰ぇぬくさー」という言葉になぞらえるとすれば、先祖伝来の田畑はもとより、親兄弟まで暗黒の地底に呑まれ、あげくの果て、エネルギー革命によって坑口を追われた炭鉱労働者は、さしずめ「石炭ぬ喰ぇーぬくさー」ということになろう。そして彼ら、累々たる屍の山をかきわけるようにして命からがら南米大陸の涯まで逃げのびた「艦砲ぬ喰ぇーぬくさー」と「石炭ぬ喰ぇーぬくさー」こそは、二〇世紀後半の日本移民史を血に染める、もっとも象徴的な二つの大集団であるといわなければなるまい。（後略）

戦さ世から生き残ったことを人々は、「艦砲射撃の喰い残し」と半ば自嘲気味に口にしていた。「艦砲ぬ喰ぇー残さー」を歌のタイトルにしたのが、読谷村楚辺出身の民謡グループ「でいご娘」の父親比嘉恒敏である。恒敏は戦前に大阪に出稼ぎ、呼び寄せようとした両親と長男を対馬丸で亡くし、大阪空襲で妻と次男を失った。すべてを失った恒敏は、読谷村に戻りやがて再婚する。生まれた四人姉妹がのちの「でいご娘」になった。

人気の民謡グループとして活躍している最中、思わぬ事故が一家を襲う。復帰の翌年一九七三（昭和四八）年に、恒敏夫妻は酔っぱらい運転の米兵の車に衝突されて亡くなったのだ。両親の事故の衝撃から立ち直った娘たちが、父の形見の「艦砲の歌」をレコーディングしたのが一九七五（昭和五〇）年、海洋博が開かれた年、沖縄戦から三三年の「終焼香」がまもなくという時期だった。民謡のレコードとしては大ヒットになった。上野英信は沖縄民衆史の傑作『眉屋私記』の取材の時にレコードを入手し、よく筑豊でも聴いていたと言う。

番組で紹介した「艦砲の歌」誕生秘話は、取材の時に発見した歌詞ノートが新聞でも紹介されたりして話題になった。地元では比嘉恒敏を知る人々を中心に歌碑の建立も進められた。二〇一三年に歌碑が完成し、戦さ世と戦後の苦難を歌った民謡の名曲はあらためて注目を浴びた。戦後七〇年、二〇一五（平成二七）年に開かれた「辺野古阻止県民大会」に、でいご娘はゲストとして登場、参加者と一緒になって「艦砲の歌」を歌った。

でいご娘は、県内だけでなく大阪や広島でもこの歌を歌い継いできた。広島で歌ったとき楽屋に尋ねて来た人が「私たちは、原爆ぬ喰ぇー残さーです」と言ったという。石炭ぬ喰ぇー残さー、復帰ぬ喰ぇー残さー、は聞いていたが「原爆ぬ喰ぇー残さー」は、初めてだった。

歌碑が建立されて今年（二〇二一年）で八年になる。毎年六月二三日の慰霊の日には、海を見下す歌碑の前で、手作りの「平和コンサート」が開かれる。芸達者な区民たちが歌や踊りを次々と披露するが、トリはやはりでいご娘だ。「艦砲ぬ喰ぇー残さー」は参加者全員の大合唱となる。

娘たちはこの歌は父親の「自分史」だという。「俺もお前も艦砲の喰い残し」と繰り返されるフレーズ。波乱の生涯を送った男の、自分史として綴った言葉から生まれた民謡は、多くの人々の共感を呼び今に歌い継がれている。

私は復帰運動の激しかった一九六八年に沖縄を離れて全国を転勤で回った。八〇年代は本州北端の青森にいて「もう一つの日本」を見ることもできた。日本海に面した津軽十三の安東水軍の「消えた城塞」や会津戦争後の下北半島「斗南藩」など、埋もれた歴史秘話にも興味は尽きなかった。今まで多くの出演者にお世話になったが、ほとんどの方が亡くなられた。東北出身者で今でも、忘れられない人がいる。教育哲学者で「田中正造」研究でも知られる林竹二、「村の女は眠らない」の農民詩人、草野日佐男である。二人とも極端なテレビ嫌いで最初は出演を断られたが、ディレクターが沖縄出身と知って引き受けてくださった。その時だけは、すなおに沖縄でよかった、と思った。

時々、「ディレクターは所詮、専門家、研究者ではない」と言った先輩の言葉を思い出す。「研究者の最前線の成果（上澄み）だけをもらって」仕事を続けてきたように思う。しかし、民衆史に出会ったおかげで、ディレクターとしての眼を開かせてもらった。歴史を見つめるその根っこ（底辺の視座）だけはいつまでも持ち続けたいと思う。首里城再建をめぐる「沖縄と日本」の熱っぽい議論が声高に聞こえてくる昨今だが、その視点だけは忘れないでいたい。

（二〇二一年三月）

色川大吉先生を訪ねて

我部政男

茶髪の八八歳　執筆に情熱

去る五月三〇日（二〇一三年）、山梨県の八ヶ岳南山麓の大泉村に色川大吉先生を訪ねた。年に一度は、色川先生を訪ねることにしようと友人の三木健さんらと計画を立て、昨年は実現できなかったものの、今年は四年目である。

色川先生は、沖縄にも多くの友人を持ち、自らもよく沖縄に足を運ばれている。以下、親しみを込めて色川さんと呼ぶことにする。

色川さんから私は大きな影響を受けた。『明治建白書集成』全九巻（筑摩書房）では、各巻の監修を共に行った。『地方巡察使復命書』上下二冊、『元老院日誌』四冊、『自由民権機密探偵史料集』等の近代史史料集（三一書房）の刊行時に、また、『明治国家と沖縄』の出版には、濃密な推薦文や新聞での書評を書いていただいたことも忘れがたい。

過去の二回は、車を利用しての訪問であった。今回も私が運転することを考えていたが、あいにく梅雨に入り天気が悪く、山道の道路事情が気になり電車に切りかえた。

中央線の長坂の駅から色川さんの家までは、タクシーを拾えばいいし、電車の中で久しぶりに会う三木さんと自由に話のできる座席が確保できれば、電車で行くこともわるくはない。三木さんとは前回と同様、午前九時ごろに八王子の駅で待ち合わせ、特急あずさ号で甲府まで行き、そこからは普通電車に乗りかえた。甲府までは、かつての山梨学院大への通勤に利用した電車である。

長坂の駅前のみなと食堂で、早い昼食をすませ、タクシーで色川さんの家に向かうのだが、地理に明るいはずのタクシーの運転手さんが、行き先の「木漏れ日通り」の場所を知らないという。大泉の市役所前まで車を走らせ、その近くで止め、直接に色川さんに電話をいれ、家の場所を運転手さんに説明してもらう。迷いながらもかろうじて目指す地点にたどり着くことができた。一度訪ねたところは、記憶に残すべきだが、八ヶ岳の中腹あたりの山小屋の別荘地域は家が離れており、妙に地形が細かく入り組み、どうにも覚えにくい。

久しぶりに色川さんとお会いしても、正直なところ、お話しすべき話題が多いというわけでもない。しかし一緒にいる時間が、何かしらやすらぎを感じる。

一人暮らしの色川さんは八八歳になられるが、お元気で健康そうで、今様の若者風に髪の毛を茶髪に染め上げている。執筆には、多くの時間をかけているように見える。机の上にひろげられた原稿用紙には、ペンを走らせた跡がのぞかれる。今何を書いておられるのか、ワープロで打ち出された原稿の目次を示しながら、これからの執筆に取りかかる情熱を燃やしている雰囲気である。色川さんの山麓での生活史は、山梨日日新聞社から発行された『八ヶ岳南麓　猫の手くらぶ物語』に写真入りで詳しく紹介されている。

当時わたしはかねて準備しておいた中央公論社の『ある昭和史』の初版本、それに岩波現代文庫本の『明治精神史』に署名してもらいたいと思い、かばんに忍び込ませていた。また、最近いただいた、『追憶のひとびと――同時代を生きた友とわたし――』、『色川大吉歴史論集　近代の光と闇』も持参してきた。今日の訪問の記念にもなると思い、署名していただいたことは、嬉しかった。わたしたちの希望に快く応じていただいたことは、うれしかった。またその後に出版された『平成時代史考』もいただく。先の本の奥付を見て思い出したのだが、『明治精神史』は、刊行以来五〇年、『ある昭和史』も四〇年の歳月が流れている。その間、多くの著作を出版し、さらに新書の普及版も刊行されるなど、今も多くの読者に迎えられている。

余白なき手帳　筆圧生む

色川大吉さんの『追憶のひとびと――同時代を生きた友とわたし――』は、亡くなった友人たちとの交流の断片から、その人々の全体をイメージとして伝える語りの手法をとる。色川さんの筆圧は、読む人の心に奥深く入り込む。取り上げられている人々の中には、鶴見和子、マリウス・B・ジャンセン、小松方正、斉藤昌淳氏ら、色川さんに直接にご紹介いただき、私にも親しくことばをかけてくださった方もいる。

また別の機会に言葉を交わした、木下順二、上野英信、上野晴子、宮田登氏らも登場し、色川さんの筆で描かれた人物像が、当時の雰囲気で懐かしく私の内部にも迫ってくる。

日本研究者であるジャンセンさんが東京にいらっしゃったとき、色川さんが一緒に会いに行こうと誘ってくださったが、行けなかった。その訪問日が、ジャンセンさんの日本訪問の最後となった。また、ある時、国立歴史民俗博物館館長を務めた井上光貞さんが那覇に見えた時、紹介するからと強く薦めてくださったが、その時も行けなかった。心の準備ができていなかったとはいえ、お目にかかれるこの絶好の機会を自ら逃したこと、色川さんのご厚意を無にしたこと、今は大いに恥じ、悔やんでいる。

色川さんは、小淵沢、清里の自然環境のすばらしさをわたしたちに知ってもらいたいと、ホテルへの道のりをわざわざ遠回りして、八ヶ岳の麓の牧場近くまで車を走らせたのだが、あいにくその時間は霧が濃く、周辺にそびえる南アルプスの遠景は望むべくもなかった。しかし、ぼんやりとした森林は神秘的で、体が吸い込まれるような錯覚に誘われた。途中コースを折れて、清泉寮で、ケーキとコーヒーをごちそうになった。

その日、わたしたちは、清里の萌木の村のホテルに部屋を取った。静かな部屋で一休みしていると、色川さんから、車の中にカメラを忘れているので帰るときに寄るようにとの電話をもらった。その失敗が、のちに功を奏するとは思いもよらなかった。

萌木の村の夜は、楽しかった。初めの訪問の時に一緒に行ったことのある山梨学院大学教授の野村千佳子さんが甲府から駆けつけてくれた。萌木の村を主宰する船木上次さんを交えて、地ビール、地元ワインのグラスを傾けながら、開拓者、ポール・ラッシュさんの事跡や清里の歴史を深く学ぶ貴重な機会となった。

翌日は快晴で、四方の雄大な山々がよく見渡せる。野村さんは、東京での仕事の都合で、早くにたった。

三木健さんと私は、八時に朝食を済ませ、カメラをもらい受けに色川さんのお宅を再訪することになった。

話題は『追憶のひとびと』に及んだ。個性的で、特徴的な人物描写を記憶に頼って執筆されておられるのか、また、実際にどのような史料に基づいて書いておられるのかを率直にお聞きしてみた。色川さんは、記憶に頼る叙述の危険性を戒めながら、数冊の手帳を両腕に抱えて運んでこられた。

ともかく、自分史関係の史料の豊富さに驚く。細かい字で書き込まれた手記、余白なく書き込まれた手帳、日記帳、調査記録、切り抜き、書簡、写真等あらゆる関係史料がそろえられている。

追憶の人の残像は、その史料のさまざまな箇所に散在する。それを丹念にかき集め明確な映像を結ぶように再構成する。残像の中の個人史がある重量感を持って浮かびあがらす瞬間を創る。許可を得て、テーブルの上に積まれたその史料群の迫力を映像として残すためにカメラに収めた。

色川さんは、清里でしか味わえないそば屋に案内してくださった。その後で、わたしたちを小淵沢の駅まで送ってくださった。色川さんと別れ、特急のあずさ号で新宿に向かう。

不思議なことで、車の中にカメラを忘れたことが奇縁となり、色川さんの内面に少し近づき、貴重な手帳を拝見する幸運に恵まれた。色川さんの『昭和へのレクイエム・自分史最終稿』等にふれるたびに、その行間に多くの史料の存在することを思い起こし、すこし緊張しながら読むことのできるのをうれしく思う。

帰ってきて、筑摩書房から出た『色川大吉著作集　第五巻・人と思想』に収録された「柳田国男の一生」を読む。本年度で色川さんは、柳田国男の年齢を超えるという。『明治精神史』五〇年の節目の意義が強く心によぎる。学ぶことの多い訪問であった。

（二〇一三年八月）

民衆思想史の原野を開墾――色川大吉『明治精神史』から五〇年――

我部政男

一九六四（昭和三九）年、色川大吉著『明治精神史』が黄河書房から発行された。今年は五〇年にあたる。『明治精神史』の意義は、生活者の時代認識に光を当てたことであり、時代の矛盾の生活苦を、いかなる認識で解決しようと行動したのか、その精神を民衆像として明らかにしようとしたことであろう。時代の人々の叫びや問題意識を捉え、現代の人にも共通する認識として理解し、表現した。

私が色川さんを強く意識するようになったのは発行の一年後、大学院進学で沖縄から上京した頃に遡る。日本史研究室時代に色川さんの著書を知り、購入し読んだ。沖縄地域の研究を志していた私の導きの本となり、座右の書となるのにそれほどの時間は要しなかった。

返還問題に関心

色川さんと言葉を交わすようになるのはしばらく後、私が琉球大に勤めた頃からである。色川さんは沖縄の復帰、返還問題に強い関心をもち、「ある昭和史」の取材をかねて何度か現地を訪ねるようになる。沖縄の研究者との断続的な交流もここに始まる。

ここ数年私たちは、年に一度色川さんを訪問することを楽しみにしてきた。今年は刊行五〇周年と色川さんの健康の祝いを記念し、五月八日夕刻、八ヶ岳山麓の清里のホテルで集いをもった。参加したのは、色川さんの著書のファンであり、社会人でありながら色川研究ゼミに帰属意識をもつ人々である。

机の上には数冊の『明治精神史』の刊行本が並べられた。それに交じって卒業論文『明治精神史』名称の原稿本も展示された。細かい字で活字のように書き連ねた原稿用紙を二冊に製本した原本は、同名の刊行本とは同じ内容ではないらしい。

時代と課題再現

色川さんは講演で、論文執筆当時の心境や提出後の審査教授たちのさまざまな反応も紹介した。敗戦、復学、就職時の出来事は、色川さんの昭和自分史『廃墟に立つ』に詳細に記述されている。色川さんは、民衆史研究の核となる原体験が、谷間の村での「ナロードニキの夢と現実」「共同体の深部に」の描写にあることを鮮明に語っていた。私にとって今回の講演は、活字で想像できないことが声でひらめくこともある新鮮な出来事であった。

『明治精神史』の初版は自費出版である。何度か版を重ねる著書はまさに名著の証であろう。初版の黄河書房本、増補版黄河書房本、中央公論社の新編本、著作集の筑摩書房本、新書判本の講談社学術文庫本（上下）、岩波現代文庫本（上下）などがある。その経過と批判の反応は、筑摩の著作集の巻末にある「方法と課題」に詳しい。反響の大きさを物語る。

色川さんはこの半世紀、その著書で展開した主要なモチーフを維持しながら、柳田国男の学問も取り入れた民衆思想史の原野をいちずに掘り起こしてきた。忘れ去られた過去の人々の身体を再び揺り動かし、時代と課題を再現し、表現してくれた。その結果、その人々の言葉と躍動を継承し、今日に伝えてくれた。

また、自己と時代の緊張関係を「自分史」という問題意識の言葉に置き換え、多数の著作を精力的に発行してこられた。色川さんは、歴史の荒野に思いをはせる筆圧をもち、説得力のある文章で読者を魅了する。

集いに参加される人は限られた。しかし、著作を手にした人々は、国内はもちろん世界各地に広がっている。その多くの人たちの思い、情念、また、研究の対象となり著作の中で取り上げられ、歴史に陰影を残した人々の無念さ、その全体の意識をも含めて、時間を共にできたのが、刊行五〇年後の集いである。

（二〇一三年八月）

民衆史家・色川大吉の思想 ——八ヶ岳南麓の山荘に訪ねる——

三木　健

色川大吉と民衆史

歴史家で民衆史や自分史運動の提唱者としても知られる色川大吉さんとは、四〇年来のお付き合いである。『明治精神史』（一九六四年）をはじめ『歴史の方法』（一九七七年、大和書房）など、日本近代史の数々の著書からは、民衆史という歴史への視点や、歴史叙述の在り方を学んだ。そして歴史とはこんなにダイナミックで面白いものだ、ということを教えてもらった。それはまた私が八重山近代史を書くうえで、大きな示唆を与えてくれた。

色川さんが初めて沖縄に来られたのは、一九七四年である。私がお会いしたのは、それから二年ほど後の一九七六年だ。『眉屋私記』（一九八四年、潮出版）の取材で那覇に滞在中だった筑豊の記録作家・上野英信さんと共に私のアパートに来られ、三人で泡盛を酌み交わしたのが最初だ。その時、自費出版したばかりの『西表炭坑概史』（一九七六年刊）を差し上げた。

「私はこの本を那覇で頂戴して、熟読して一夜眠れなかった。日本列島を中にはさむ北限と南限の地において、全く同質の非人間的労働・人間侮辱が強制され、本土人が内包していたすべての悪をここに集中して、無数の同胞の遺骸を土中に放棄していたからである」

色川さんが『沖縄タイムス』文化欄に書いた「日本民衆史の北限と南限」の一節である。そのあとこうも続ける。「こうした事態を許したのは、結局は世論の弱さに他ならない。極言すれば、地域社会ぐるみの差別への加担ではなかったか、ときびしく自省するところから、沖縄民衆史研究もオホーツク民衆史講座の運動も生まれた」

「わたしたちが民衆史に取り組もうとするとき、こうした民衆内部の矛盾や意識構造の解明は重要な課題となる。なぜならそこに倒錯した天皇制の精神構造を認めるからであり、そこからの自己解放なくして民衆個々の人権も人間としての自立もありえないと思うからである」

私は調査・研究を目的化し、自己満足に陥っている自分に、一撃を浴びせられた思いであった。その後、色川さんは一九七九年に西表炭鉱跡を訪ねている。また、同炭鉱で働いていた佐藤金市さんが八〇歳を越してから書いた『西表炭坑覚書』（一九八〇年、ひるぎ書房）の出版祝賀会が石垣島で開かれた時、お招きして講演をしてもらった。その辺のことを私は「色川さんと南島の民衆史」として『色川大吉著作集』第四巻月報四（一九九六年）に書いたことがある。

私は一九八〇年に三一書房から出した八重山近代史に関する著書のタイトルを『八重山近代民衆史』にした。色川さんにあやかり「民衆史の灯」を沖縄からともしたい、という意味も込めていた。気負いすぎてタイトル負けし、今では気恥ずかしい気がしないでもない。

日本、沖縄近代史が専攻の畏友・我部政男（山梨学院大学名誉教授）は、色川さんとの共編で国立公文書館から発掘した大冊の『明治建白書集成』全九巻（一九八六年、筑摩書房）を刊行している。

そういう経緯もあって東京・八王子に住む我部（当時）と、山梨県の八ヶ岳南麓に一人で住んでおられる色川さんを年に一度は訪ねて激励しよう、と数年前に計画を立てた。最初に訪ねたのは、二〇一〇年一〇月、二度目は二〇一一年一〇月であった。三度目は二〇一三年五月末に実現した。

八ヶ岳南麓は、八ヶ岳連峰の南側斜面に広がる広大な平野で、木立の中には別荘などを構えた様々な人が暮らしている。そこの大泉村に居を移されて一五年になる。山荘は南麓の中腹辺りの「木漏れ日通り」に面しているが、なにしろ森や林の中を走り回るので、たどり着くのがたいへんだ。

私たちは、久しぶりの再会を喜び合った。とてもお元気そうであった。家は木造二階建て、一部三階建てで、周りは白樺やカラマツなどの林に囲まれている。五月のさわやかな風が、木の葉を揺らして流れている。

家の一階は書庫で、二階が書斎やキッチン、居間になっている。居間が吹き抜けになっていて、隣は寝室である。冬になれば、雪が一階の半分近くまで積るという。山の中では車なしでは生活できない。スノータイヤも欠かせない。

それにしても今年（二〇一三年）八八歳、米寿を迎えられた色川さんが、自ら車を運転し一人で生活していることに、あらためて感服する。こうした生活ができるのも、なにより健康であるからだが、かといって健康であればできるのか、と言えばそうでもない。それをなし得ている秘訣は、旧制高校（第二高等学校）のころから山岳部に入り、山を歩き、自炊し、一人での生活に慣れ親しんでいたからではないか。いわば若いころから身につけてきた生活の知恵の故ではないか、と思う。

さらに驚かされるのは、高齢にもかかわらず、次々と著作を世に送り出していることだ。この一両年の刊行物を見ても『追憶のひとびと』（二〇一二年、街から舎）、『東北の再発見』（二〇一二年、河出書房新社）、『近代の光と闇』（二〇一三年、日本経済評論社）、『平成時代史考』（二〇一三年、アーツアンドクラフツ）など、意欲的に刊行されている。これらの論考の中には、過去に新聞や雑誌、専門誌などに発表されたものもあるが、書き下ろしも多い。たえず時代を見据えて、歴史家として何を書くべきかを追及されているのだ。その華奢な体のどこに、こうしたエネルギーがあるのか。それも気張らずに、きわめて自然体に、である。

自分史運動から半世紀

『明治精神史』の初版が出た一九六四年から来年で五〇年、自分史運動のきっかけとなった『ある昭和史――自分史の試み――』の初版が出た一九七五年から再来年は四〇年になる。来年は節目の年なので、何人かで記念の集いでもしましょう、と我部と二人で提案すると「もう、そんなになりますかね。皆さん集まるのなら、どこへでも出かけますよ」と、よろこんでおられた。そして自著にまつわるこんな話をされた。

「私の主著といえば、やはり『明治精神史』です。まだ三〇代の若僧で、こんな私の本を出してくれるところなどないので、自費で出したのです。それがあんなに注目されるとは、思いもよりませんでしたね」

同書は一九六四年に友人がはじめた無名の出版社・黄河書房から初版を出した後、一九七三年に中央公論社から『新編　明治精神史』として刊行され、一九九五年に筑摩書房から『色川大吉著作集』の第一巻として刊行された。最近では岩波現代文庫にもなった。これまでに多くの著書を出されているが、自ら「主著は『明治精神史』」という。これは著名人、エリートたちの思想史・精神史ではなく、埋もれた庶民の精神史だからである。青年時代に書かれた処女作が、後々の著作の底流をなしている。「研究は処女作に向かって完成する」という言葉があるが、まさに『明治精神史』はそのような位置にあるのではないか。

それに加えて研究書とは異なり、世間に及ぼした影響力の大きさからいって、私は『ある昭和史――自分史の試み――』（一九七五年、中央公論社）を代表作に挙げている。単行本、文庫本合わせて三〇万部も売れた名著だ。この本の影響で「自分史」という言葉が流行し、一介の庶民にも歴史があり、それはそれで尊いものであることが認知された。いまや「自分史」という言葉は、普通に使われている。

初版の『ある昭和史』が、中央公論社から出たときの裏話をされた。

「実はあの本の最初のタイトルは『昭和五十年史』というものでした。それは戦前の二〇年と、戦後の三〇年の二つからなっていました。ところが中央公論社が、戦後編については、うちでは出せません、と言うのです。なぜかというと、戦後編には天皇の戦争責任の問題を取り上げていたのです。その少し前に、中央公論社の社長宅が右翼に襲われ、刺された事件がありました。社の幹部が来て言うには、あの事件があったので、戦後編については勘弁してほしい、というのです。そこでやむなく戦後編はなしにして、タイトルも『ある昭和史』に変えたのです。ですから、戦後編については、いまだに刊行されない草稿や資料がそのまま残っているんですよ」

書名の変更については『ある昭和史』初版の「あとがき」にも書かれている。

しかし変更の理由については「ある事情により」としかない。言外に変更された不満がにじみ出ている。「ある事情」とは、版元の社長宅が右翼に襲われた事件であったのだ。

この事件は一九六一年に中央公論社の嶋中社長宅に、大日本愛国党にいたことのある一七歳の右翼少年が押し入り、夫人を斬り付け、止めに入った家政婦を殺害した事件である。犯行の動機は、『中央公論』に掲載された深沢七郎の「風流夢譚」という小説で「革命により天皇の首が斬られたという夢を見た」という記述が不敬だというものであった。

事件は社会に大きな衝撃を与えたが、中央公論社が宮内庁や右翼側に謝罪したことから、言論の自由の放棄ではないか、と社の対応に批判が来た。六〇年安保闘争後の混沌たる社会情勢の中で起きた事件で、「嶋中事件」あるいは「風流夢譚事件」などとも呼ばれた。事件から既に一〇年余が経過していたが、中央公論社では、まだ後遺症を引きずっていたのである。

その後、『ある昭和史』の続編と言っていい『廃墟に立つ』（二〇〇五年、小学館）などの四部作を出しているが、未刊行となった戦後編は、これらとも違うという。「ぜひ、戦後編の刊行を」という私と我部さんの要請に「これから出すには、書き変えないといけませんがね」という返事であった。

著作の売れ行きで話が盛り上がったとき「ベストセラーは何ですか」と伺ったところ、それは『近代国家の出発』（一九六六年、中央公論社）だという。なんと七〇万部も売れたというから驚きだ。この本は日本史のシリーズの一つとして出されたが、それにしてもお堅い部類に属する本で、これだけ売れたというのはやはり異例なことだ。

「お堅い部類の本」と書いたが、あの本の出だしは、榎本武揚がシベリア大陸を馬車で日本に向かうところから始まる。これから何かが始まる、のを暗示する印象的な書き出しだ。まるで映画のシーンを連想させるもので、私の記憶にも残っている。この書き出しについて、今度は版元の中央公論社の担当者からクレームがついたという。

「この本は学術書なので、そのような表現は困ります。何とかなりませんか」というのだ。編集者の常識からすれば、その通りかもしれない。そこで「これは出だしだけで、あとはちゃんとした学術論文なので問題ない。これで出してごらんなさい、きっといい結果が出ますよ」と説明して、そのままにしたという。結果は七〇万部の売り上げである。

このあたりは、歴史叙述にこだわる色川さんの真骨頂である。気難しい論文の中に、あるいは混沌とした歴史の中に、いかにして読者を引きずり込むか。そのためには論文の入口と出口をしっかりと押さえておくことが大事、ということであろう。若き日の一時期、演劇にこっていたときがある。大河ドラマのプロローグを思わせる『近代国家の出発』の書き出しは、若き日の演劇青年時代に培われたドラマツルギーのたまものではないか。

あれやこれや話しこんでいるうちに午後の三時を過ぎ、いとまごいをした。南麓の清里のホテルまで送ってもらい、しばらく古風なホテルのラウンジで紅茶をすすってお別れした。夜になって色川さんから「誰かカメラを車に忘れていませんか」と電話があった。私のカメラだ。明朝、帰りながらいただいていくことにした。

膨大な日記

翌朝はからりと晴れ上がり、早朝の散歩で八ヶ岳が間近かに見えた。遠くには南アルプスや甲斐駒ヶ岳も望まれた。ホテルの車で「木漏れ日通り」の家まで送ってもらった。久しぶりの洗濯日和とあって、色川さんは洗濯物をベランダで広げておられた。カメラを受け取ってそのまま最寄の駅に行くつもりが「上がって行きなさい」という言葉に甘え、ホテルの車を帰した。

目下、色川さんは先に出版した『追憶のひとびと』の続編を書いていた。そこには五〇人ほどの物故者を取り上げる予定だとか。前書でも四〇人くらいの人を取り上げている。すると延べ百人近くになる。我部が「よくそんなに書けますね」というと「資料はいくらでもあるんだ」といって書斎から沢山の手帳を抱えてこられた。

日記風の普通の大きさの手帳である。一日に書く分量が一頁の半分ほどもある。予定を書き込むのではなく、出来事が細かい字でぎっしりと書かれていた。ところどころに付箋がしてあって、人物の目印にしている。

そのほかにも一年分の記録や、調査ノートなどがある。聞けば日記は学生のころからつけており、これを合わせると膨大な量になるという。また、手紙などの書簡類も保存してある。これらの記録の中から、その人物に関するところを拾い上げて書いておられるわけだ。「いや、こんなことは言っていない、と言ってきても、ちゃんと証拠があるんです。なんなら手紙もありますから、お見せしましょうか、というと相手は黙ってしまう」らしい。

日記のことを聞いたＮＨＫのある記者が「これをなんとかしましょうよ」というので東京から見に来たそうだが、あまりに膨大なので、その後はナシのつぶてとか。

日記は戦時中、軍隊に入ってからも書き続けられた。毛布を頭からかぶり、外から見られないようにして書いた。軍隊生活の恨みつらみを書いた日記が、もし見つかりでもしたら大変なことになる。寝床の下にはさんだりして、隠すのに苦労したという。（これらの一部は『ある昭和史』にも引用された）

特に大学出の新兵に、古参兵は厳しく当たった。同年兵が棍棒で殴られた時などは、骨が折れるのではないか、とさえ思ったとか。自身も上官から殴られ、前歯が上も下も欠けた。おかげで今もって総入れ歯である。同僚たちの多くは、「戦争が終わったら、あいつを殺してやる」と歯をくいしばって耐えたが、戦争が終わるや、いじめた古参兵たちは仕返しを恐れ、早々と姿をくらましていた。

しかし、軍隊で受けた己が身の痛苦は、上官をさらに超えて上へ上へと昇り、ついには頂点である天皇へと行き着く。統帥権を持つ軍隊の最高責任者であり、戦争を主導した責任者である。すべては「天皇陛下」の名において行われた。この「頂点」を問わずして、否、この怨念を晴らさずして、おめおめとあの世に逝くわけにはいかないのだ。昭和天皇の戦争責任の問題を、執拗に問い続けた意味もそこにある。

先に『昭和五十年史』の戦後編が、天皇の戦争責任問題で版元から削除されたことを紹介したが、実は『ある昭和史』の中でも、この問題は取り上げられている。最終章の「昭和史の天皇像」がそれで、戦時中の天皇の政策関与について、「大本営機密戦争日記」や、杉山元参謀総長の『杉山メモ』、側近の『木戸幸一日記』などを詳細に分析して明らかにしたもので、「いかに天皇の開戦の決断が、周到な研究と意見聴取と再三の真意確認の末に、主体的に判断されて行われたものであるかがわかるであろう」と述べ、停戦についても「私はこれまでの経過から見て、天皇が一身を捨てる覚悟で当ったら、戦争を終結させる大権を行使できないことはなかったと思う」と書いている。そしてこの章は次のように結ばれている。

「さしあたっては、天皇は戦争責任をとり、国の内外の人びとに率直に詫びると共に、京都辺りに隠退し、伝統文化の継承者として静かに暮されるとよい。

そして、私たち国民は、日本国の主権者として、非民主的な天皇制を完全になくすために、必要な措置をとることを課題としたい」

昭和天皇の存命中に、もしも前段のようなことが実現しておれば、今日の日本の在りようは、大きく変わっていた。戦後六〇年経ってもくすぶり続ける隣国との「歴史認識の問題」などは、とうに解消していたであろう。後段の指摘は、今もなお問われている「私たち国民」の課題である。

さて、話は日記に戻る。戦時中も書き続けた日記だが、一部抹殺したところがある。それはまだ占領下のこと。一九五〇年六月二五日、朝鮮戦争がはじまり、米軍が参戦するや、マッカーサー元帥は直ちに日本共産党を非合法化し、後の自衛隊になる七万余の警察予備隊の創設を命令するなど、一連の反動政策を打ち出した。これにたいして渋谷の駅前広場で抗議集会を開き、公然と占領軍批判、マッカーサー司令部の批判演説をしたため、ＧＨＱ批判を禁じた政令三二五号違反に問われ、その場でＭＰに逮捕され、身柄を日本の警察に引き渡されたのである。

だが、集会に参加していた大衆が抗議に押し掛けてくれ、そのどさくさに紛れて脱走することができた。その後はシンパの家を転々とし、最後は空き家を見つけて潜伏したり、劇団関係の稽古場などにかくまってもらったりした。その関係者たちの安全を守るため、この逃亡期間（約一年余）のメモや日記は焼却したのである。「今思えば惜しいことをした」と残念がる。

いずれ記憶はなくなる。残るのは書いた記録だけである。民衆史家として記録の大切さを、日記帳が示してくれた。私など己のことなど取るに足りない、という気持ちがどこかにある。そもそもそれが間違いである。そのことを教えたのが、ほかならぬ自分史運動であったはずなのに。

ひとしきり日記のことで夢中になっているうちに、昼食時間も近づいた。色川さんが予約しておいた近くのそば屋に行くことにした。甲州はそば処である。林の中にあるそのそば屋は、私たち以外に客はいない。屋外のテーブルで風に吹かれて舌つづみを打った。車でＪＲ中央線の小淵沢の駅まで送ってもらい、再会を約してお別れした。車窓からは残雪の甲斐駒が、銀色に輝いて見えた。

（二〇一三年六月）

追記

その後、八ケ岳の山荘訪問は毎年続けられ、二〇一七年まで春か秋に行われた。同行者も増えて数人になったが、二〇一八年には山荘ではなく清里のホテルで夕食を共にした。二〇一四年には、同ホテルで主著の『明治精神史』刊行五〇年のお祝いをした。近くに別荘のある上野千鶴子さんが、いつも同席してくださった。また同年には、沖縄の那覇で色川さんをお招きして、刊行五〇年の集いを開いた。同書から影響を受けたという新川明さんたちが、それぞれの思いを語り合った。八ケ岳訪問は、色川さんの年齢や新型コロナウイルスの流行を考慮し、二〇一九年からは中止している。

色川民衆史の地平 ――「あとがき」に代えて――

三木　健

沖縄への問題提起

一九二五年（大正一五）生まれの色川大吉さんは、二〇二一年の今年、九六歳である。しかしその歳には到底見えない健康ぶりは、壮者をしのぐものがある。民衆史や自分史の提唱者として知られる氏は、多くの著作を世に問い、鋭い問題提起で斯界に大きく貢献された。その柔軟な発想と人の心を打つ文章は、専門の枠を超え、国民的読者を獲得している。これまで七〇冊を超える著書を刊行しているが、八〇歳を過ぎてからも毎年のように出版してきた。二〇二〇年には長年の懸案であった『不知火海民衆史』の上下巻を刊行した。水俣の公害問題は、色川さんが五〇代の頃、不知火海総合学術調査団の団長としてほぼ一〇年をかけて取り組み、その成果をまとめたものである。これは『水俣の啓示』（筑摩書房）などの成果を踏まえたものだが、昨今の出版不況で引き受ける出版社が見つからず、自費での刊行

となった。執念ともいえるものだ。（以下、敬称略）

それはともあれ数多い色川の著作や文章の中に、沖縄に関する幾多の論文や紀行文がある。これらを一冊にまとめて読者に提供できないかと企画をたて、色川に感化を受けた沖縄の友人たちの文章を併せて構成したのが本書である。沖縄に関する色川の文章は、一九七〇年代か八〇年代に集中している。ちなみに本書に収録した論考の主なもの（書評などを除く）をテーマ別に上げると、およそ次のようなものがある。

① 自由民権関係

「沖縄と民権百年」（一九八一年）

「明治一五年の沖縄県巡察使」（一九八一年）

「『地方巡察使復命書』刊行の意味」（一九八一年）

② 民衆史関係

「民衆史の北限と南限」（一九七九年）

「民衆史の旅・沖縄八重山」（一九八一年）

「南島の民衆史——西表炭坑——」（一九八八年）

③　民俗誌関係
「久高島日録――イザイホウ見聞記――」（一九七九年）
「御嶽信仰と祖先崇拝―八重山群島・石垣島の場合――」（一九九三年）

④　沖縄問題関係
「沖縄から日本文化の復元力を考える」（一九七四年）
「琉球共和国の詩と真実」（一九八一年）
「相対化の哲学を生きる――中野好夫と沖縄――」新川明との対談（一九八五年）
「新しい社会システムの追求を」（一九九三年）

もとよりこの四つの分類は便宜的なもので、色川史学はこれらのものが、混然一体となって構成されていることは言うまでもない。一九七四年の「沖縄から日本文化の復元力を考える」や「沖縄と民権百年」などの講演録を改めて読むと、これが半世紀近くも前に語られたことかと思うほど、内容は新鮮で生々しい。ということはこの半世紀、何事も未解決であり、変革への限りない努力が求められているのだ。

個々の論文については本文を読んでいただくとして、ここでは色川の民衆史研究に至る軌跡について触れておきたい。これについても色川は、いろんな機会に語り、書いている。たとえば一九七七年に刊行された『歴史の方法』（大和書房）には「民衆思想史の方法」や「わが思想史研究の軌跡」などで、民衆史に至る軌跡を明かしている。

それらによれば、第一期は戦前の学生時代から一九四五年八月まで、第二期は一九六〇年の安保闘争まで、第三期はそれ以降である。第一期は「戦前の歪んだ超国家主義的な、あるいは天皇中心的な歴史観、そういうものの中にとらわれていた時代」である。しかし、囚われながらも、後の歴史研究の芽生えとなるような経験も積む。

第二期は戦後民主主義革命とか、近代化が叫ばれた時代で、自己自身の解放と歴史研究をどう結び付けるか、という近代主義的な思考と、それに対する戦いである。そして第三期は一九六〇年安保闘争以降で、その闘争に参加しながら大きな転換を迎える。「それは何か」と自問し、書いている。

「それはむしろ知識人世界に対立した存在としてあった民衆の世界、常民の世界、底辺の世界、そういったものの中に営まれていた深い思想や歴史の歩みに、私自身が重大な意味を発見し、目覚めたということである」と。

なんでも欧米のものが進歩的と見做す近代主義というものが、欧米の自由主義者や体制派だけにあるものではなく、革命思想を標榜する安保闘争の指導者や、マルクス主義者の中にも発想様式としてあったことを知る。しかし闘争の中で知り合った末端の労働者や、未組織の住民大衆のエネルギーや行動にも触発され、自分の思想を作り変えていかねばならない、と思うようになる。歴史研究にも、それらを痛感し、取り組んでいた三多摩自由民権運動の掘り起こしに、その自覚が反映されている。一九六〇年の「困民党と自由党」から一九六一年の「自由民権運動の地下水を汲むもの」(『新編・明治精神史』所収)へと連なり、色川民衆史へと結実していった。

そうした取り組みは、同じころ九州・筑豊の炭鉱地帯で記録文学の活動をしていた上野英信の活動とも通底していた。労働組合の大きな組織に守られた労働者ではなく、組織からも見捨てられた小ヤマの労働者を、地底におりて取材して、上野はその実態を天下に突き付けた。石炭から石油へとエネルギーが転換される中で、切り捨てられる小ヤマの坑夫たちの姿を通して、この国の在りようを問うたのである。記録文学と歴史学の手法の違いはあれ、二人には民衆の立場に立つ共通する歴史の眼があった。

私事にわたるが、六〇年安保闘争が色川の民衆史研究の転機となったということで、思い出すことがある。一九七六年に「色川大吉論」(『柳田学の思想的展開』伝統と現代社刊)を書いた後藤総一郎のことである。後藤は私が所属していた明治大学の評論雑誌部『駿台論潮』の先輩で、折しも六〇年安保闘争の頃で、彼は全学連中央執行委員もやり、雑誌部の理論的なリーダーでもあった。学内の学生新聞にも時折、時評を書いていた。『マルクス・エンゲルス全集』からの引用文が多く、傍点のついた文章は難解だった。

しかし、安保条約が国会を通過し、政治の嵐が去り、学内には挫折感が漂った。うなだれる後藤に、日本政治思想史の担当教授の橋川文三が、柳田国男の書いた『日本の祭り』を渡し、「これを読んでみなさい。日本はそう容易く変われるものではない」といった、という。後藤はそれから常民を知らずして、日本の変革はあり得ない、と目覚める。

その後、大学院を終えて講師となり、『柳田国男論序説』(伝統と現代社)や『常民の思想』(風媒社)などを世に送り、自ら「常民大学」を東京や地方で開講し、柳田学の研究と普及に打ち込むが、歴史学の分野から立ち上ってきた色川史学にも感化を受ける。後藤は前記の「色川大吉論」でこう書いている。

「色川史学の今一つの個性は、この自己認識としての歴史学の営為を、そのまま自らの生き方のなかにまで肉体化し、学問と人間のアイデンティティのなかに生きようとしていることである。おそらくそれはかつての歴史学者のなかにはなかった営みといえよう」

「やがてそれは、歴史学はもちろんのこと、広く思想史をはじめとする他の隣接領域の学問にも大きな波紋を及ぼしていった。（中略）さらにそれは、政治思想史の領域から立ちあらわれてきた柳田国男の民俗学に対する再評価の渦と合流して、民衆精神史形成の土壌でもある共同体の原初と歴史を明らかにしようとする研究視角をも誕生させ、さらに色川がもっとも主題とした天皇制研究への基礎的な研究視角をも準備させてゆくこととなった」

こうした色川の「自己認識としての歴史学の営為」が、後藤の研究にも影響を及ぼしたことは言うまでもない。そんな後藤の影響もあり、私はさらに民衆史や自分史に関心を抱くことになる。六〇年安保の大衆運動に、私は一学生として参加したに過ぎないが、巨大な大衆のうねりに感動しつつも、極東最大の米軍基地を抱える沖縄のことが抜け落ちていることに、割り切れないものを感じていた。そして一九六五年に琉球新報に入社して記者となり、東京総局で日米の沖縄返還交渉などの取材にかかわる。東京から那覇の本社に転勤したのは、一九七六年春のことであった。

沖縄から民衆史の狼火を

不条理な歴史を余儀なくされてきた沖縄の若き研究者たちにも、色川の民衆史は共感の輪を広げていった。一九七〇年代から八〇年代にかけては二七年に及んだアメリカの統治から日本の施政下に移行した沖縄の激動期である。一九七二年に「日本復帰」が一応実現したものの、沖縄は一種の喪失感におおわれていた。「復帰」して沖縄が得たものは何か、自問自答が始まる。

一九七二年の日本復帰は「第三の琉球処分」だとして、民衆運動の側から糾弾されたが、そもそも「日本復帰」運動の内実そのものに問題があった、との提起が新川明や川満信一たちから出された。いわゆる「反復帰論」である。「沖縄タイムス」の記者をしていた新川明は、琉球処分期の沖縄民衆の意識の動向を検証する中から、現代の処分を照射すべく、「復帰」をめぐる民衆思想を沖縄近代百年の歴史の中で問い直すため、「反逆の系譜――沖縄闘争物語」を沖縄タイムス紙上に一九七一年二月から七二年四月にかけ一年余にわたり連載する。

その際、参考としたのが色川の『明治精神史』と鹿野政直の『資本主義形成期の秩序意識』だった。両書はともに「民衆意識の構造と精神動態」を照らし出す「灯台の光芒」であったと新川は書いている。連載後の一九七二年に『異族と天皇の国家』(二月社)として刊行されるが、そのサブタイトルを「沖縄民衆史への試み」とした。新川は一九七一年に『反国家の兇区』(現代評論社)、二〇〇六年『沖縄・統合と反逆』(筑摩書房)を著し、「復帰思想」を問いつづけた。

天皇制の問題は、色川の戦争体験に根差した根源的な課題であったが『新沖縄文学』(沖縄タイムス発行)の編集長を務めた川満信一は、近代以降の沖縄における天皇制の受容について追究し、戦前の天皇制が戦後においても「日本復帰」思想に及んでいるとして、次のように指摘した。

「明治の琉球処分以来、頑固に引き継がれてきたところの、近代化した中央(本土)と、後進的で貧しい沖縄という伝統的な思考様式は、復帰運動の過程であらゆる面に噴出し、一面、沖縄の総革新化の観をみせながら、大局的には国家へのすさまじい求心力をかたちづくり、まるごと反革命へからめとられていくことになったのである」（「沖縄における天皇制思想」叢書わが沖縄第六巻「沖縄の思想」）

川満は『沖縄・根からの問い』（一九七八年）、『沖縄・自立と共生の思想』（二〇一〇年）を著し、自らの思想を「琉球共和社会憲法C私（試）案」として提示している。

そのころ、東京で大学院を終えて琉球大学に赴任した比屋根照夫は、「民衆史運動の全国行脚」で沖縄に来た色川に、新川と相談して講演を依頼する。一九七四年六月のことであった。比屋根によれば、そのころの沖縄は「空前絶後の高揚をみせた復帰運動が巨大な国家権力の前に敗北し去った後の挫折と虚脱感の真只中」にあった。

その講演で色川は沖縄の歴史が持つ「特殊な被害と被抑圧の経験からくる思想こそが世界の中の日本、日本の中の沖縄が貢献できる唯一の思想と道破した」という。比屋根は講演を聞きながら「一思想史研究者として自らの拠点をここに置かなければならない」との決意がわいたという。彼は後年の一九九六年に『近代沖縄の精神史』（社会評論社）を、二〇〇九年に『戦後沖縄の精神と思想』（明石ライブラリー）を著わし、沖縄の民衆意識を追究する。

同じころ東京教育大学大学院で、沖縄近代史の研究に専念していた我部政男は、明治期の琉球処分を中心とするいくつかの論文をまとめ『明治国家と沖縄』（三一書房）を刊行する。同書の「あとがき」で、彼はその背景をこう書いている。

「これらの論文では、復帰運動の中に滔々と流れる激流に押し流されながら、近代日本の渦中にあって、沖縄を見据えつつ、また逆に南の沖縄の地域から北向きに近代日本の全体に照射しながら、アプローチしていく手法を意識的にとってきた。書名を『明治国家と沖縄』としたのも、このような理由が背景にあったからである」と。

同書の出版祝賀会が那覇市内で一九七九年一一月二日に開かれたとき、色川は祝辞を送り、出版を祝福した。その中で「今度のご本は、多勢の先学、友人、同僚の温かい友情に包まれて出生を迎えられましたが、研究者としてはこれからが批判と反批判の正念場であると思います。私も拝読して近く書評をしたいと思いますので、どうぞ異議のある所は反論して教えて下さい。ともすれば仲良しクラブに陥りかねない島社会の沖縄学界にさわやかな新風を！　一層大胆なアンビシャスな問題提起を！　心から期待してお祝いの言葉と致します」と、いささか挑発的なエールを書き送っている。

この挑発に刺激されたか、我部はその後、沖縄から近代日本の歴史を解き明かすため、開館間もない国立公文書館などに潜り込み、未発掘資料の掘り起こしに専念。そうしたなかで、明治一五年に沖縄地方を巡察した内務官僚・尾崎三良の復命書を手掛かりに、明治一五年と一六年の二か年にわたり、自由民権運動を抑え込むために三府四二県に巡察使を送り、民権運動の動向をつぶさに報告させた復命書の存在を突き止める。彼はそれを大冊の『明治地方巡察使復命書』上下巻（三一書房）にまとめ、七五頁に及ぶ長文の解説を付して刊行した。

時あたかも自由民権運動から百年目にあたり、その記念すべき出版として注目された。「自由民権運動百年全国集会」実行委員会代表の色川は、同書の刊行について「まさに沖縄から本土の近代化のゆがみを打つ眼が、日本全体の地域統合の問題を照射する視点を獲得した」と評価された。我部はそのころ自由民権運動百年の沖縄側の実行委員長も務めている。

我部が「大きな宝物」を仕留めたのとは対照的に、そのころ私が取り組んでいた西表炭坑の歴史は、「資料の山」どころか資料らしきものはほとんどなく、ジャングルと化した山と廃坑ばかりであった。地元の地域史でさえ、わずか数行で片づける歴史でしかなかった。しかし、当時、元炭坑夫たちは存命しており、私に最後のチャンスが与えられた。その重たい話を聞けば聞くほど坑道の闇は深く、悲惨な労働の近代史がいつしか地底に私を引きずり込んでいった。

地底の坑夫らの怨念を晴らすにはどうすればよいか。私の八重山の地域史研究は、そこから始まった。それは失われた歴史を蘇らせる作業で、まさに無から有を生むに等しい。初めに手がけたのが、あとう限り関係者の聞き書き、それを記録すること。文字化すればそれが後世への一次資料となるからだ。

資料というのは、関心を持続しておれば、いつかはその網にひっかかってくるものだ。文字資料だけでなく、当時の写真なども少しずつ集まりだした。そのころ私は、琉球新報東京総局の記者をしていた。同じ頃、東京教育大学大学院にいた我部と共に、公文書館や国立国会図書館などの資史料探索に出かけた。これらをもとにまとめたのが一九七六年に自費出版した『西表炭坑概史』である。

一九七九年二月、色川は琉球大学の集中講義で沖縄を訪れた。たまたま筑豊から上野英信も『眉屋私記』の取材で沖縄に来ていた。その上野が色川を誘って、那覇市内の私のアパートを訪れた。その時、色川と初めて会い、上野をはさんで深夜まで呑み交わした。私は出来たての『西表炭坑概史』を差し上げた。

「……私は宿に帰って『概史』を読んで感動する。そして集中講義が終わるや、石垣島に飛び、教え子の内原英和に案内してもらって西表島に渡り、問題の廃坑跡をたずねたのである。」（「酔いては創る天下の縁・英信居士讃」『上野英信と沖縄』ニライ社）

色川はその一文のなかで、筑豊文庫を訪れた際、酒に酔った上野に「これから水俣に行こう」と誘われ、同地で石牟礼道子に引き合わされた、と書いている。その時の石牟礼との出会いが、後に不知火総合学術調査団の団長を引き受けるきっかけとなる。「上野には人と人を結び付ける特技がある」と書き、「三木健の時もそうであった。そういうことに私は長いあいだ気付かなかった」と回想している。

色川はこの後、石垣島に飛び、沖縄教職員組合八重山支部主催の第三一回ペスタロッチ祭で記念講演をする。石垣小学校の体育館で行われ、演題は「近代日本における教育と民衆」であった。その翌日、内原英和に案内されて、西表島の宇多良炭坑跡をたずねている。

それから程なく色川は「日本民衆史の北限と南限」と題する一文を「沖縄タイムス」に寄せた。その中で「三木健氏の『西表炭坑概史』はすぐれた本である。私はこの本を那覇で頂戴し、熟読して一夜眠れなかった。日本列島を中にはさむ北限と南限の地において、全く同質の非人間的労働、人間侮辱が強制され、本土人の内包していたすべての悪をここにしわ寄せして、無数の同胞の土中の遺骨を土中に放棄していたからである」と書き、「こうした事態を許したのは結局は世論の弱さに他ならない」と糾弾してやまなかった。

北海道の「オホーツク民衆史運動」を引き合いに、沖縄側の「世論の弱さ」を衝いていた。その指摘に私は刺激され、西表炭坑史の掘り起こしに力を注いだ。『聞書・西表炭坑』（三一書房）や『民衆史を掘る――西表炭坑紀行――』（本邦書籍）、『西表炭坑史料集成』（同）、『西表炭坑写真集』（ニライ社）

などを刊行し、失われた歴史を活字や形にした。

一九八〇年一月、オホーツク民衆史講座の座長で、『鎖塚』（岩波書店）などの著書のある小池喜孝を招いて、シンポジウム「民衆の歴史——北海道と沖縄を結ぶ——」が那覇で開かれたときも、パネリストとして参加。同年六月には「西表炭坑を語る集い」を、上野英信や元坑夫たちを招いて那覇で開催した。地元の西表地区での第二次教育研究集会で「西表炭坑と民衆史」と題して教職員向けに講演もした。さらに郷里の近代史を扱った『八重山近代民衆史』（三一書房）を刊行して、ささやかながら民衆史の灯をともし続けた。

また私は戦前に西表炭坑で設営係をしていた石垣在住の佐藤金市が、自身の体験をもとに膨大な原稿を書いているのを知り、そのごく一部を編集して『西表炭坑覚書』（ひるぎ書房）という本にした。それを読んだ色川が「小学校四年までしか出ていない七〇過ぎの老人が、千枚を超える原稿を書く、いったいこれはどういうことか、日帰りでもいいから一目会ってみたい」と飛んできた。石垣市内での出版祝賀会で、記念講演を依頼した。本書に収録の「南島の民衆史——西表炭坑に寄せて——」は、その講演録である。

拙著『西表炭坑概史』は、一九九六年に加筆して『沖縄・西表炭坑史』（日本経済評論社）として刊行されたが、二〇一七年に大和書房の目にとまり、同社の『民衆史の遺産』（シリーズ第三巻・坑夫）に収録された。

おわりに——八ヶ岳南麓の交流

その後、色川さんとは時々手紙をやり取りするだけで、直接お会いする機会がなかった。世紀も二〇世紀から二一世紀にかわり、我部が長年勤務していた山梨学院大学を退職して沖縄に戻ったのを機会に、二人で山梨訪問の計画をたてた。こうして二〇一〇年から北杜市八ケ岳南麓の色川邸詣でがはじまる。東京・新宿から中央線に乗り、甲府を通過して数十分、小海線と接続した甲斐大泉駅で下車。八ヶ岳南麓の木立を車で一〇分ほど行くと、「木洩れ日通り」に入り、山荘風の色川邸に着く。

二〇一〇年に初めて伺ったときは、秋口であった。マイカーでの出迎えを受け、初秋の心地よい風を受け、すそ野から山頂を目指すようにドライブしてくれた。米国人のポール・ラッシュが明治期に開拓したという牧場や、美しい南麓の景観を味わって自宅へ案内された。居間と書斎を兼ねた一階の窓から、紅葉し始めた白樺が秋風にゆれていた。高齢者は百円で入れる大泉の温泉に、毎日のようにつかりに行くとか。冬になれば南麓のスキー場で滑るのを楽しみにしているとも。これが健康法でもある。

色川詣ではそのうち秋から春に変更し、沖縄から近代史研究の伊佐真一や、ゾルゲ事件研究会の上里佑子、東京から我部の学友で歴史教科書の研究者でもある増田弘邦や野村千佳子（山梨学院大学准教授）、長野県の近くに「沖縄文庫」をおくノンフィクション作家の下嶋哲朗らも参加して、清里の古風なホテルで夕食をしながら懇談した。増田さんはマイカーを提供してくれ、東京から八ヶ岳に直行した。東京への帰りに五日市に寄り、色川さんたちが土蔵の中から発見して世に広めた民衆憲法の「五日市憲法草案」（色川命名）の記念碑や、深沢家の土蔵を見に出かけたこともある。二〇一三年には色川さんの代表作である『明治精神史』刊行から五〇年になるのを記念し、清里のホテルで刊行のいきさつや、その後の改訂版に至る講話をしてもらった。二〇人そこその贅沢な講演会であった。隣に別荘のある上野千鶴子さん（東大名誉教授）も、多忙ななか時間を割いて参加され、会を盛り上げてくださった。二〇一四年一一月五日、久しぶりに色川さんを那覇に招き、沖縄の友人知人たちと「民衆史五〇年――色川大吉先生を囲む集い」を開いた。五〇人ほどが集まり、旧交を温めた。新川明さんが発起人を代表し開会のあいさつをし、今は亡き大田昌秀さん（元沖縄県知事）が、乾杯の音頭をとった。

八ヶ岳詣では、二〇一九年からコロナウイルスの流行などで、中断を余儀なくされている。そこでこれまでのご厚意に報いることができればとの思いから、本書の刊行を我部さんと企画した。既刊出版物の論文に加え、川満信一、下嶋哲朗、増田弘邦、仲松昌次の各氏に新たに執筆していただいた。熱のこもった論考を寄せて下さり、感謝している。色川さんはすでに、次の出版計画を立てておられる。私たちもそれぞれの持ち場で、新たな変革へと挑戦していこう。

最後に本書の刊行を快くお引き受けくださった不二出版社の小林淳子社長と、担当の乗木大朗さんに感謝を申し上げたい。

（二〇二一年六月）

追記

なお、第一部の色川論文の出典については、巻末に表示した通りだが、本書への転載にあたり、色川さんご本人による校正朱筆の手が入り、出典の通りではないことを、おことわりしておきたい。

初出一覧

色川大吉「序――沖縄の文化・精神・友情に触発され――」書き下ろし

Ⅰ　沖縄への視座

1、自由民権と沖縄

〈講演〉「沖縄と民権百年」『民権百年』日本放送出版協会、一九八四年五月
「明治一五年の沖縄巡察視」『新沖縄文学』三八号、一九七八年五月
「『地方巡察視復命書』刊行の意味」『沖縄タイムス』一九八一年二月二日
〈講演〉「『明治精神史』から五〇年」
　二〇一四年五月二八日、於山梨県北杜市清里のホテル萌木の村（未発表）
〈書評〉「外交政策糾弾する目／我部政男『明治国家と沖縄』」

『読売新聞』一九七九年一一月二六日

2、民衆史の旅

「日本民衆史の北限と南限」『沖縄タイムス』一九七九年三月二二日〜二三日

「民衆史の旅・沖縄八重山」『図書』三七七号、岩波書店、一九八一年一月

〈講演〉「南島の民衆史・西表炭鉱」

佐藤金市『南島流転——西表炭坑の生活』自費出版、一九八〇年九月

3、民俗誌探訪

「久高島日録——イザイホー見聞記」『民話と文学』一九七九年五月

「御嶽信仰と祖先崇拝——八重山群島・石垣島の場合——」

『東京経済大学人文自然科学論集』九四号、一九八三年七月

〈書評〉「苦い離島の表情が／新川明著『新南島風土記』」

『毎日新聞』一九七八年一〇月二八日

4、沖縄の未来へ

〈講演〉「沖縄から日本文化の復元力を考える」

『沖縄タイムス』一九七四年六月二五日〜三〇日連載

「琉球共和国の詩と真実」『新沖縄文学』四八号、一九八一年六月

〈講演〉「新しい社会システムの追求を」『新沖縄文学』九五号、一九九三年五月

〈対談〉「相対化の哲学を生きる——中野好夫と沖縄」（色川大吉・新川明）

『新沖縄文学』六四号、一九八五年六月

〈書評〉「苦渋に満ちた過去と現実／中野好夫・新崎盛輝著『沖縄戦後史』」
『毎日新聞』一九七六年一二月六日

5、随想

「酔いては創る天下の縁・英信居士讃」
追悼文集『上野英信と沖縄』ニライ社、一九八八年一一月

「折にふれて」『朝日新聞』一九七〇年二月七日～一九七四年七月八日

「仲宗根政善さんの一面「美しい人」」
『沖縄文化研究』二二号、法政大学沖縄文化研究所、一九九六年二月一日

Ⅱ　沖縄からの視座

新川　明「精神の挑発者――『色川大吉著作集』刊行に寄せて」
『ちくま』二九五号、筑摩書房、一九九五年一〇月

川満信一「色川大吉さんと私」書き下ろし

比屋根照夫「沖縄・アジアと色川史学」
『色川大吉著作集　第一巻』「月報一」筑摩書房、一九九五年一〇月

我部政男「連なる激流」

三木　健「色川さんと南島の民衆史」
『色川大吉著作集　第三巻』「月報三」筑摩書房、一九九六年一月

仲程昌徳「色川大吉さんのこと」
『色川大吉著作集　第四巻』「月報四」筑摩書房、一九九六年三月

上間常道「色川さんと『自分史』」書き下ろし（二〇二〇年）

下嶋哲朗「集団自決と民衆史」第三次『現代の理論』三号、二〇一四年一二月

増田弘邦「色川大吉「民衆精神史＝民衆思想史」開拓の原点」書き下ろし

仲松昌次「民衆史に触発されて」書き下ろし

我部政男「色川先生を訪ねて」『沖縄タイムス』二〇一三年八月一二日～一三日

我部政男「民衆思想史の原野を開墾――色川大吉『明治精神史』から五〇年」
『山梨日日新聞』二〇一四年六月二〇日

三木　健「民衆史家・色川大吉の思想――八ヶ岳南麓の山荘に訪ねる」
『琉球新報』二〇一三年七月一七・二二・二九日
（初出題「歴史家・色川大吉の思想　八ヶ岳南麓の山荘に訪ねる」）

三木　健「色川民衆史の地平――あとがきに代えて――」書き下ろし

執筆者紹介

I　沖縄への視座

色川大吉　歴史家、一九二五年千葉県佐原町（現香取市佐原町）生まれ、東京大学文学部卒、東京経済大学名誉教授、専攻は日本近代史、特に自由民権期の研究、民衆史、自分史などの提唱者としても知られる。自由民権百年全国実行委員会の委員長や、「不知火海総合学術調査団」の団長を務めた。主著に『明治精神史』（最初、卒業論文を自費出版、のちに岩波現代文庫、上下）、『近代国家の出発』（中公文庫）、『ある昭和史——自分史の試み』（中央公論社）、『色川大吉著作集』（全五巻、筑摩書房）、『不知火海民衆史』上・下巻（揺籃社）など七〇冊余。

Ⅱ　沖縄からの視座

新川　明　ジャーナリスト、一九三一年嘉手納町生まれ。琉球大学文理学部国文科中退、沖縄タイムス入社、八重山支局、『新沖縄文学』編集長、『沖縄大百科事典』刊行事務局長などを経て取締役編集局長、社長、会長を歴任。著書に『反国家の兇区』、『異族と天皇の国家』、『新南島風土記』、『琉球処分以後』（上下）など。

川満信一　批評家、詩人、一九三二年宮古島生まれ。琉球大学国文科卒、沖縄タイムス記者、同社『新沖縄文学』編集長。退職後、個人誌『カオスの貌』主催。著書に『沖縄・根からの問い』、『沖縄・自立と共生の思想』、『宮古歴史物語』、『琉球共和社会憲法の潜勢力』など。

比屋根照夫　琉球大学名誉教授、一九三九年名古屋市生まれ。専門は沖縄近現代思想史、沖縄市の旧美里村で育ち、琉球大学卒後、東京教育大学大学院をへて、琉球大学教授に。主な著書に『近代日本と伊波普猷』、『自由民権思想と沖縄』、『近代沖縄の精神史』など。

我部政男　山梨学院大学名誉教授、一九三九年沖縄県本部町生まれ。琉球大学卒業後、東京教育大学大学院文学研究科修士課程修了、琉球大学助教授に。その後、山梨学院大学教授。主な

著書に『明治国家と沖縄』、『近代日本と沖縄』、『沖縄史料学の方法』、近著に『日本近代史のなかの沖縄』など。

仲程昌徳　沖縄近代文学研究者、一九四三年旧南洋群島テニアン島生まれ。一九六七年琉球大学卒後、法政大学大学院人文科学研究科日本文学専攻修士課程修了、琉球大学法文学部文学科で二〇〇九年まで教授。『沖縄の戦記』、『沖縄近代詩史研究』、『沖縄文学論の方法』、『沖縄文学の魅力』など多数。

上間常道　編集者、一九四三年大阪府生まれ。東京大学文学部卒、東京で『現代の理論』編集部、河出書房新社の編集部を経て、一九七二年沖縄に転居、沖縄の出版社を経て一九七八年沖縄タイムス出版部に入り『沖縄大百科事典』編集主任。二〇〇六年同社を定年退職し、出版舎Mugenを主宰。二〇一八年逝去。

下嶋哲朗　ノンフィクション作家、一九四一年長野県生まれ。一九七七年に家族四人で石垣島に一年余移住生活。その時の取材から絵本『ヨーンの道』を出版。以後、読谷村での『沖縄・チビチリガマの集団自決』、『豚と沖縄独立』、『アメリカ国家反逆罪』（講談社ノンフィクション賞）、『非業の生者たち』など多数。

増田弘邦　法政大学沖縄文化研究所国内研究員、一九四四年新潟県上越市生まれ。都立戸山高校卒、東京教育大学大学院博士課程修了、日本前近代史。都立高校教諭。渡部義通述／ヒアリング・グループ編『思想と学問の自伝』、『育鵬社歴史教科書批判・もうひとつの指導書』、歴史用語「琉球国併合」使用提言（琉球新報二〇一九・九・六）。

仲松昌次　フリー・ディレクター、一九四四年本部町瀬底島出身。首里高、琉球大学史学科を経て日本放送協会に入局、主に文化教養系番組を担当、「わが沖縄～具志堅用高とその一族」、「流転の名器・三線江戸与那」、「沖縄・未完の計画図」など制作。著書に『「艦砲ぬ喰ぇー残さー」物語』など。

三木　健　ジャーナリスト、一九四〇年石垣島生まれ。八重山高校、明治大学政経学部卒後、琉球新報社へ入社、編集局長、副社長など歴任。著書に『ドキュメント・沖縄返還交渉』、『沖縄・西表炭坑史』、『聞書西表炭坑』、『八重山近代民衆史』、『民衆史を掘る』、『八重山研究の人々』、『八重山を読む』、『空白の移民史』など。

沖縄と色川大吉

編　者　三木　健
著　者　色川大吉
新川　明、川満信一、
比屋根照夫、我部政男、
三木　健、仲程昌徳、
上間常道、下嶋哲朗、
増田弘邦、仲松昌次（執筆順）

２０２１年９月７日　第１刷発行
２０２１年12月27日　第２版発行

発行者　小林淳子
発行所　不二出版　株式会社
〒１１２－０００５
東京都文京区水道２－10－10
電話　０３（５９８１）６７０４
振替　００１６０・２・９４０８４
http://www.fujishuppan.co.jp
組版・印刷・製本／亜細亜印刷株式会社
カバー・表紙写真／アマナイメージズ
乱丁・落丁はお取り替えいたします。

ISBN978-4-8350-8474-9　C3021